地方治理研究报告 第4辑

共建共治共享
基层社会治理创新之路

李宗楼 王义德 ◎主编

安徽师范大学出版社
ANHUI NORMAL UNIVERSITY PRESS
·芜湖·

图书在版编目(CIP)数据

共建共治共享：基层社会治理创新之路 / 李宗楼，王义德主编. — 芜湖：安徽师范大学出版社，2020.11

ISBN 978-7-5676-4864-7

Ⅰ. ①共… Ⅱ. ①李… ②王… Ⅲ. ①社会管理—研究—中国 Ⅳ. ①D63

中国版本图书馆CIP数据核字(2020)第222163号

共建共治共享——基层社会治理创新之路 李宗楼 王义德◎主编

责任编辑：胡志立 马飞飞
责任校对：李克非
装帧设计：张德宝
责任印制：桑国磊
出版发行：安徽师范大学出版社
芜湖市九华南路189号安徽师范大学花津校区
网 址：http://www.ahnupress.com/
发 行 部：0553-3883578 5910327 5910310(传真)
印 刷：江苏凤凰数码印务有限公司
版 次：2020年11月第1版
印 次：2020年11月第1次印刷
规 格：700 mm × 1000 mm 1/16
印 张：19
字 数：303千字
书 号：ISBN 978-7-5676-4864-7
定 价：65.00元

前 言

党的十九届四中全会通过的《中共中央关于坚持和完善中国特色社会主义制度 推进国家治理体系和治理能力现代化若干重大问题的决定》明确指出，“社会治理是国家治理的重要方面”，要“坚持和完善共建共治共享的社会治理制度，保持社会稳定、维护国家安全”。这是我们党经过长期探索形成的，是被实践证明符合我国国情、符合人民意愿、符合社会治理规律的科学制度，是把共建共治共享的社会治理理念贯穿到制度建设之中形成的适合我国国情的社会治理制度，既指明了坚持和完善社会治理的目标任务，也明晰了共建共治共享三者之间的内在逻辑。共建是共同参与社会建设，要求突出制度和体系建设的基础性、战略性地位，是社会治理的基础；共治是共同参与社会治理，要求树立大社会观、大治理观，打造全民参与的开放治理体系，是社会治理的关键；共享是共同享有社会治理成果，要求社会治理的成效更多更公平地惠及全体人民，是社会治理的目标。因此，坚持和完善共建共治共享的社会治理制度，不仅是适应社会主要矛盾转化和建设人人有责、人人尽责、人人享有的社会治理共同体的必然要求，也是能更好地整合社会治理资源，形成社会治理合力，提高社会治理效能，推进国家治理体系和治理能力现代化。

要把共建共治共享的社会治理制度坚持好、完善好，需要从全局出发，整体把握和重点推进，其中最重要的方面，就是要把城乡基层社会治理好。城乡基层是社会治理的基础和重心，要不断加强和创新城乡基层社会治理体系机制，确保人民安居乐业、社会安定有序。正如习近平总书记多次强调的，加强和创新基层社会治理，关乎党长期执政、国家长治久安和广大人民群众的切身利益。党的工作最坚实的力量支撑在基层，经济社会发展和民生最突出的矛盾和问题也在基层，必须把抓基层打基础作为长远之计和固本之策，丝毫不能放松。“要推动社会治理重心向基层下移，把更多资源、服务、管理放到社区”。2020年7月，习近平在吉林省考察工作时再次指出，一个国家治理体系和治理能力的现代化水平很大程度上体现在基层。基础不牢，地动山摇。要不断夯实基层社会治理这个根基。提高社区治理效能，关键是加强党的领导。要推动党组织向基层延伸，把基层的工作做好，这样才能“任凭风浪起，稳坐钓鱼台”。9月17日，习近平在湖南省考察时主持召开的基层代表座谈会上强调：“只有把基层党组织建设强、把基层政权巩固好，中国特色社会主义的根基才能稳固。‘十四五’时期，要在加强基层基础工作、提高基层治理能力上下更大功夫。要加强和改进党对农村基层工作的全面领导，提高农村基层组织建设质量，为乡村全面振兴提供坚强政治和组织保证。要加强和创新基层社会治理……加强城乡社区建设”。要坚持发展为了人民、发展成果由人民共享。习近平的这些重要论述，突出了城乡社区治理在党和国家战略全局中的重要地位，要求我们以高度的政治责任感和强烈的政治担当大力推进城乡社区治理工作，为切实巩固基层基础、夯实党的执政根基提供强有力支撑。

为深入学习习近平新时代中国特色社会主义思想和加强基层社会治理的重要论述，贯彻党的十九大精神和十九届四中全会关于坚持和完善共建共治共享的社会治理制度，着力构建基层社会治理新格局，推进基层社会治理体系和治理能力现代化，我们在已有研究成果的基础上，选择省内城乡基层社会治理实践中鲜活的并有一定特点的个案作为研究对象①，探讨治理个案中坚持深化改革，勇于走基层社会治理创新之路的成功做法和突出成效，分析个案所体现的以党建引领，推进自治法治德治相结合的治理机制，总结城乡基层社会治理的重要经验与启示，以促进城乡社区自治与乡村治理的效能和水平的提升。

---

① 本书多篇选题为2018年安徽省民政厅组织评选的全省基层社会治理创新“十大成果”。

本辑报告在选择研究对象后，组织团队开展调研，然后分别撰稿，形成本书实证性的基层治理研究框架。首篇《着力构建城乡基层社会治理新格局——学习习近平新时代中国特色社会主义思想》为总论性的理论文章，着重从理论上阐述习近平关于城乡基层社会治理重要论述的理论指导和实践意义，从实践中总结了坚持以人民为中心，坚持党建引领，坚持共建共治共享，坚持自治法治德治相结合的基层社会治理宝贵经验，依据习近平的重要论述和结合基层治理实际，提出要不断创新体制机制，进一步提高基层社会治理水平和治理效能。研究报告主体内容涉及四个部分：

一是对城市社区创新治理模式、治理机制以及基层社会善治目标的可行路径问题研究。《社会治理社会化的新发展——合肥市社区治理“五社联动”模式研究》一文，以合肥市社区治理由“三社联动”衍生发展为“五社联动”的治理机制为研究对象，探讨社区坚持以基层党建为引领、居委会为主体，以社会服务平台为依托，以社会工作者为支撑，以社会组织为载体，以社会资源为保障，以项目化运作为纽带，初步建立起“五社联动”的联动机制，构建独具特色的社区治理新模式和新经验，提升了社会治理的有效性，促进了社会治理社会化的进一步发展。《建构社区治理共同体的实践模式与理论逻辑——基于芜湖市鸠江区“我们是一家人”社区治理新模式的考察》，着力探讨芜湖市鸠江区社区治理中建构的“党建引领、多方参与、协商共治、三社联动”四大机制为核心的社区治理体系，阐述社区党建与社区治理的深度融合、人民主体性作用与社区治理制度的深度融合、社区认同与共建共治共享机制的深度融合、精细化治理与技术化治理的深度融合，是达至基层社会善治目标的可行路径，是城市社区治理实践创新成果，体现了以打造共建共治共享的社区治理共同体为取向的实践逻辑和理论逻辑。

二是对农村社区治理与村民自治有效实现形式及其治理能力建设问题的研究。《乡土文明传承下的“义安特色”与启示——基于铜陵市义安区的案例研究》《农村“六型社区”创新实践研究——基于淮北市杜集区的案例分析》两文，通过对铜陵市义安区的“义安特色”和淮北市杜集区农村“六型社区”的调查，着重阐述以乡土文明传承为着力点扎实推动农村社区治理，形成的富有“义安特色”的农村社区治理模式；重点总结杜集区创建基层社会治理“六型社区”模式以及取得的成效和经验，为有效推进农村社区治理和乡村发展提供一定的有益借鉴。《村民自治有效实现形式新探索——以全椒县大季村村民自治试点为研究对象》一文，主要探讨作为全国以村民小组或自然村为基本单元的自治试点单位大季村，在村民“片区”（或村民小组）建立村民理事会，开展村民自治试点的主要内容和做法以及取得的积极成效，并从理论和政策性方面提出完善村党组织领导下的村民自治有效实现形式，从更广的范围、更大的目标来说，要健全充满活力的农村基层群众自治制度和构建农村基层社会治理新格局。《村规民约助推乡村治理研究——以绩溪县瀛洲村、仁里村和孔灵村为研究对象》，主要通过绩溪县极具乡土文化气息的三个行政村传统村规民约个案的调查，重点剖析村规民约在重塑乡风文明和乡村治理中发挥的助推作用，对进一步弘扬中华民族传统美德和时代新风，形成务实管用的村规民约，作出具有积极意义的探索。《“新乡贤文化”助力农村基层社会治理与路径探析——以肥东县为研究对象》一文，在阐述“乡贤”及新乡贤文化理念的基础上，考察该县在农村基层社会治理中，以“乡贤馆”为平台，以“乡贤会”为依托，着力打造新乡贤文化，初步构建起传统乡土社会与现代社会的有效衔接机制，赋予农村基层治理新视角、新思路。

三是对运用互联网、现代科技与社会治理融合，构筑城乡居民幸福家园以及创新社会组织推进基层治理等问题的研究。《“互联网+监督”阳光村（居）务公开平台建设研究——以淮南市田家庵区为研究对象》，主要探讨“互联网+监督”理念，创建“互联网+监督”阳光村（居）务公开平台，实行“三晒三亮”，坚持“六步走”等举措所取得的党建引领，创新基层群众自治形式和提升基层治理水平的积极成效。智能化与社会治理的深度融合是顺应当代科技发展的必然趋势，也是推动社会治理现代化的有力抓手，《芜湖市智能化与基层社会治理深度融合调研报告》，正是探讨和总结芜湖市完善社会治安立体化防控体系建设，推进智能化与社会治理的深度融合，使人民多元化需求与社会治理智能化有效结合等方面积累的丰富经验，以此进一步推动市域社会治理体系和治理能力现代化水平不断提升。《建设美丽社区 构筑幸福家园——基层社会治理创新的黄山实践分析》，突显黄山市为构筑城乡居民幸福家园开展基层社会治理创新实践活动，努力营造宜居的城乡社区环境，倡导文明科学的生活方式，既提升了基层社会治理的水平，也提高了城乡社区服务的水平和质量，不断满足广大居民对美好生活质量的追求。《枢纽型社会组织参与基层社会治理的实证分析——以弋江区心暖花开社会组织联合会为例》，通过个案调查，试图为枢纽型社会组织参与基层社会治理提供新的案例分析，认为枢纽型社会组织借助于对社会组织展开培育、参与政府购买服务等途径参与社会治理，尽管其在基层发挥着积极的治理作用，但由于其发展起步较晚、在实践中还存在着一些制度性或功能性的障碍，为此，提出在基层社会治理中进一步发挥枢纽型社会组织功能作用的优化路径。

四是对社区治理中的协商民主机制和社区公共服务供给问题的研究。《发挥协商民主优势 推进社区治理现代化——基于蚌埠市蚌山区社区协商“六事”工作机制的分析》和《城市社区协商民主机制研究——基于芜湖市清苑社区的调查》，均对城市社区治理中的协商民主及协商机制建设问题的探讨。前者着力分析蚌埠市蚌山区在社区协商治理实践中，群众搭建有序参与社区事务决策、管理和监督的民主协商平台，较好地破解社区服务管理中遇到的难题，实现了事务共商、难题共解、发展共促，构建社区协商“六事”工作机制，形成合力推进基层治理工作的新局面。后者主要以协商民主理论和治理理论为指导，将案例的独特性和一般性知识建立关联，对清苑社区的协商治理机制和经验进行了探讨，并为进一步推动基层社会治理创新提供了政策建议。《城乡社区公共服务供给与路径优化——以凤台县人民社区为研究对象》，主要以个案为例，分析新阶段社区居民对美好生活的需要，必须优化城市社区公共服务供给路径，构建公共服务组织与运行机制，解决好社区公共服务中存在的问题，不断完善主体供给责任，培育多方服务模式。

开展地方及基层治理实证研究，是我们探讨当代中国特色社会主义理论的一种尝试，试图通过每辑所选择的研究主题，运用治理理论和实证研究方法，集合团队共同探索，以推动理论研究与实践的结合，理论研究为现实社会服务。本辑研究报告集主要侧重城乡基层社会治理个案展开的实证分析与探讨，而不是对城乡基层社会治理所有问题的研究。即便如此，这些专题性实证研究对推进基层社会治理与提升基层社会治理能力，以及对这一问题继续深入研究，有着积极意义。

本辑研究报告由主编负责选题和框架内容设计，法学院公共管理系组织调研，参与其中的我校和受邀的其他高校老师分别撰稿，最后由主编统稿、修改与定稿，安徽师范大学法治中国建设研究院资助出版。本书的研究和出版，得到安徽师范大学法学院大力支持，得到安徽师范大学副校长、博士生导师彭凤莲教授的鼓励与支持，公共管理系全体同仁全力协助，还得到安徽师范大学出版社领导的关心与支持。在此向他们一并表示诚挚的感谢！

由于受我们的水平和时间所限，深入基层调研不够，本书难免有不足之处，欢迎学界同仁及读者批评指正。

李宗楼

2020年9月于安徽师范大学花津校区

目　录

着力构建城乡基层社会治理新格局

——学习习近平新时代中国特色社会主义思想

朱启友[①]

摘　要： 基层是社会治理的基础，是党的工作最坚实的力量支撑。新时代创新城乡基层社会治理是适应基层社会主要矛盾历史性转变的内在要求，是不断增强人民群众获得感、幸福感、安全感的现实需要，是实现国家治理现代化的重要途径。顺应时代发展要求，党不断深化对城乡基层社会治理的探索，积累了许多重要经验：坚持以人民为中心，坚持党建引领，坚持共建共治共享，坚持自治法治德治相结合。当下，城乡基层治理只能加强、不能削弱，这要求我们在探索总结基层社会治理先进经验的基础上，不断创新体制机制，完善党组织领导引领基层治理的体制机制；发挥基层民主协商作用，激活群众责任意识；推进重心下移和不断改革创新；发挥现代科技支撑作用，实现治理智能化，进一步提高基层社会治理水平和治理效能。

关键词： 社会治理　城乡基层　国家治理　党建引领

---

① 朱启友，博士，安徽师范大学法学院副教授，硕士生导师。安徽省政治学会常务理事，芜湖市地方治理研究院研究员，研究方向为政治学理论、中共党史等。

一　基层社会治理在国家治理体系中具有基础性地位

基层是社会治理的基础，是党的工作最坚实的力量支撑，我国经济社会发展和民生建设最突出的矛盾和问题也多集中在基层。因此，习近平总书记强调："……必须把抓基层、打基础作为长远之计和固本之策，丝毫不能放松。"①党的十九大报告提出，"推动社会治理重心向基层下移""打造共建共治共享的社会治理格局"；党的十九届四中全会《决定》强调，"必须加强和创新社会治理，完善党委领导、政府负责、民主协商、社会协同、公众参与、法治保障、科技支撑的社会治理体系，构建基层社会治理新格局。"②2020年9月，习近平在湖南省考察时明确指出："'十四五'时期，要在加强基层基础工作、提高基层治理能力上下更大功夫……要加强和创新基层社会治理……加强城乡社区建设"，"基础不牢，地动山摇。只有把基层党组织建设强、把基层政权巩固好，中国特色社会主义的根基才能稳固。"③要在加强基层基础工作、提高基层治理能力上下更大功夫，这既反映了执政党对基层社会治理规律认识的深化，也为不断提升基层社会治理水平提供了科学指引。

（一）创新基层社会治理是适应社会主要矛盾历史性转变的内在要求

进入新时代，社会主义市场经济体制逐步完善，产业结构升级加快，也带动第三产业就业规模持续扩大，共同促使包含区域流动、城乡流动、技能提升、职业转换等在内的社会流动不断加速，社会运行的复杂性与不确定性日益增强。随着我国社会的主要矛盾转变为人民日益增长的美好生活需要和不平衡不充分的发展之间的矛盾，在城乡基层，人民群众不仅对物质财富和精神文化提出了更高需求，而且对信息安全、生态环保、司法公平、社会正义等方面的要求日益增加。利益主体更加多元化与不断分化，利益格局处于深刻调整中；多重任务与矛盾叠加，各种机遇与挑战并存，基层社会治理难

---

① 习近平．看清形势适应趋势发挥优势 善于运用辩证思维谋划发展[N].人民日报，2015-06-19(1).

② 习近平．关于《中共中央关于坚持和完善中国特色社会主义制度 推进国家治理体系和治理能力现代化若干重大问题的决定》[N].人民日报，2019-11-06(1).

③ 习近平．在基层代表座谈会上的讲话[M].北京：人民出版社，2020:7-8.

度不断加大。因而，探索创新基层社会治理的举措、样态、手段，加强基层社会治理的制度创新与能力建设，健全基层社会治理体系，有利于加强各利益主体间的沟通联系与利益整合，避免基层社会治理结构的碎片化，形成治理合力和基层社会治理新格局。

（二）创新基层社会治理是不断增强人民群众获得感、幸福感、安全感的现实需要

基层社会治理的核心是服务群众，只有以群众利益为根本导向，基层社会治理才能行稳致远。当下在农村，部分基层党组织软弱涣散，作用发挥不够；村集体经济薄弱，财务管理混乱；解决绝对贫困问题以后，不知如何构建脱贫攻坚与乡村振兴战略有效衔接的体制机制；等等。在城市，居民对社区环境、社区服务、社区安全、社区物业等方面的要求不断提升。城镇化推进进程中，总量已达2.69亿的进城务工人员[①]为城市建设与经济社会发展作出重要贡献，但如何解决他们的城市户籍问题，使他们享受与城市居民一样的基本公共服务，提升生活品质，已经成为一个突出的社会问题。这些都迫切要求我们创新基层社会治理，积极回应与满足基层群众对幸福美好生活的多样需求，持续增强人民群众获得感、幸福感、安全感。

（三）创新基层社会治理是实现国家治理现代化的重要途径

乡村和城乡社区是社会的基础单元，是国家治理体系的基本“细胞”和神经末梢，各种社会矛盾和利益关系交汇或集聚于此。2018年4月，习近平总书记考察武汉指出，社区是基层基础，只有基础坚固，国家大厦才能稳固；社区是社会治理的“最后一公里”，社会治理的重心必须落到城乡社区，社区服务和管理能力强了，社会治理的基础就实了。因此，基层社会治理是国家治理的基石，国家治理现代化离不开基层治理现代化。“抓好最后一公里”明确了社会治理的重心要时刻放在基层，资源和服务要聚焦于解决关系基层群众利益的事务。当然，治理层级不同，治理的目标取向就有不同的侧重。层

① 刘圆圆.文化是进城务工人员融入城市的桥梁[N].人民政协报，2014-03-08(10).

级越高，越侧重公平公正与合法性，致力于提供统一的体制机制架构和政策指导；层级越低，越关注治理效率、活力与秩序，致力于因地制宜地探索治理模式。基层社会治理在遵从国家治理统一性的基础上反映与体现了地方治理的特殊性。

二　坚持长期探索实践形成的基层社会治理宝贵经验

顺应时代发展要求，党不断深化对城乡基层社会治理的探索，不断提高基层社会治理的现代化水平，也积累了许多重要经验，概括起来主要有：坚持以人民为中心，是加强基层社会治理的重要理念和前提；坚持党建引领，是加强城乡基层社会治理的核心和关键；坚持共建共治共享，是加强城乡基层社会治理的重要内容；坚持自治法治德治“三治”融合的治理方式，是加强基层社会治理的重要保障；改革创新，是加强城乡基层社会治理的重要动力。

（一）坚持以人民为中心

坚持以人民为中心，是加强基层社会治理的重要理念和前提。“人民是共和国的坚实根基，人民是我们执政的最大底气。”[①]坚持以人民为中心，就是既要以人民群众作为基层治理的服务对象，人民利益至上；又要以人民群众为基层治理的最广泛参与者和最终评判者，即治理必须紧紧依靠人民。一方面，将群众作为服务对象，就是要在更好满足基层群众多层次、多样化、差异化以及个性化的需求过程中，不断增强他们的获得感、幸福感、安全感，使之成为基层治理的最大受益者。另一方面，将群众看作治理的主体，将为了群众与依靠群众结合起来，充分运用民主协商等方式，拓宽群众参与基层治理的渠道，引导群众广泛参与基层治理的政策制定、实施、监督、评估全过程，形成基层社会治理的最大合力，使群众成为基层治理的最广泛参与者和最终评判者。

①国家主席习近平发表二〇一九年新年贺词[N].人民日报，2019-01-01(1).

（二）坚持党建引领

坚持党建引领，是加强城乡基层社会治理的核心和关键。中国共产党的领导是中国特色社会主义最本质的特征，是中国特色社会主义制度的最大优势。党的全部工作最坚实的力量支撑在基层，社会治理最突出的矛盾和难题也多集中在基层。党的十九大报告概括出基层党组织的五大任务和使命：宣传党的主张、贯彻党的决定、领导基层治理、团结动员群众、推动改革发展，明确了基层党组织对基层社会治理的领导作用。2020年7月，习近平总书记在吉林考察工作时强调："要加强党的领导，推动党组织向最基层延伸，健全基层党组织工作体系，为城乡社区治理提供坚强保证。"①以改革创新精神加强基层党的建设，探索以党建引领基层社会治理的新路径，有利于充分发挥党总揽全局、协调各方的领导核心作用，有利于整合资源，公正、高效地处理共同事务，把党的政治优势和组织优势更好地转化为治理效能。在基层治理格局中"党建引领"的主要路径集中表现为三个方面：第一，组织引领。健全自身组织体系，实现党的组织有形和有效覆盖。党的力量来自组织，组织健全、相互融合、覆盖全面是党组织发挥引领治理作用的前提。因而，需要创新基层党组织设置方式，加强党组织规范化、标准化建设，整顿软弱涣散的基层党组织。第二，政治引领。推进党的工作全覆盖，确保基层社会治理沿着党指引的正确方向前进。加强政治引领，包括价值、思想和行动引领，从而提高政治站位，增强责任担当。第三，机制引领。构建党员发挥先锋模范作用的平台机制来实现有效引领，寓领导于服务之中，包括定框架、育人才、引资源等。

（三）坚持共建共治共享

坚持共建共治共享，是加强城乡基层社会治理的重要内容。在中国，基层社会治理本质上是党政主导、社会参与、多元主体"共治"的过程，是基

① 坚持新发展理念深入实施东北振兴战略 加快推动新时代吉林全面振兴全方位振兴[N].人民日报，2020-07-25(1).

层多元主体共建共治共享的网络型治理。首先坚持政府主导，规范乡镇（街道）和社区的权责边界，正确处理政府、社会与市场之间在基层社会治理过程中的关系。既要避免沿用政府“包揽一切”或“过度管制”的旧模式，又要防止出现“泛市场化”或“甩包袱”的倾向。《关于加强和完善城乡社区治理的意见》规定，在基层社区管理领域，政府需提供社会安全、环境卫生、应急管理、物业管理、流动人口管理、吸毒等特殊人群管理等公共产品；在基层社区服务领域，政府主要承担福利服务与基本公共服务的供给。政府主要承担管理与服务职能，要寓管理于服务之中，在服务中促进管得住、治得好。为此需要继续通过深化机构改革和“放管服”改革转变政府职能，推动政府逐步向社会放权、向基层赋能，实现政府的“自我解放”，形成“管理的小政府”“服务的强政府”。除此以外，就是城乡社区自治，交给社区、市场与社会。其次是坚持“共治”思维，充分发挥好包括社会组织在内的多个治理主体的作用，建设人人有责、人人尽责、人人享有的社会治理共同体。重点是培育发展和规范管理各类社会组织，扩大社会参与，增强社会的“自我修复”能力，形成政府行政功能与社会自治功能互补、政府管理力量与社会调节力量互动的多元化社会治理机制，努力打造“共治的大社会”“和谐的好社会”。最后是推进党政力量与社会力量的合作治理，在基层逐步形成以党组织为核心、政府为主导、村（居）委会为主体、经济组织与社会组织为纽带、其他组织为补充的共同参与的“共治秩序”。

（四）坚持自治法治德治“三治”融合

坚持自治法治德治“三治”融合的治理方式，是加强基层社会治理的重要保障。治理体系和治理能力的现代化转型离不开治理方式的深刻变革。坚持以自治法治德治相结合为基本方式，实现“个人守约，社区守则，社会守度，政府守法”，提高基层社会治理水平。发挥群众自治基础作用，保障群众行使民主权利。《中共中央关于坚持和完善中国特色社会主义制度 推进国家治理体系和治理能力现代化若干重大问题的决定》强调，健全基层党组织领导的基层群众自治机制，在城乡社区治理、基层公共事务和公益事业中广泛实行群众自我管理、自我服务、自我教育、自我监督。以村委会、居委会为组织载体的村（居）民自治是基层群众自治制度的主体，是基层社会运行的重要方式和依托。它以村（居）民自我管理、自我服务、自我教育和自我监督为基本特征，努力实现民事民议、民事民办、民事民管，从而激发群众的积极性、主动性、创造性，有效化解村（居）民之间的各种矛盾和利益纷争，促进社会和谐有序发展。

发挥法治保障作用，提高基层治理法治化水平。习近平总书记指出："人类社会发展的事实证明，依法治理是最可靠、最稳定的治理。"①法治是治理现代化的重要保障。为推进基层社会治理法治化，首先是及时总结基层治理经验做法，挖掘和提炼本土法治资源，完善相关地方性法律法规，做好有法可依。其次是各级干部需要坚持依法治理理念，以法治思维谋划基层治理，规范执法行为，用法治方式破解基层治理难题；加强全民法制教育，引导群众养成循法而行、依法维权的习惯，将法治观念外化为群众日常生活中的自觉行动。

发挥德治教化引领作用，凝聚建设美好生活的精神力量。道德是维系社会关系与促进人际和谐的基石，具有深切、持久的引领力量。德治，是指立足不同场域的物理环境、群体属性和公共问题情境，通过道德教育、榜样示范、风俗涵养等手段充实基层群众精神世界、规范社会行为、强化道德教化作用，营造团结互助、积极向上的良好氛围。德治发挥着一种软性的塑造、约束与引领作用，常以价值、民风民俗、村规民约、社会资本、家风家教等形式表现出来。应以培育和践行社会主义核心价值观为统领，发挥中华优秀传统文化优势，弘扬革命文化和社会主义先进文化，加强社会诚信体系建设，构建具有中国特色、彰显时代精神的德治体系。

---

① 习近平谈治国理政（第2卷）[M].北京：外文出版社，2017：424.

三　不断创新体制机制，进一步提升城乡基层社会治理水平

2020年7月，习近平总书记在吉林省考察工作时强调：“推进国家治理体系和治理能力现代化，社区治理只能加强、不能削弱。”[①]这要求我们深入研究内外环境变化给基层社会治理带来的新挑战新任务，在探索总结我国基层社会治理先进经验的基础上，重点围绕健全党委领导、政府负责、社会协同、民主协商、公众参与、法治保障、科技支撑的基层治理体系，不断创新体制机制，进一步提高基层社会治理水平和治理效能。

（一）完善党组织领导基层治理的体制机制

党政军民学，东西南北中，党是领导一切的。构建基层社会治理新格局，必须始终在党的领导下扎实推进，通过有效的顶层设计、制度安排和政策改进，充分发挥基层党建在社会治理中的引领作用和载体功能，从而保证基层社会治理始终能按照党指引的方向和人民的意愿前进。第一，构建分工明确、权责对应、内在驱动、科学有效的基层社会治理责任链条。科学配置与规范不同党政机构的基层事务的治理权限及职能边界，统筹协调基层党委和政府之间、不同职能部门之间、政府部门和企事业单位之间的治理举措；整合乡镇（街道）党政机构和资源，统筹设置基层党建、公共服务、公共管理、公共安全等综合性机构；理顺社区党组织和居委会、业委会、物业服务公司之间的关系。[②]第二，有效整合各种力量和资源，激发市场和社会活力，提高基层党组织领导协调基层政权组织、自治组织、经济组织和社会组织的能力。全面推行村党组织书记通过法定程序担任村委会主任和村级经济组织负责人，推进村“两委”班子成员交叉任职工作，促进社会组织有序健康发展、高质量广泛参与。推进基层发展枢纽型、支持型社会组织，健全社会组织监管制度和信用体系，完善政府购买基层公共服务目录，为各类社会组织搭建跨界

---

① 坚持新发展理念深入实施东北振兴战略 加快推动新时代吉林全面振兴全方位振兴[N].人民日报，2020-07-25(1).

② 文宏.构建基层社会治理新格局的具体路径[N].光明日报，2018-09-17(6).

合作和供需对接平台。最后，加强基层党员干部队伍建设，建立一支素质优良的专业化社区工作者队伍。习近平总书记指出，做好抓基层打基础工作，夯实党执政的组织基础，关键是要建设一支高素质基层党组织带头人队伍。因此要学习贯彻《中国共产党农村工作条例》《中国共产党农村基层组织工作条例》和《中国共产党基层组织选举工作条例》，实施基层党组织带头人整体优化提升行动，完善激励乡镇机关和事业单位干部任村党组织第一书记的政策措施。积极开展党员联系群众活动，动员群众参与村（居）治理，了解群众思想状况，帮助群众解决实际困难，密切党员与群众的联系，充分发挥党员的先锋模范作用。建立健全社区工作者技能培训、薪酬保障、绩效考核等方面的政策措施和制度体系，激发社区工作者实干创业热情。

（二）发挥基层民主协商作用，激活群众责任意识

2000年以来，农村中不断出现以温岭恳谈会等为代表的众多协商民主创新案例，这种协商民主具有在“利益协商”之下“道义政治”的意涵，它在纠正“四个民主”（民主选举、民主决策、民主管理、民主监督）发展失衡之偏、推动“四个民主”中后三个民主功能的再落实方面，取得了制度化的绩效。①党的十九大报告强调，扩大人民有序政治参与，在“四个民主”之外增加了“协商民主”，且将之放在第二位。报告重点强调要推动协商民主广泛、多层、制度化发展。2018年中央一号文件强调，依托村民会议、村民代表会议、村民议事会、村民理事会、村民监事会等基层自治组织，形成民事民议、民事民办、民事民管的多层次基层协商格局。《中共中央关于坚持和完善中国特色社会主义制度 推进国家治理体系和治理能力现代化若干重大问题的决定》要求坚持社会主义协商民主的独特优势，并在社会治理体系中增加了“民主协商”的环节。2020年3月，中央全面依法治国委员会再次重申，开展形式多样的村级议事协商，探索村民小组协商和管理的有效方式，组织村民就村公共事务、重大民生问题开展民主协商。推进城乡社区民主协商的过程中，要始终把解决村（居）民的所需所求所难作为出发点和落脚点。其一是作为

---

① 郎友兴.村落共同体、农民道义与中国乡村协商民主[J].浙江社会科学，2016(9)：20-25.

理念的协商：通过召开村民会议或村民代表会议来商讨涉及村（居）民共同利益或大家普遍关心的事项，目的在于培育村（居）民公共精神，激活责任意识。其二是作为程序的协商：将之作为一个重要环节，纳入民主管理整个过程中：议题提议—事先告知—民主协商—组织实施—结果反馈—全程监督。[①]其三是作为方法的协商：通过协商制定村民自治章程或村规民约等来引领与规范村民思想认识、道德行为等。

（三）推进重心下移和不断改革创新

2018年6月，习近平总书记在山东考察工作时强调，要切实把新发展理念落到实处。不断增强经济社会发展创新力，要推动社会治理重心向基层下移，把更多资源、服务、管理放到社区。坚持重心下移，不断推进基层治理方式创新，是推进城乡基层社会治理的重要动力。重心下移包括层级、资金、平台等的下移。其中，城乡社区是社会治理重心向基层下移的重要落脚点。2014年中央一号文件鼓励“探索不同情况下村民自治的有效实现形式，可开展以社区、村民小组为基本单元的村民自治试点。”[②]一些农村村民自治的工作重心，已从行政村下移至自然村或横向至社区。比如广东梅州市焦岭县芳心村为解决自治权内部的横向问题，即长期以来因事权分工不明确、职能重叠而造成的村委会与村民会议以及其他组织之间的困局，在行政村层面由村民代表、党员议事代表、村监会成员等组成协商议事会，就村级重大问题展开协商议事；在自然村（或村民小组）层面组建村民理事会，参与村组事务治理；村民通过村民理事会、协商议事会实现“多层共治”。在加强和改进党的领导的基础上，构建“三元制衡”治理架构：协商议事会负责决策，村民委员会负责执行和村务监督委员会负责监督，三元结构之间形成制约与平衡。[③]以“社区自治+村民自治”和“村民自治+组民（村落）自治”等为主要表现形式的“两级村民自治”正在影响着基层治理格局的走向。立

① 王国素．多举措促进村务公开制度化和规范化[N]．中国社会报，2019-04-08(2).

② 十八大以来重要文献选编(上)[M]．北京：中央文献出版社，2014:715.

③ 肖滨，方木欢．寻求村民自治中的“三元统一”——基于广东省村民自治新形式的分析[J]．政治学研究，2016(3):77-90.

足实际，凝聚各方力量，探索基层治理新手段、新举措、新样态，扩展治理边界，提高治理精准度，方能推动城乡基层从传统管理向现代治理转变。比如，北京开展“街乡吹哨、部门报到”“接诉即办”实践探索。“街乡吹哨”有三种适用情形，即群众反映的突出问题而街道又力所不能及的可以吹哨，需要综合执法的可以吹哨，应急处置可以吹哨；“部门报到”则是指履职要到基层一线、到群众身边解决问题，要求部门到街道报到，执法力量的报到，党的基层组织和党员到社区双报到。“街乡吹哨、部门报到”“接诉即办”聚焦办好群众家门口事，打通基层治理“最后一公里”。[①]近年来，一些地方政府尝试细分基层社会治理层级，将住宅小区、楼门（栋）、街道胡同、网格等作为基层社会治理的基本单元，以“微治理”疏通基层社会的“毛细血管”、改善基层社会的“微循环”。这些改革创新举措都在一定程度上体现了基层社会治理令人欣喜的新变化新趋势，有效提升了基层社会治理的精准化、精细化水平。

（四）发挥现代科技支撑作用，实现治理智能化

近年来，互联网、物联网、大数据、云计算、人工智能等现代科技的快速发展与广泛运用，深刻地影响和改变着人们的生产与生活，也为拓展社会治理创新的空间和格局、提高社会治理能力提供了动力。2016年4月，习近平总书记在网络安全和信息化工作座谈会上指出：“信息是国家治理的重要依据，要……更好运用信息化手段感知社会态势、畅通沟通渠道、辅助科学决策。”[②]针对当前社会治理方面存在的人力不足和运行成本高、基础信息碎片化、快速反应能力不足等问题，党的十九大对提高社会治理的智能化水平提出新要求。同年12月，在十九届中央政治局第二次集体学习时，习近平总书记强调要建立健全大数据辅助科学决策和社会治理的机制。这就要求我们改变传统的思维模式，将现代科技与基层社会治理深度融合起来，以“互联网+治理”模式实现数据驱动、人机协同、跨界融合、共创分享，破除党政之间、

① 章建伟，李志强．打通基层治理“最后一公里”——北京市党建引领“街乡吹哨、部门报到”的探索与实践［N］．中国组织人事报，2019-01-02（6）．

② 习近平．在网络安全和信息化工作座谈会上的讲话［N］．人民日报，2016-04-26（2）．

政府之间、单位或部门之间、政府与民众之间的壁垒，构建集数据共享、多部门联动、综合研判、科学决策、跟踪督办、应急处置于一体的智能化体系，助推政府治理决策科学化、公共管理精准化、公共服务便捷化。以数字政府、电子政务、智慧型城市建设为契机，推进智慧社区建设，包括开发应用各类智慧社区微信小程序或手机App，实现政务、居家养老、物业等部分服务功能在线运行，做到公共服务高效化；通过安装燃气报警装置、超声测流智能水表、高空抛物监控、手机电子围栏等智能设备，加强智慧社区管控系统建设，动态监测区域内人、车、物，提高对风险因素的感知、预测、防范能力，实现社会治理精准化。

参考文献

习近平.看清形势适应趋势发挥优势 善于运用辩证思维谋划发展[N].人民日报,2015-06-19(1).

习近平.梦想不去想根本达不到 想了才有可能[N].解放日报,2014-03-06(1).

习近平.关于《中共中央关于坚持和完善中国特色社会主义制度 推进国家治理体系和治理能力现代化若干重大问题的决定》的说明[N].人民日报,2019-11-06(6).

社会治理社会化的新发展

——合肥市社区治理"五社联动"模式研究①

王义德

摘　要：　社会治理社会化是国家治理体系现代化发展的必然要求，也是提高国家治理能力和治理水平的重要任务。合肥市为顺应这一要求，解决"三社联动"面临的困难和挑战，创造性地提出了"五社联动"新模式。该模式以基层党建为引领，以居委会为主体，以社会服务平台为依托，以社会工作者为支撑，以社会组织为载体，以社会资源为保障，以项目化运作为纽带，初步构建起了"五社联动"的治理机制。合肥市在"五社联动"实践探索过程中，推动了政府职能的转变和向社会赋权，凸显了治理主体的多元发展和社会组织的主体地位，促进了社会资源在社区治理中的汇聚和社区空间的重塑，从而推进了社会治理社会化的进一步发展，提升了社会治理的有效性。

关键词：　社会治理社会化　社区治理　"五社联动"　合肥市

社会治理社会化是国家治理体系现代化发展的必然要求。合肥市顺应这一要求，创造性地探索社会治理"五社联动"新模式。该模式一经提出就受到学界和实际工作部门的关注，已有一些关于合肥市"五社联动"的研究成

① 在本文资料收集中，安徽师范大学法学院政治学理论专业、行政管理专业2019级研究生赵伟、黄威、汤丽霞提供了帮助，在此向他们表示诚挚的谢意。

果，从不同层面对合肥市社会治理“五社联动”创新实践进行了一定的探讨。①但由于这些成果基本发表在2019年1月中共合肥市委出台《关于加强新时代城市基层党建完善基层治理工作的意见》（简称《意见》）之前，而未能涉及该《意见》出台后“五社联动”的实践发展。本文拟在现有研究的基础上，结合合肥市委出台上述《意见》之后“五社联动”进一步发展，对推进党的十九大报告提出的“社会治理社会化”所具有的意义作一些探讨和分析。

合肥市社会治理“五社联动”的落脚点在社区，故本文将合肥市社会治理“五社联动”称为合肥市社区治理“五社联动”。

一　合肥市社区治理“五社联动”提出的缘由

2018年3月，合肥市民政局出台《合肥市“五社联动”实施意见》标志着合肥市社区治理“五社联动”模式的正式提出。合肥市之所以在此时提出“五社联动”，在笔者看来，一方面是为了贯彻落实党的十九大报告提出的“社会治理社会化”要求；另一方面则是由于社区治理“三社联动”模式在实践中存在着一定的不足，需要创新和发展。

（一）“社会治理社会化”论断的提出

在党的文献中，党的十九大报告首次明确提出“社会治理社会化”：“打造共建共治共享的社会治理格局。加强社会治理制度建设，完善党委领导、政府负责、社会协同、公众参与、法治保障的社会治理体制，提高社会治理社会化、法治化、智能化、专业化水平”。这是改革开放以来我们党不断探索和总结社会治理的崭新认识，强调重视社会治理制度建设，只有实现社会治理的社会化，并使其常态化、制度化，才能对当前复杂的社会进行更好的治理，最终走向善治，打造出共建共治共享的社会治理新格局。从实践来看，

---

① 张健，陈铁喆，吴曼曼．合肥探索基层社会治理创新的“五社联动”模式[J]．中国社会组织，2017(7)：27-29；田晓荷．“五社联动”背景下F社区生活化治理研究[D]．合肥：安徽大学，2018；程晨．“五社联动”在基层社区治理中的实践研究——以合肥F社区为例[D]．合肥：安徽大学，2018；唐嫃．“五社联动”中社会工作参与老城生活环境改造问题研究——以合肥市M社区为例[D]．大庆：东北石油大学，2019.

“社会治理社会化”的提出是沿着“社会管理——社会治理——社会治理社会化”的次序提出的，对应着改革开放以来“社会因素增长、社会组织成长、国家治理现代化”等时代背景。[①]在我国，“社会管理”一词最早出现在1998年的《关于国务院机构改革方案的说明》中：“要把政府职能切实转变到宏观调控、社会管理和公共服务方面来，把生产经营的权利真正交给企业。”这意味着政府要承担起原先“单位制”下由企事业单位承担的社会管理职能。2002年，党的十六大报告将社会管理列为“维护社会稳定”的内容，指出要改进社会管理，保持良好的社会秩序。此后，党的十七大、十八大报告都将“社会管理”作为政府的四大职能之一。不过，在政府如何承担社会管理职能问题上，2004年党的十六届四中全会提出“社会管理体制创新”的命题，指出要“建立健全党委领导、政府负责、社会协同、公众参与的社会管理格局”。其中，“社会协同、公众参与”就有“社会化”的意义。2013年，党的十八届四中全会通过的《中共中央关于全面深化改革若干重大问题的决定》提出了“社会治理”概念，标志着党对社会管理的认识的一次重大飞跃。从“社会管理”到“社会治理”，虽然只有一字之差，但其背后是对权力的属性、功能和运作方式，以及国家与社会关系的新理解，意味着彻底放弃基于计划体制而来的国家（政府）包办单干的思路。2015年10月，党的十八届五中全会又提出“构建全民共建共享的社会治理格局”，应该说“共建”一词加重了“社会化”的意涵。2016年10月，习近平对全国治安综合治理创新工作会议作出指示：“提高社会治理社会化、法治化、智能化、专业化水平。”2017年10月，党的十九大报告中正式提出“社会治理社会化”重要论断。

从“社会治理社会化”提出的过程可以看出，所谓“社会治理社会化”，就是指顺应社会发展趋势和要求，不断转变政府职能，构筑政府与社会、市场等多元主体之间的合作关系，形成国家治理、社会自我调节、居民自治良性互动的过程和状态。它具有的本质特征：一是政府职能的重新定位和向社会赋权；二是治理主体的多元性和社会组织的主体地位；三是体制机制的创

① 吴晓林.“社会治理社会化”论纲——超越技术逻辑的政治发展战略[J].行政论坛，2018(6)：38-45.

新和社区空间的重塑。[①]也就是说，“社会治理社会化”不仅要求要通过体制机制创新进一步理顺“政社关系”，加强“社社合作”，进一步发挥社会力量的主体作用，而且对重塑社区生活共同体和利益共同体等提出了新的要求。

（二）合肥市社区治理“三社联动”的实践及其局限

随着改革开放的发展，计划经济体制下承载着社会管理功能的“单位制”逐渐瓦解，大量社会管理事务涌向社区。在这种背景下，2000年民政部发布《关于在全国推进城市社区建设的意见》，各地都采取一定的措施加强城市社区建设。在这一进程中，2004年，上海市民政部门提出社区、社工、社团“三社互动”的概念，并形成“以社区为工作平台、以社工为队伍抓手，以社团为组织载体”的工作思路。[②]此后，许多地方进行“三社”联动的试点，突出了社区治理中“三社”之间的协作与整合，形成了各具特色的“三社联动”具体模式。在此背景下，合肥市也进行了“三社联动”的实践探索。

2013年10月，合肥市以“1+4”的形式出台社会治理与社会服务具体政策，即《关于进一步加强和改进社会服务工作的意见》《合肥市加快培育发展社会组织暂行办法》《合肥市社会服务人才队伍建设办法（试行）》《合肥市社会服务平台认定与补助办法（试行）》《合肥市政府购买社会服务暂行办法》。合肥市在社会组织培育方面，提出成立市社会组织发展基金，建立市、县（市）区社会组织孵化园；在服务人才培养方面，支持在合肥高校（不含高职类院校）设置社会工作专业，建立社会服务人才落户“绿色通道”，志愿者开展社会服务工作，每人每天补贴交通费和餐费30元；在服务平台认定方面，依托全市统一设置的服务号码，建成覆盖辖区的呼叫服务系统，提供以老年人、残疾人为重点的呼叫服务及其他社会服务；在购买社会服务方面，各类社会组织、企业、非全额保障的事业单位均作为服务提供方。这些政策的贯彻落实一定程度上改善了合肥市社区治理和社区服务的供给，促进了“三社联动”。同时，合肥市也在自身的实践中发现了“三社联动”存在着一定

---

① 陶希东.社会治理社会化的实施路径与策略选择[J].浦东开发，2019(3)：34-37.

② 徐福海.“三社联动”如何“联”如何“动”?[J].中国民政，2015(12)：16-28.

的不足，主要表现在：政府给社区让渡的空间不足，“三社”之间关系不够明确，社会组织和社会工作者介入社区的空间有限，社区治理资源短缺等。与此同时，学界也对“三社联动”的实践进行了理论研究，在高度肯定“三社联动”实践价值的同时，指出“三社联动”面临诸多问题与挑战。如有学者指出，对“三社”主体的界定模糊，影响了主体的功能分工；某些地方居委会行政化趋势加强；政府购买服务的制度不够完善等。①也有学者指出“三社联动”存在着集体行动的困境：“部分组织坐享协作成果，引发协作者内部冲突”②。“三社联动”在一定意义上体现了社会治理社会化，但由于这些问题的存在，“社会治理社会化”并未真正成为现实。因此，需要在“三社联动”的基础上作进一步的创新和探索。

合肥市正是在这样的背景下提出“五社联动”并进行实践探索的。

二　合肥市社区治理“五社联动”中的“五社”定位与建设

合肥市“五社联动”模式，就是以基层党建为引领、以社区居委会为主体，以社区社会服务中心（站）为基层服务平台，以社会工作人才为支撑，以社会组织为服务载体，通过社区自治服务项目化的运作方式，吸纳多元化的社会资本，联动其他社会力量，建立健全基层服务体系，提高基层服务质量，提升基层治理规范化水平，加强和创新基层社会治理体制和机制建设、提升治理能力现代化。“五社联动”既包含了“五社”又包含了“联动”。合肥市“五社联动”中的“五社”是指社会服务平台、社会工作者、社会组织、社会资源和社区自治组织。③在这里我们先阐述合肥市“五社”的各自定位和建设发展情况。

---

① 徐永祥，曹国慧.“三社联动”的历史实践与概念辨析[J].云南师范大学学报（哲学社会科学版），2016(2)：54-62.

② 曹海军，吴兆飞.社区治理和服务视野下的三社联动：生成逻辑、运行机制与路径优化[J].华南师范大学学报（社会科学版），2017(6).

③ 关于合肥市“五社联动”模式中的“五社”有不同的说法。一种说法是指社区、社工、社会组织、社会资本和社区自治。（田晓荷.“五社联动”背景下F社区生活化治理研究[D].合肥：安徽大学，2018.）另一种说法是指社会服务平台、社会工作人才、社会组织、社会服务项目、社会资源。（唐娸.“五社联动”中社会工作参与老城生活环境改造问题研究——以合肥市M社区为例[D].大庆：东北石油大学，2019.）本文根据《合肥市“五社联动”实施意见》（合民〔2018〕81号）将“五社”界定为社会服务平台、社会工作者、社会组织、社会资源和社区自治组织。

(一)强化引领:加强社区党建和居委会建设

在国家治理和社会治理中,“哪个领域、哪个方面、哪个环节都不应该弱化党的力量,弱化了就会出问题。”[①]新中国建立70多年来,中国基层社会治理积累了许多经验,其中首要的一条基本经验就是必须坚持和完善中国共产党的领导。事实上,党建在整合社会不同利益、塑造政社之间的新共识和促进政社之间有效沟通上具有重要价值。合肥市一直注重加强基层党组织建设,发挥党建引领作用。《合肥市“五社联动”实施意见》中明确指出,充分发挥基层党组织领导核心作用,把加强基层党的建设、巩固党的执政基础,作为贯穿社会治理和社区服务的主线。2019年1月,中共合肥市委《关于加强新时代城市基层党建完善基层治理工作的意见》中,进一步提出在基层社会治理中发挥党建引领作用的要求,即建立“党建引领、多方参与”基层治理架构,以城市基层党建引领基层治理创新。

一是加强基层党组织对社区自治组织、经济组织、社会组织等各类组织的领导。在基层党组织对社区自治组织领导方面,一方面建立健全“一居多会”制度,另一方面抓好“两长多员”队伍建设。所谓“一居多会”,即在一个居委会的基础上,培养发展多个社区社会组织,协助社区居委会开展社区志愿服务工作。如包河区烟墩街道滨湖欣园社区,就在2019年6月推选产生了社区红白理事会、环境和物业管理委员会、人民调解委员会、楼栋自治委员会、妇儿关爱委员会和敬老爱老委员会。而“两长多员”队伍建设则是在已建立起来的“街道党工委—社区党委—网格党支部—楼栋党小组”四级组织架构的基础上,将居民自治组织网络向小区、楼栋延伸。如经开区习友居委会中的“两长多员”,就包含党小组长、楼栋长、卫生员、安全员等。而庐阳区三孝口街道龚湾社区龚大塘小区在2019年4月建立的“两长多员”中,除了党小组长、楼栋长之外,还有文体员、安全员、卫生员、物管员、调解员、监督员等。“两长多员”各负其责,一起进行社区自治管理。在加强社会组织党建方面,按照“应建尽建”的工作思路,持续开展党的组织有效覆盖

---

① 张荣臣,王启超.党的领导是推进国家治理体系和治理能力现代化的保证[J].理论学刊,2020(2).

工作。在具体措施上，坚持“三个同步”，即坚持社会组织登记审批与党组织同步设立，社会组织自身建设与党组织建设同步年检，社会组织评估与党建工作同步评估。在这些措施的推动下，2019年初，合肥市本级社会组织共有120家建立了党组织，比2017年上升46%，促进了社会组织党的领导和依法自治相统一。合肥市在部署社会组织党建的同时，一同推进非公企业党建工作，加强党对经济组织的领导。

二是积极创新党建体制，构建以街道社区为基础的区域党建联盟。如瑶海区三里街党工委在辖区三里三村社区吸纳驻区单位、企业、社会组织、物业公司为“区域化党建联盟”成员单位，各方制定共同章程、签订共建协议，形成以街道社区为核心、以章程契约为约束、以开放共建为纽带的城市基层党建工作新格局，推动城市基层党建由“社区党建”向“社会党建”转变。又如蜀山区西园街道建立的党建联席会议，就包含了国防科技大学电子对抗学院、安徽省通信产业服务有限公司等38家成员单位。这种区域党建联盟，不仅有利于解决基层党建工作的薄弱环节，而且有利于调动各方资源、协调各方的行动，提升基层社会治理的效能。

在加强基层党建，发挥基层党组织在社区治理中核心作用的同时，加强社区居委会建设，发挥居委会的主体作用。在合肥市“五社联动”模式中，社区居委会作为法定的基层群众自治组织，是社区治理与服务的主体。为进一步发挥居委会的作用，合肥市从社区内外两个方面发力。在社区内部，一是大力加强居委会内部的各类服务与治理专业委员会建设，面向社会服务平台、社会工作者、社区社会组织，负责开展服务倡议、服务建议、服务评议等相关工作。前文所述的“一居多会”制度，就是这方面的体现。二是居委会不断发掘、培育社区骨干和志愿者，广泛推动居民参与各类社区服务活动，引导居民通过服务参与到社区治理中来。前文所述的“两长多员”就是在原有的党小组长、楼栋长基础上，又吸纳了热心参与小区管理与服务的工作人员和志愿者。

在外部，为使居委会回归自治组织属性，集中精力抓好社区治理工作，采取有力措施切实为居委会减负增能。合肥市《关于规范社区居委会建设的指导意见》明确提出，实行社区工作准入制度——除有法律、法规、规章明确要求居委会承担的事项外，市直各单位需进入社区的其他工作事项，均需报市领导小组审核批准才能进入，并采取清单管理、年度确认和公示。区（市）县直单位需要社区协助的事项参照市相关程序报同级领导小组审批后执行。2019年4月底，合肥市正式印发《关于社区工作准入制度的通知》，启动2019年度市直单位工作进入社区准入申报。经申报、审核、梳理和征求意见，已形成《居委会依法履行职责主要事项清单》，计11个事项；初步形成《居委会依法协助政府工作主要事项清单》，将拟进入社区的常规性工作事项由152项缩减到61项，精简率达59.87%。此后，合肥市广泛开展社区“三个精减”工作。所谓“三个精减”：减牌子，整治社区室内外环境，社区服务活动场所主入口只保留“社区党组织委员会”“社区居民委员会”两块牌子和“党群服务中心”“中国社区”统一标识；减考核，整合各类考核评比，市领导小组将所有需要进入社区的考核事项整合，各职能部门不再单独组织；减事务，清理规范社区各类组织机构、活动阵地、信息平台、工作台账、会议等。

此外，加强社区工作者队伍建设，着力解决社区工作者身份、待遇、出路等问题，调动社区工作者的积极性，合肥市采取积极措施：在身份上，把社区工作者队伍建设纳入干部人才队伍建设总体规划，原则上以每200—300户居民配备1人的标准核定总量，建立社区工作者岗位等级序列和职业资格认证制度；在待遇上，按照不低于本地事业单位管理岗10级职员工资待遇落实社区工作者薪酬，按照不低于本地事业单位管理岗9级职员工资待遇落实社区党组织书记薪酬，考核优秀者可以上浮；在出路上，畅通优秀社区工作者进入党政机关、事业单位的通道等。

（二）夯实基础：大力开展社会服务中心（站）建设

基层社会治理涉及方方面面，是一项系统的复杂工程，需要借助于一定的服务设施和服务平台来开展。合肥市通过社会服务平台把政府各职能部门、企业、社区和社会组织分散化的服务，通过跨部门协同供给机制，带动社会资本，整合成一体化、整体性的服务。在社会服务平台建设上，合肥市在市层面建立社会服务综合信息与评估中心，为基层提供技术支持；在区（市、县）建立社会服务呼叫中心，为街镇（大社区）服务中心和居（村）社会服务站提供组织协调；在街镇（大社区）建立社会服务中心，在居（村）建立社会服务站，开展具体服务工作。社会服务中心和社会服务站，负责统筹辖区内社会服务的需求调查、项目设计、组织孵化、资源整合、服务实施等工作。合肥市要求，除国家另有规定外，所有以社区居民为对象的公共服务、社会服务、志愿服务，原则上都要在城乡社区服务中心（站）提供。可见，在这四层社会服务平台中，社会服务中心和社会服务站是基础，也是社区治理和社会服务的主要依托。为夯实社会服务中心（站）这一基础，《合肥市社会服务平台认定与补助办法（试行）》中要求按照每百户居民拥有综合服务设施面积不低于30平方米的标准，以新建、改造、购买、项目配套和整合共享等形式建立社会服务中心（站），市政府分别按照20万元、10万元的标准对服务中心和服务站进行奖补。在这些措施的推动下，合肥市社会服务中心（站）建设工作加速推进，成效显著。2018年一年就有140家社会服务平台通过认定；从2014年至2019年初，合肥市共建成48个社会服务中心，356个社会服务站，兑现财政奖补资金4600余万元。

社会服务中心（站）按照“政府扶持、民间运作、专业管理、多方受益”的模式运作。比如包河区方兴社区（街道级大社区）的综合性社会服务平台——睦邻生活馆的建设，就是在高校、社工机构和其他相关领域的专家进行软硬件论证的基础上，包河区民政局通过招标，在参与投标的多家机构中最终选择合肥市爱邻社会工作服务社与上海一家社会工作服务中心合作，在社区辖区各小区分别建立睦邻生活馆。为凸显睦邻生活馆的综合性服务功能，在空间布局上分为基础服务区（阅读室、健身房/书画室、舞蹈室/瑜伽室）、会议培训区（会议室/教室）、开放办公区（社工机构办公室、社会组织办公点）、活动平台区（项目活动室）。为确保各个睦邻生活馆正常运营，每个馆配置来自所购买社会服务机构的1名社工、1名社工助理、1名社工督导和1名场地管理员。与此同时，社区服务中心与各社工机构签订委托运营协议，建立《方兴社区社会工作培训制度》《方兴社区社会工作管理与服务标准》等一系列规范管理制度。通过这样的建设，睦邻生活馆成为融合了社工机构、社区社会组织与居委会的综合性载体，成为社区公共服务管理、服务项目对接、综合信息联通、服务需求反馈等的平台，也成为社区社会组织孵化平台和居民自治意识培育平台，在提供基础服务的同时也提供居民自治服务等个性化服务。

总的来说，合肥市大力加强社会服务中心（站）建设，搭建了社会服务平台，夯实了“五社联动”的基础。

（三）强化支撑：充分发挥社会工作者的作用

在合肥市“五社联动”模式中，社会工作者具体是指由政府购买服务、由专业社会工作服务机构派遣，能自觉遵循社会工作价值理念并熟悉运用个案工作、小组工作、社区工作、社会行政、社会政策研究等社会工作方法的专业社会工作人才，负责基层社会服务平台的建设与运营。①

社会工作者是福利传送，促进居民、自治组织和社区能力提升的行动者。合肥市高度重视社会工作人才在社区治理中的作用，如前所指其早在2013年就出台《合肥市社会服务人才队伍建设办法（试行）》，大力加强社会工作者队伍建设。在加强社会工作人才培养的同时，在全国率先开展政府购买社工人才服务岗位。从2013年起，合肥市政府在全市推出专业社工岗位449个，通过购买服务项目和购买职业社工岗位相结合，实现了“专业人干专业事”。包河区则首次尝试街道购买社工岗位的方式，形成“街道—社工机构—社工人才”的政府购买体系。通过这些措施，有力地推动了合肥市社会工作人才队伍的建设。截至2018年底，合肥市社会服务人员数量达到13664人，获得社会工作职业水平资格证人员约占全省总数的四分之一，职业社工占全省总数的近一半。其中持证专业社会工作者3750人，较2017年增长26.9%。②

在合肥市“五社联动”的社区治理中，专业化的社会工作者发挥了重要的支撑作用。如，在庐阳区三孝口街道西平门社区老城生活环境改造项目中，

---

①《合肥市“五社联动”实施意见》(合民〔2018〕81号)

② 安徽省合肥市:推进政府购买服务支持社会组织健康有序发展[EB/OL].(2019-09-09)[2020-10-1]. http://www.ccgp.gov.cn/gpsr/zhxx/df/201909/t20190909_12859367.htm.

专业社工就发挥了难以替代的作用。2018年9月，驻点社区的社会工作机构与街道签署政府购买服务的合同书后，社会工作机构的社工便对生活环境方面存在的需要治理的问题进行需求调查、评估与焦点锁定工作。他们采用问卷调查法（见表1、表2、表3）、入户访谈法确定社区生活环境改造的基本需求。

表1　西平门社区生活环境综合改造大封闭调查问卷①

<table>
<tr><td>住户姓名</td><td></td><td>家庭人口</td><td colspan="3"></td></tr>
<tr><td>机动车辆
（数量）</td><td></td><td>职业</td><td colspan="3"></td></tr>
<tr><td>家庭住址</td><td></td><td>联系电话</td><td colspan="3"></td></tr>
<tr><td rowspan="2">住房性质</td><td>自主</td><td></td><td rowspan="2">房屋
性质</td><td>回迁</td><td></td></tr>
<tr><td>租住</td><td></td><td>单位</td><td></td></tr>
<tr><td>序号</td><td colspan="2">问卷调查内容</td><td colspan="2">是</td><td>否</td></tr>
<tr><td>1</td><td colspan="2">是否同意社会生活环境综合治理（绿化提升、车位改造、道路拓宽等）</td><td colspan="2"></td><td></td></tr>
<tr><td>2</td><td colspan="2">是否同意小区封闭式管理（出入口设置岗亭、24小时值班、安装电子监控）</td><td colspan="2"></td><td></td></tr>
<tr><td>3</td><td colspan="2">是否同意小区新建值班室</td><td colspan="2"></td><td></td></tr>
<tr><td>4</td><td colspan="2">是否同意小区增设停车位</td><td colspan="2"></td><td></td></tr>
<tr><td>5</td><td colspan="2">是否同意小区增设电子监控</td><td colspan="2"></td><td></td></tr>
<tr><td>6</td><td colspan="2">是否同意疏通消防通道</td><td colspan="2"></td><td></td></tr>
<tr><td>7</td><td colspan="2">是否同意小区新建围墙</td><td colspan="2"></td><td></td></tr>
<tr><td>8</td><td colspan="2">是否同意小区停车实行微偿收费</td><td colspan="2"></td><td></td></tr>
<tr><td>9</td><td colspan="2">是否同意小区微偿物业管理服务</td><td colspan="2"></td><td></td></tr>
<tr><td>10</td><td colspan="2">其他问题</td><td colspan="2"></td><td></td></tr>
</table>

住户签名：　调查员签名：　调查时间：　联系电话：

①资料来源：合肥市庐阳区三孝口街道西平门社区档案资料。转引自唐媖《“五社联动”中社会工作参与老城生活环境改造问题研究——以合肥市M社区为例》(2019)一文，该文以m指代西平门社区（表2、表3来源相同）。

表2　西平门社区生活环境综合改造大封闭调查问卷结果统计

	同意人数	不同意人数	中立人数
社区生活环境综合治理	378	10	12
小区封闭式管理	368	20	12
新建值班室	374	14	12
增设停车位	378	9	13
增设电子监控	385	2	13
疏通消防通道	386	0	14
新建围墙	370	8	21
停车微偿收费	376	4	20
微偿物业管理	382	3	15

表3　社区居民反馈的其他问题

其他(居民反馈)	1. 缺路灯、楼梯道灯、楼梯道扶手、小区健身器材,反馈很多次无人处理 2. 楼下垃圾箱垃圾、建筑垃圾乱堆放无人清理 3. 门前树木太高,存在安全隐患 4. 孤寡老人无人探望 5. 居民反映希望家里安装监控以防灾发情况

社工在帮助摸清生活环境改造的具体问题之后，运用个案工作、小组工作、社区工作等方法来推进生活环境改造。如社工运用小组工作方法在西平门社区原有黄梅戏、太极拳以及合唱团等较为稳定的文娱团队基础上，成功地将中老年文娱团队的骨干转化为一支有力的社区中老年“自管会”，并对“自管会”成员进行培训，增强他们的社区自治意识和社区自治能力，使他们成为社区生活环境改造的促进力量。社工运用个案工作方法化解社区居民个人和家庭矛盾冲突。例如在社区电动车库改造建设过程中，由于停车位有限造成的租户和原住居民之间的分配问题的矛盾，社工积极开展个案工作，通过入户访谈的方式来缓和并化解矛盾，达成最大程度的共识，从而解决车位分配等问题。运用社区工作方法，挖掘社区骨干，孵化和培育了“环境管理委员会”和“更新促进委员会”，使其成为西平门社区居委会下的专业委员

会，促进环境管理。此外，项目社工链接西平门社区范围的民生银行、学大教育、三孝口新华书店、百大CBD等为社区改造项目提供支持等。可见，在西平门社区老城生活环境改造的过程中，社工扮演着多重角色，不仅仅是专业服务的提供者、社区改造的参与者，更是多方联动、互助合作、创新发展、社区改革的促进者，促进了社区生活环境改造项目，推动了基层社区治理的发展。

（四）筑牢载体：着力培育孵化社会组织

作为现代社会活动主体之一，社会组织在表达基层利益诉求化解社会矛盾、提供公共服务、激发社会活动等方面都具有良好的促进和补充功能和作用。社会组织在参与基层社会治理的过程中，也起到了提升社会服务、加强分类指导、整合社会资源、调动社会力量的协同治理作用。社会组织是基层社会治理和提供服务的重要载体。培育孵化社会组织特别是社区社会组织，提升社会组织的社区参与和社区服务能力，是合肥市“五社联动”的关键点之一。

早在2013年，合肥市就出台《合肥市加快培育发展社会组织暂行办法》《合肥市政府购买社会服务暂行办法》，支持社会组织的发展。2018年6月，合肥市出台《关于进一步推动全市社会组织健康有序发展的实施意见》提出，大力培育发展社区社会组织，对新登记的城乡社区类社会组织，符合条件的由市财政给予2万元一次性开办补助；给予社会组织孵化园50万元一次性补助。为进一步支持社区社会组织联合会发展，合肥市积极开展“全市百强社区社会组织联合会”评选活动，每年安排财政奖补资金100万元对百强社区社会组织联合会进行奖励。通过这些政策措施，合肥市社会组织得到较快发展。截至2018年底，全市登记社会组织4884个，较2013年翻一番；建成区街孵化园33个，已入驻和孵化社会组织664家；先后吸引233个社会组织参与社会组织基金会项目竞争性分配，累计40家社会组织49个项目获得扶持。

通过培育发展起来的社会组织，在“五社联动”的社区治理和服务提供中发挥了重大作用。如，包河区方兴社区通过社工评估，以睦邻生活馆为平台，社区工作者协助蓝山居委会（筹）成员积极联系小区居民，并从中挖掘热心居民，以文康活动为介入点，以社工服务为核心，以约谈座谈会、活动分享会、提议会等形式不断鼓励居民参与其中，从而培养居民积极分子，进而使其成为带头人，培育孵化了太极拳队、万科蓝山巧妇坊、蓝山邻里关爱团等社区社会组织。其中，蓝山邻里关爱团重点服务辖区内结婚、生子、乔迁、重病大病、家庭突发变故、残障人士、老年群体，促进邻里熟识，丰富居民生活，实现楼栋居民“有困难大家一起帮助，有问题大家一起协商解决，有快乐大家一起分享”的自治氛围。而万科蓝山巧妇坊主要开展妇女成人手工活动，如丝网花、烘焙、环保手工等，为小区的妇女群体提供能力提升和相互交流的平台，营造了温馨、和谐的居住环境，提升了社区妇女的幸福指数。

（五）强化保障：多措并举积极拓展社会资源

社区治理和社会服务，资源是保障。在国家治理和社会治理中，普遍存在着资源依赖，社区治理尤其如此。一般来说，资源是指人力、物力和财力，但也有着不同的分类。就社区治理和服务而言，资源的支持种类可以分为三种：行政资源、社会资源和社区内生性资源。在合肥市“五社联动”中的社会资源具体是指能为社会工作者、社区社会组织提供人力、技术、资金等服务支持的各类社会力量，主要包括公益基金、企事业单位、志愿者等。它不仅包含了一般所说的社会资源，也包括社区内生性资源。

合肥市为增强社区治理的资源保障，在进行街道管理体制改革、加大政府购买社会服务等疏通资源下沉社区的渠道的同时，在拓展社会筹资渠道、整合社会和发挥志愿者作用两方面积极探索。在拓展社会筹资渠道方面，一是成立合肥市社会组织发展基金会。合肥市投入400万元财政专项资金，成立了安徽省首个市级社会组织发展基金。基金会通过支持社会组织孵化园建设、开展培训、组织公益创投等形式，培育和扶持社会组织发展壮大。在市政府带动下，合肥已成立数家基金会，引入资金上千万元。二是建立社区专项基金。如包河区常青街道社会服务中心在安徽乐邦慈善基金会的“乐邦·救助”公益专项基金的支持下，为常青街道老、幼、病、残、弱等特殊群体提供经济、精神等综合性社会救助服务。而方兴社区还成立了全省首个以PPP模式组建的居民自治专项基金——“乐治方兴专项基金”。该基金由安徽乐邦慈善基金会与包河区民政局、包河区方兴社区服务中心共同发起成立，安徽乐邦慈善基金会负责面向社会筹集不少于10万元的乐治基金，用于方兴社区引导居民自治、提供社区志愿服务、培育社区社会组织、开展社会救助等。

在发掘和拓展社会资源方面，除了引入专业社会组织、培育社区社会组织等之外，还通过体制机制创新和内部挖掘等方式调动内部资源。一是通过区域党建联盟，整合企事业单位资源。如庐阳区逍遥津街道整合了30余家企事业单位，支持了6个社会服务项目，形成了“睦邻家园”“至善逍遥津”“朝夕同行”“无独有偶”等特色服务项目。这些特色服务项目，又包含着若干个社区微治理项目，分别由相应的专业社会组织认领，由辖区的企事业单位提供资金支持。如“睦邻家园”项目就包含了“绿色拱辰”“崛美拱辰”“书香拱辰”三个儿童微治理项目，分别由阳光书画社等3家社区社会组织认领，同时，辖区安徽乐圃教育科技有限公司、合肥思进职业培训学校、合肥乐旨教育科技有限公司3家爱心企业各捐赠了3000元资金，定向配套用于三个微治理项目。二是建立“三工互动”（党工+社工+义工）机制，激发社区内部力量的参与。如瑶海区七里桥街道各社区均建立并完善党员干部直接联系群众、在职党员到社区报到等制度，充分发挥党员在社区服务中的先锋模范作用。2019年，党员志愿服务、结对帮扶等活动共计24次，服务居民220户。同时建立专业社工引领志愿者机制和志愿者培育发展机制。社区居委会完善社区志愿者注册登记制度和激励机制，根据社区现实需求招募志愿者，由专业社工负责定期联系志愿者，对志愿者开展服务培训、服务督导，提升志愿者服务水平。并连续多年开展优秀志愿者评选活动，激发志愿者的参与热情。

三　合肥市社区治理“五社联动”的运作方式和运行机制

学者们研究“三社联动”时就非常关注“三社”如何“联”、如何“动”的问题，并认为这是“三社联动”的关键。合肥市社区治理“五社联动”模式的关键自然也是如何“联”、如何“动”的问题。在笔者看来，要实现“三社”或“五社”的“联动”，都要有一定的联动纽带和联动机制。合肥市“五社联动”的项目化运作方式为“五社联动”提供了纽带，而合肥市的“五社”运行机制在合肥市委《关于加强新时代城市党建完善基层治理工作的意见》出台后也得到一定程度的完善。

（一）“五社联动”的纽带：项目化运作方式

《合肥市“五社联动”实施意见》中明确提出“面向居民开展项目化的社区服务与活动”。合肥市各区、街道社区也都通过项目化运作方式，开展社区治理和社区服务。这里我们以合肥市包河区方兴社区为例予以说明。

方兴社区自成立以来积极推动社区治理创新工作。如前所述，方兴社区与安徽乐邦慈善基金会、包河区民政局共同发起成立“乐治方兴专项基金”，用于方兴社区引导居民自治项目、提供社区志愿服务、培育社区社会组织、开展社会救助等工作。“乐治方兴专项基金”对这些工作的资助，都以具体的项目呈现（见表4）。

表4　2016年5月—2018年6月“乐治方兴专项基金”明细表

项目名称	申请人(主体)	开始时间	结束时间
乐治方兴专项基金资金财务管理服务方案	合肥市爱邻社会工作服务社	2016年5月23日	2017年5月23日
我爱我楼	包河区方兴社区蓝山邻里关爱团	2016年6月	2017年2月
康园一家亲——10栋楼文化自治项目	李根芳	2017年1月1日	2017年12月31日
邻里和谐 共爱太极	蓝山陶志权太极拳队	2017年2月1日	2017年12月31日
笔尖传情 翰墨飘香——明德书法社社区服务项目	邵伟	2017年3月17日	2018年3月17日
环保酵素进康园项目	郑婷婷	2017年4月14日	2018年3月14日
社区便民屋运营和社区积极分子培育	合肥义工之家	2017年6月6日	2018年6月6日
楼栋幸福里——蓝山楼栋自治项目	包河区方兴社区蓝山邻里关爱团	2017年7月1日	2018年6月31日

转引自程晨.“五社联动”在基层社区治理中的实践研究——以合肥F社区为例[D].合肥:安徽大学,2018.

方兴社区这种项目化运作中的每一个项目都将“五社”联结起来。如“楼栋幸福里——蓝山楼栋自治项目”的申请主体是“蓝山邻里关爱团”（社区社会组织）。“蓝山邻里关爱团”（作为社区社会组织入驻蓝山“睦邻生活馆”）又是在蓝山社区居委会（筹）的支持下，合肥市爱邻社会工作服务社的专业社会工作者依托“睦邻生活馆”（社区社会服务平台）通过各类活动开展以及熟人推荐的方式发掘当地热心居民孵化成立的。“蓝山邻里关爱团”本身就是利用社区内生性资源（社会资源）成立的，其“楼栋幸福里——蓝山楼栋自治项目”的实施又受到“乐治方兴专项基金”（也包含了社会资源）的资助和相应的监督。由此，我们完全可以说，项目化运作方式是合肥市社区治理“五社联动”的纽带，也可以将它看作“联动机制”之一，但不能将“社会服务项目”看作合肥市“五社联动”中的“五社”之一。

项目化运作方式作为纽带将“五社”联结起来，而且“五社”中的任何“一社”都少不了，从一个层面体现了“联动”，但真正促进“五社”“联动”的则是运行机制。

（二）“五社联动”运行机制：协调、协作和合作

习近平总书记指出：“加强和创新社会治理，关键在体制创新。”①社会治理的重心在社区，而在社区的场域内会存在多重复杂关系。“五社联动”下的主体互动主要涉及“政社联动”以及“社社联动”，这两种联动模式共同构成了社区治理和服务的整体运行网络。倘若没有明确的机制将各方联系起来，各方将各行其是、职能交叉而无法协同运作。有学者提出在推进“三社联动”的过程中，如何厘清各方的职责定位，明确各方的相互关系，解决彼此之间“联”与“动”的难题，需要三大运行机制，即协调机制、协作机制和合作机制，发挥作用。②在笔者看来，“五社联动”更需要这三大运行机制发挥作用。合肥市在创建“五社联动”模式的过程中，这三大运行机制逐步建立起来。

第一，合肥市建立了以社会服务中心（站）为平台的多方合作机制。合

① 推进中国上海自由贸易试验区建设 加强和创新特大城市社会治理[N].人民日报，2014-03-06(1).

② 曹海军.“三社联动”的社区治理与服务创新——基于治理结构与运行机制的探索[J].行政论坛，2017(2):74-79.

作强调的是参与主体之间的平等关系。在合肥市“五社联动”中，社区居委会、社会组织和社会工作者等都是平等的主体，在社区治理中有着各自不同的角色定位。社区居委会是法定的主题，是社区居民利益的代表者，通过社区居民代表会议等渠道反映居民的想法和需求。社会组织（含社区社会组织）是社区服务的重要载体，在凝聚诉求、资源提供、开展服务等方面具有一定的优势。社会工作者则有着专业的优势，是“五社联动”的重要支撑者。而按照标准化建立的合肥市的街道社区社会服务中心、社区服务工作站，集社区公共服务管理平台、社区服务项目对接平台、社区综合信息联通平台、社区服务需求反馈平台等于一体。社区居委会、社会组织（含社区社会组织）、社会工作者依托社区服务中心（站）综合性平台，围绕着一个个具体的服务项目，各负其责，发挥各自的优势，形成真正的合作伙伴关系，促进了社区的有效治理。如前文提及的方兴社区蓝山居委会（筹）、社会工作者和社会组织等就是围绕着一个个具体的服务项目展开了良好的合作。

第二，合肥市形成了街道和社区两个层面的协作机制。协作强调的是参与主体间存在强势主体主导的合作关系。在街道层面，积极促进社会组织联合会和枢纽型或支持型社工机构的协作关系。如前文所述的方兴社区引入合肥爱邻社会工作服务社，负责社区综合性服务平台——睦邻生活馆的运营，对社区居民的需求进行评估，并设计与运作社区服务项目，其专业社工利用睦邻生活馆孵化社区社会组织，并形成社区社会组织联合会。而具体的社区治理与服务工作则由社区社会组织通过项目申请和项目实施来提供，从而形成合肥爱邻社会工作服务社与方兴社区社会组织联合会之间良好的分工和协作，避免了两者之间的无序之争。在社区层面，合肥市通过厘清社区居委会和社区工作站的职责，建立二者之间的友好协作关系。如瑶海区西园街道在明确区分社区行政事和社区自治事务的基础上，对社区居委会工作职责、社区工作站工作职责进行了界定，其依据《城市社区居民委员会组织法》将社区居委会工作职责明确为6项。而作为政府派出的社区工作站的职责则包含了社区环境卫生和环境保护事务、社区人口和计生事务、社区社会保障和社会事务管理、社区安全事务、社区法制事务、社区健康事务、社区经济事务、社区文化事务、社区综合管理事务、社区协调事务、承办区人民政府、街道办事处交办的其他工作任务等12项。在此基础上，完善社区民主协商制度，激发社会组织、社区居民主动参与社区治理的热情。

第三，合肥市建立了以市、区两级城市基层党建与基层治理工作领导小组为核心的协调机制。协调强调的是参与主体之间是一种上下等级性关系。合肥市在推动“五社联动”实践的探索过程中，不断完善协调机制。在宏观层面：一是加强政策协调。合肥市建立了区、街两级的社会组织孵化平台、社会工作人才培养平台，加大对社会组织在资金、场地等方面的支持力度，培育社会组织发展，引导社会组织提供公益服务。二是建立组织协调机构。2019年1月，中共合肥市委出台《关于加强新时代城市基层党建完善基层治理工作的意见》明确提出，加强市、区、街道、社区四级联动，并建立市、区两级城市基层党建与基层治理工作领导小组。该领导小组至少每半年召开一次会议，负责对本地所有驻区单位及其上级主管部门的统一沟通协调。也正是在市、区领导小组的推动下，实施社区工作准入制度，给社区居委会减负增能。因此，市、区两级城市基层党建与基层治理工作领导小组的成立，标志着合肥市“五社联动”的协调机制真正得以建立。在微观层面：一是在街道—社区层面，加强街道办事处对社区居委会和社区工作站协调的同时，加强对社区社会组织联合会和支持性社工机构的协调。前述的瑶海区西园街道对社区居委会与社区工作站的职责明确界定，以及包河区方兴社区对社区社会组织联合会和支持性社工机构的协调等，都是这方面的体现。二是完善街道社区层面的联系会议制度，以项目的方式，推动政府向社会组织转移职能和购买服务，鼓励和协调社区社会组织有序参与社区服务。

总的来说，合肥市社区治理“五社”的联动机制已初步建立起来，基本解决了如何“联”、如何“动”的难题。

四　合肥市“五社联动”探索促进了社会治理社会化的发展

从上述的阐述和分析中，我们可以明确地看到，合肥市在“五社联动”模式的创新探索中较为有效地弥补了“三社联动”所存在的一些不足，提升了社区治理和服务的有效性。不仅如此，在笔者看来，合肥市“五社联动”的实践也较为有效地促进了社会治理社会化的发展。

如前所述，社会治理社会化的本质特征是政府职能的重新定位和向社会赋权，治理主体的多元性和社会组织的主体地位，体制机制的创新和社区空间的重塑。合肥市“五社联动”的探索体现了这些本质要求。

（一）推动了政府职能的转变和向社会赋权

合肥市在“五社联动”实践探索的过程中，不断推动政府职能的转变。这不仅体现在政府购买服务和建立起以市、区两级城市基层党建与基层治理工作领导小组为核心的协调机制，更重要的是进行了街道体制改革。合肥市委《关于加强新时代城市基层党建完善基层治理工作的意见》中提出，全面取消街道招商引资任务及相应考核指标，有条件的街道可取消协税护税任务，逐步淡化街道直接抓经济发展的职能，推动街道聚焦抓党建、抓服务、抓治理的主责主业，把工作重心转移到加强党的建设和公共服务、公共管理、公共安全等社会治理上来。该《意见》还提出街道权力清单和责任清单、厘清区级政府职能部门与街道的职责权限边界，按照“大部门制”的思路，推进街道内设机构优化整合，规范内设机构统一设置，强化基层党建、服务群众、基层治理的机构和力量。在进行这些改革中，不是进一步加强社区治理的行政化，而是在加强街道党委、街道办事处公共管理、公共服务的能力的同时，加强对参与社区治理各种社会力量的协调、协作与合作，促进“政社联动”。

在向社会赋权方面，合肥市通过大力加强党建引领和社区居委会作为群众性自主组织属性的回归，加强社会服务中心（站）建设，加强社会工作者队伍建设，充分发挥社会工作者的作用，培育社会组织、社会资源“五社”建设的过程，就是不断向社会组织、社区、公民个人不断赋权的过程。这其中就包含了社会力量的资源配置权、独立发展权、社会协商自治权等。如“乐治方兴专项基金”的设置和使用就体现了社区的资源配置权和独立发展权；而西平门社区老城生活改造项目所涉及的改造什么、如何改造等，都是在社会工作者的帮助下由社区居委会特别是社区居委会下设“环境管理委员会”和“更新促进委员会”等通过充分协商自主决定的，体现了社区协商自治权。合肥市各级政府向社会组织、社区、公民的不断赋权，为社会力量的发展壮大提供了生存空间和权力空间。

（二）凸显了治理主体的多元发展和社会组织的主体地位

在前面对合肥市社区治理“五社联动”中的“五社”定位与建设的阐述中，我们清楚地看到，在社会治理的主体中，除了党政力量之外，多元化的社会力量得到显著的发展：在采取多种措施大力加强社会工作人才队伍建设的推动下，合肥市社会工作者队伍不断壮大，社会工作者的素质也不断得到提高，在社区治理中发挥着重要支撑作用；在培育和发展社会组织政策的激励下，合肥市的社会组织尤其是社区社会组织获得较快发展。而在社区治理和服务项目化运作方式下，承担具体服务和治理项目的主体主要是社区社会组织，因此社会组织在社区治理中的主体地位得到凸显；在“三工互动”（党工+社工+义工）机制的带动下，社区居民的参与意识得到提高，居民参与也有所加强。此外，街道社区区域党建联盟的建立，也带动了驻区企事业单位对社区治理和服务的参与。总之，在合肥市“五社联动”模式建设中，社区治理的多元主体特别是社会力量得到较快的发展。同时，在“政社联动”中，突出党政力量的协调作用，将社会力量纳入有序的轨道，促进“社社联动”中的协作和合作，进而较好地发挥社会力量在社区治理中的主体作用，解决多个领域的社会问题。

（三）促进了社会资源在社区治理中的汇聚

社会治理需要一定的资源提供保障。《中共中央 国务院关于加强和完善城乡社区治理的意见》指出，要推动管理和服务力量下沉，探索建立基层政府面向城乡社区的治理资源统筹机制，推动人财物和责权利对称下沉到城乡社区，增强城乡社区统筹使用人财物等资源的自主权。但是，目前我国许多地方社区治理人、财、物资源不足或整合利用不够，重管理轻服务，服务的“最后一公里”问题没有得到切实解决。社区治理的“三社联动”，虽然也希望通过社区、社工和社会组织“三社”的“联动”合理使用资源，但“三社”

之中毕竟没有将“社会资源”纳入其中的“一社”位置，加之由于社区治理的体制机制创新不足，在社区治理的资源开拓方面受限。合肥市在“五社联动”的实践探索中，一方面，通过社区治理体制机制的创新，理顺治理多元主体之间的关系，突破社会治理重心下沉的体制机制障碍，促进治理资源下沉到社区；另一方面，在“五社联动”中将“社会资源”作为“五社”中的“一社”予以强调。在笔者看来，将“社会资源”作为“五社”中的“一社”予以强调，将“社会资源”汇聚到社区治理中，真正推动了社会治理社会化的进一步发展。如前所指，从政社关系的角度可以将社区治理的资源分为行政资源、社会资源和社区内生性资源。社区治理的行政资源既包括政策资源，也包括政府购买服务的方式。虽然政府购买服务的方式在一定程度上促进了社区治理的社会化发展，但也容易造成社区治理对政府的依赖。而在合肥市“五社联动”实践模式中将“社会资源”看作社区治理的主要资源，就减轻了对政府资源的依赖，体现出社区治理中社会自主性的进一步增强，从而强化了社会治理的社会化。前述合肥市“乐治方兴专项基金”的设立和使用就凸显了这一点。“乐治方兴专项基金资金财务管理服务方案”由合肥市爱邻社会工作服务社来制定，各个具体服务项目的设立均由社区社会组织或社区治理骨干申请和实施，使得社区服务项目更加贴近社区居民的需求，服务项目的实施受到社工的督导和社区居委会、社区居民的监督，项目的评估验收也由社会组织来承担，等等，这些都充分体现了社会的自主性，凸显了社区治理的社会化发展。

（四）促进了社区空间的重塑

党的十九届四中全会提出“建立人人有责、人人尽责、人人享有的社会治理共同体”城市社区是居民生活的基本共同体。合肥市在“五社联动”实践探索的过程中，通过体制机制创新，建立了以市、区两级城市基层党建与基层治理工作领导小组为核心的协调机制；形成了街道和社区两个层面的协作机制；建立了以社会服务中心（站）为平台的多方合作机制，较大程度促进了社会力量的整合，推动了治理资源在社区的汇集，促进了社区空间的重塑。如，前文提及的包河区方兴社区是一个城镇化发展过程中形成的新社区，是一个典型的“陌生人社会”。针对这种情况，方兴社区以睦邻生活馆为平台，在入驻社工机构的职业社会工作者的努力下，不断发掘热心居民，成功培育了邻里关爱团、太极拳队、创意手工坊、悦读坊、方韵戏曲社等社区社会组织，在“乐治方兴专项基金”的支持下，实施“康园一家亲”“楼栋幸福里”“微心愿认领”等项目，搭建出许多公共空间，引导居民由“陌生人社会”走向“熟人社会”，在社区居民中倡导“以邻为伴、与邻为善”的价值观，产生社区认同，实现居民自我服务、和谐共处，从而塑造了社区社会化的生活共同体和利益共同体。又如，前文提及的西平门社区是一个典型的老城区社区，通过“五社联动”实施的老城生活环境改造项目，遵循社区居民的意见，通过建立小区出入口、新建值班室等对社区实施封闭式管理；通过对社区老旧设施的维修、增设停车位、安装电子监控设备、疏通消防通道和其他安全隐患排查与解除、引进物业管理、加强小区绿化等，重塑了老城社区的物理空间。不仅如此，通过老城生活环境改造，也化解了一些社区居民的矛盾，营造了更加和谐、文明的社区公共生活空间，改善了社区居民的心理空间，增强了社区居民的社区共同体意识，增强了社区居民的安全感和幸福感。由此，庐阳区三孝口街道西平门社区获得了合肥市首批文明社区、“最和睦小区”的称号。

当然，在合肥市“五社联动”的创新实践中，还存在居民参与不足、具体的联动运行机制等需要进一步完善问题。但不能否认的是，合肥市“五社联动”的创新实践，加强了“五社”建设，初步建立起“五社联动”的联动机制，推动了政府职能的转变和向社会赋权，促进了治理主体的多元发展和社会组织的主体地位，促进了社会资源在社区治理中的汇聚，也促进了社区空间的重塑，从而切切实实促进了社会治理社会化的发展。

参考文献

习近平.决胜全面建成小康社会夺取新时代中国特色社会主义伟大胜利——在中国共产党第十九次全国代表大会上的报告[M].北京：人民出版社，2017.

陶希东.社会治理社会化的实施路径与策略选择[J].浦东开发，2019(3).

吴晓林."社会治理社会化"论纲——超越技术逻辑的政治发展战略[J].行政论坛,2018(6):38-45.

张健,陈铁喆,吴曼曼.合肥探索基层社会治理创新的"五社联动"模式[J].中国社会组织,2017(7):27-29.

曹海军."三社联动"的社区治理与服务创新——基于治理结构与运行机制的探索[J].行政论坛,2017(2):74-79.

徐永祥,曹国慧."三社联动"的历史实践与概念辨析[J].云南师范大学学报(哲学社会科学版),2016(2):54-62.

张荣臣,王启超.党的领导是推进国家治理体系和治理能力现代化的保证[J].理论学刊,2020(2):25-33.

乡土文明传承下的“义安特色”与启示

——基于铜陵市义安区的案例研究

周仁标　李　琦[①]

摘　要：　铜陵市义安区以乡土文明传承为着力点扎实推动农村社区治理，采取了加强党建引领、夯实农村社区治理基础、构建廉政文化长效机制、深度挖掘乡贤文化、丰富村民文化生活、实行自治法治德治融合治理、改善民生促进共享等措施，取得了明显成效，形成了富有“义安特色”的农村社区治理模式。义安区农村社区治理的成功实践给予人们的经验与启示是：健全党领导下的社区治理体制、构建完善的社区治理运行机制、推进城乡一体化建设、加强基础服务设施建设、实行多元主体合作共治。

关键词：　乡土文明　农村社区治理　义安特色

铜陵市义安区位于安徽省中南长江下游南岸，2015年经上级批准撤县设区，更名为义安区。2018年，实现地区生产总值118.34亿元，财政收入41.9亿元，城镇、农村常住居民人均可支配收入分别达34210元、22715元。[②]

2010年，义安区被安徽省民政厅确定为“全省农村社区建设实验县”，全区农村社区建设全面启动。2013年以来，义安区紧紧围绕农村社区和谐人居环境打造、服务体系建设、基础设施与服务完善、农村社区管理有序的要求，

---

① 周仁标，博士，教授，安徽师范大学法学院公共管理系主任，硕士生导师，中国政治学会理事，安徽省政治学会常务理事；李琦，男，硕士，安徽师范大学法学院讲师，研究方向为行政管理。

② 数据来源于2019年铜陵市义安区人民政府工作报告。

积极开展实践。截至2018年底，全区农村社区建设累计投入资金5.05亿元，其中社区服务中心建设资金5765万元，美丽乡村建设用于农村社区配套设施资金4.47亿元，打造了82个精品农村社区、17个示范型农村社区，先后获得“全国农村社区建设实验全覆盖示范单位”“全国农村幸福社区建设示范单位”等荣誉称号。西联镇犁桥村、胥坝乡群心村、东联镇合兴村相继入选“全国美丽宜居村庄示范”，天门镇金塔村入选“2016年全国村庄规划示范村”。2018年义安区报送的《乡土文明传承下的“义安特色”》成功入选安徽省基层社会治理创新“十大成果”。2019年10月，安徽师范大学法学院基层社区治理研究团队对铜陵市义安区农村社区治理的情况展开调研。

一　义安区农村社区治理的举措与成效

（一）党建引领乡村社区治理

乡村振兴，党的领导是根本。义安区在乡村振兴中始终坚持加强党的领导，增强基层党组织的创造力、凝聚力、战斗力。一是进行顶层设计，为社区治理指引方向。以金塔村为例，村党总支以梦思康中药材产业为龙头，以打造安徽省健康小镇为契机，外请北京国家级城乡规划设计公司，编制了《金塔村2020—2030年乡村振兴规划》，明确了乡村振兴总目标。二是创新社区治理模式，实行村企共建。如金塔村党总支与安徽梦思康中药材有限公司党支部成立梦思康村企发展联合党委，发挥联合党委优势，提升基层党组织的活力，打造区域化党建联盟。村企联合党委统筹党建、信息和人才资源，构建村企共建、服务共促、资源共享、文旅共创格局。金塔村联合党委成立以来，共帮助企业协调解决问题5项，直接带动村民100余人就业，促进农民增收120余万元，为村集体经济增收10万元，支持民生建设5万元。三是党员率先垂范，干群同心协力。如金塔村每月组织开展“书记夜话”活动，听取收集党员群众意见和建议，拓宽畅通党员干部与村民间的沟通交流渠道。通过党员中心户带头示范作用，引导广大党员群众积极参与美丽乡村建设、秸秆焚烧、敬老扶残等各种志愿服务活动。

（二）夯实农村社区治理基础

义安区坚持将组织领导、政策措施、经费保障作为推进农村社区治理的基础工作，采取有力措施强化社区基础保障。一是加强组织领导。成立城乡社区建设领导小组和全国农村社区治理实验区工作领导小组，涵盖组织、民政、公安、财政、住建等20多个职能部门。乡镇、村分别成立相关领导小组和工作机构，明确专人具体负责，形成党委政府领导、民政部门牵头、其他单位配合的工作机制。二是推行一系列政策措施。结合全国农村社区治理实验区建设，先后制定出台《农村社区建设工作的实施意见（试行）》《农村社区建设基本标准（试行）》《推进城乡社区网格化服务管理工作实施方案》《全国农村社区治理实验区建设实施方案》等文件，从制度和实施层面确定全区农村社区建设治理的“时间表”和“路线图”。三是提供充足的经费保障。将农村社区工作经费列入财政预算，对达标型社区、规范型社区、精品社区分别一次性补贴4万元、6万元、30万元，并按照每村2万元标准拨付农村社区年度专项服务经费。区财政每年安排1000万元专项经费用于农村环境综合整治，出台推进农村社区干部专职化管理一揽子工作方案，提高农村社区干部基本报酬，稳定干部队伍。目前，义安区农村社区正职干部年平均收入4.9万元，其他干部年平均收入4万元。

义安区还大力抓好硬件设施和软件品质的联动提升。该区在基础服务设施、乡村居住环境、服务体制机制建设方面重点发力，努力将农村社区打造成产业突出、环境良好、功能完善、服务一流的社区。全区100个农村社区实现社区服务中心全覆盖，推进社区配套工程建设，结合美丽乡村和城乡一体化建设，实现“五通、五化”，所有农村社区均组建“农民文化和体育运动队伍”“志愿者队伍”“治安巡逻和清洁保洁员队伍”。结合各中心村农村社区自然景观、村情民俗、人文历史及经济发展特色，着力打造美而不同、各具魅力的特色村庄，重点抓好古村落、古建筑以及历史遗存的保护与开发。加强文化墙、农家书屋、农民文化乐园等阵地建设，注重培育文明和谐乡风，免费为社区居民提供读书、阅报、健身等文体活动服务，满足农民日益增长的精神文化需求。

义安区不断完善公共文化服务体系，办好群众文化活动，每年开展送戏到村文艺演出约80场。扩面提标农民文化乐园、全民阅读点建设，已建成农民文化乐园10个，拓展完善区、乡、村三级公共文化服务网络，全区1个公共图书馆、1个文化馆、8个乡镇综合文化站、102个行政村农家书屋全部实行免费开放，城乡公共文化均衡发展，积极创建国家公共文化服务体系示范区。

（三）构建廉政文化长效机制

义安区群心村地处铜陵江心洲，全村总面积为7.5平方公里，4个自然村，20个村民组，总人口2455人。近年来，以挖掘本村红色文化、加强乡风文明为抓手，促进该村廉政文化建设，为建设“江上明珠，幸福群心”打下了坚实基础，先后荣获“第三批全国美丽宜居村庄示范”“中国人居环境范例奖”“第五批全国人口和计划生育基层群众自治示范村”“全国计划生育协会村级先进单位”“第二届全国敬老文明号”等荣誉称号。近年来，该村两委为加强廉政文化建设，党总支部将廉政文化建设纳入农村文化建设和反腐倡廉整体工作的格局之中，定期研究部署，每季度进行检查考核，建立健全了党总支统一领导、村委会组织协调、社会广泛参与的领导体制和工作机制。严格落实党风廉政建设责任制，实行责任追究、一岗双责，强化党性观念和廉政建设意识。每月结合“主题党日”活动开展一次党员教育，通过学习理论、主题实践等形式，使党员加强理论知识学习，亲身感受廉政氛围。如组织党员集中学习党的十九大报告，开展专题警示教育研讨、座谈会、集中观看《榜样》专题片等，组织党员参与村庄环境整治、绿化维护、参观红色教育基地等，使全村党员进一步接受教育，在学习理论知识的同时，身体力行，充分树立“一名党员就是一面旗帜”的信念。认真落实“民主评议”“民主生活会”等制度，在党员中认真开展批评与自我批评、谈心谈话等，使每位党员都充分认识到自己存在的缺点与不足，促进每位党员时刻提高自己，并通过民主评议，为每位党员找准自己的定位，以便在以后的工作生活中进一步提高自己。

（四）深度挖掘乡贤文化

乡贤文化，传承着历史与文脉，承载着浓浓的乡思与乡愁，创新乡贤文化，开展移风易俗，传承美德家风，也是义安区传承乡风文明的一大特色举措。

如群心村建成全市第一个村级乡贤文化馆，占地面积为260多平方米，建筑面积为120平方米。设有“红色记忆”“乡贤人物”“廉政建设”“家规家训”“群心好人”五个展厅。“红色记忆”展厅有“渡江战役、铜陵人民策应大军渡江、渡江女英雄马毛姐与渡江第一船、群心村人参加渡江战役”四个版块；“乡贤人物”展厅有“群心村三英烈、村民马和义勇救新四军献身、群心村现代乡贤人物”三个版块；“廉政建设”展厅有“习近平总书记论反腐倡廉、党的十九大精神、村干部廉洁承诺书”等版块；“家规家训”展厅收集了全村51个姓氏的家规家训；“群心好人”展厅有“孝道红榜人物、十星文明户、美好人家、群心村好人、铜陵好人”五个版块。

在群心村，居民各家门前都镶有一块扇形的门牌，牌子上面印有这个家庭的家风家训，整个街上共有168户人家门前镶有“家风家训”门牌，旨在营造乡贤文化氛围，传承美德家风。如宋氏：“正道勿离，淡泊省身。积德行善，诚实忠厚。”王氏：“刻苦耐劳，节俭朴实。不容有奢侈游荡之行为……”沿着“群心村家风家训示范街”标牌走去，标牌上以图文并茂的形式书写着不同的姓氏及其对应的家训家规。

为加强农村精神文明建设，倡导村民移风易俗，勤俭节约新风尚，群心村在去年又投资30多万元，在村部旁建成“喜庆堂”，旨在为全村村民提供主办红白喜事的场所。为把“喜庆堂”办成村民移风易俗、厉行节约的场所，村里成立了村民理事会，制定了规章制度等。村里喜庆堂主要是提供场地、锅碗瓢盆和水电气，村民只需自备食材和人员，这样不仅大大减少了成本，而且也提醒每一户在此举办宴席的村民要厉行节约、文明就餐。通过半年多的运作，喜庆堂现已成为全村村民开展移风易俗、传承美德家风的好场所。

义安区深入实施“传育立行”教育工程，大力推进移风易俗，弘扬时代新风行动，倡导群众遏制大操大办、厚葬薄养、人情攀比等陋习，“一约四会”实现村级全覆盖，喜庆堂、乡贤文化馆、家风家训一条街等引领作用持续增强；结合区域特色，把文化“种”到墙上，将“送文化下乡”向“植文化入心”转变，共绘制文化墙2.7万平方米，覆盖全区所有行政村，为全市农村文化墙成功入选“全国精神文明建设工作品牌巡礼”奠定坚实基础；与全国首批试点城市同步开展文明实践中心建设，积极构建以区为中心、乡为所、村为站、基地为点的四级组织体系，累计建成新时代文明实践中心1个、所（站）122个，组建文明实践志愿服务队伍180余支，开展活动1500余场次，惠及群众达20万人次，探索形成“五单制”工作法，被安徽新闻联播报道推介；深入开展“十星级文明户”“美好人家”“孝道红黑榜”等评选活动，积极打造新时代乡贤文化，文明乡风、良好家风、淳朴民风等在乡村蔚然成风。

乡村文化是根植于本地产生和存在的一种民间文化，具有极强的地域性和不可再生性。在保持农村自然古朴、原汁原味的基础上，义安区提炼乡村主题，彰显乡村特色，深入挖掘各类人文资源，重点抓好水浒村“赵氏戏楼”、泉栏村“铜陵县抗日民主政府旧址”、兴桥村“敌后县委联络站旧址”、顺安镇凤凰山村“铜陵县第一次党代会遗址”、钟鸣镇金山村“老队屋”等古建筑和历史遗址的保护与开发，展现美丽乡村的生命力和影响力，使之重新焕发出生机与活力。同时，义安区加大对铜陵牛歌、竹马灯等非物质文化遗产的传承与保护，推动传统文化遗产合理开发。2019年，铜陵白姜生产种植系统入选全球重要农业文化遗产。

（五）丰富村民文化生活

除了传承优秀乡风文明，铜陵市义安区还在不断建设打造村社区文化建设广场、文化活动中心等丰富村民的文化生活。

如金塔村以村社区文化健身广场为依托，组织引导广大村民积极参与广场舞、太极拳、健身球、篮球、乒乓球等体育项目；以文化下乡和黄梅戏演出为抓手，开展群众喜闻乐见的文艺活动，寓教于乐，弘扬正能量，提升精气神。近年来，金塔村以弘扬孝道文化为抓手，努力打造“温馨福地、孝亲金塔"这一品牌，先后涌现出区级表彰的"金榜好儿女"田学华、市级表彰的"铜都首届十大孝亲敬老之星"马志芬、省级表彰的"好婆婆"吴叶芳、国家级表彰的"全国孝亲敬老之星"梅香胜、"全国孝亲敬老楷模"提名奖获得者张万保等一大批尊老敬老典范。在金塔村创业的安徽梦思康中药材有限公司的董事长任绪平先生，在重阳节来临之际，个人出资为该村70岁以上的老人承办敬老幸福宴30桌，让老人们在一起共同欢度自己的节日。不仅如此，该村为60岁以上老人建立健康档案，每年安排两次免费健康体检；村老年协会鼓励家庭成员与老人签订赡养协议，并监督赡养义务履行情况；组建了老年人日间照料志愿者服务队等9支志愿者队伍（300多人），为全村72名留守（独居或空巢）老人、21名留守儿童、46名留守妇女、101名残疾人提供各类关爱服务。弘扬了正能量，促进了村风民风的好转。

为给村民创造一个文化娱乐场所，群心村结合美丽乡村建设，投资100多万元，在该村中心村兴建了一座占地2000多平方米的渡江文化广场，尤其是广场上耸立的"渡江第一船"铜雕塑，使广场成为铜陵人民又一个爱国主义和革命传统教育基地，让党的最坚定的信仰永远流淌在我们子孙后代的血脉里。为丰富村民的文化生活，群心村将老村部改建成文化活动中心。村文化活动中心内有三间棋牌室、八张自动麻将桌，微电影室、电子阅览室有八台电脑，书画室有三间休息室、六张床铺并配有空调、电视等设备，健身室配有九部健身器材，广场铺建塑料地坪等。村文化活动中心坚持每星期开放5天，免费提供茶水，全部活动不收一分钱，做到优质服务。此外，村里的文体活动内容也非常丰富，村委会组建了健身球、广场舞等文体活动队伍，对参加活动的村民，村委会提供一切便利条件，对市区送文化下乡的各类文艺团体，都能最大限度地予以支持，真正让村民的文化生活美起来。

（六）实行自治、法治、德治融合治理

乡村振兴，治理有效是基础。金塔村坚持"党建引领、三治融合"思路，积极推进自治、法治、德治"三治"融合治理，完善农村社区治理体系，推进乡村治理体系和治理能力现代化。

一是自治为基，创新协商。金塔村在“7+X”的社区协商议事的基础上，实施社区协商三张清单工作法，通过梳理问题需求清单、资源供给清单、项目实施清单，创新议事协商和项目化运作方式，有针对性地解决村庄存在的问题。2019年，村党组织共梳理问题需求清单45项，资源供给清单18项，项目实施清单28项，其中近期村内资源自主实施清单5项，争取社会和上级资源可实施项目清单13项，远期规划落实项目清单10项。如已落实项目安徽梦思康中药材产业园、2019年塔山特色自然村改造、安徽省健康小镇建设，以及300苗木花卉基地和400亩雷竹、香椿基地扩建等。为充分调动村民参与村级事务，金塔村还成立党群志愿者协会，下设新理论宣教、尚孝道助老、美家园保洁、传家训爱幼、爱生活文体、保安康减灾志愿服务队，并通过积分管理办法来激励志愿者积极参加志愿服务活动。

义安区大力推进城乡社区协商，激发农村内在活力，相继制定了《关于推进城乡社区协商的实施方案》《城乡社区协商目录》等规定，做到“三议三不议”：三议，即属于城乡社区居民公共事务类、公益事业类、公共服务类3大类36小项事务纳入协商；三不议，即法律法规明确规定由村（居）委会办理的公共服务事项；协商复杂、利益分歧严重事项；通过协商无法解决或存在较大争议的问题或事项。各村均按照“7+X”模式成立社区协商委员会，开展议事协商，协商事项坚持“六议二公示”，即村民“民主提议”，社区“两委联议”，社区协商委员会“民主商议”，重大事项乡镇党委、政府审议，属村（居）民代表会议决策事项村民决议，村（居）“两委”承诺“践议”，工作进展情况、办理结果向群众公示，接受群众监督。逐步完善以农村社区党组织为领导核心、村民委员会为主体、社区服务中心为阵地、村务监督委员会依法监督、社会组织和村民代表等参加的农村社区议事制度。

二是法治为本，遵规守法。金塔村注重法制宣传，利用党员电教广场LED高清屏幕反复播放反腐倡廉、扫黑除恶等相关主题视频，以及邀请法律顾问到村举办法治讲座等形式，进行法制宣传，增强村民的法制意识。金塔村还重新修订了《村规民约》，全面规范村民行为，提倡遵纪守法、敬老爱幼、文明友善、移风易俗的文明乡风。加强治安联治，提升村民安全感。推行以综治、安全、信访、警务、人民调解“五位一体”工作机制，实现联片联保、十户联防，构建专群结合、警民联防的农村治安防控网络。加强硬件，提升技防。全村安装监控探头12个，实现了村庄主要路口监控全覆盖。通过“一村一法律顾问”帮助困难群众实施法律援助，协助乡镇司法所开展社区矫正，与公安派出所联合开展警民联防、综合治理，有效化解家庭纠纷和社会矛盾，先后获得“基层综治维稳信访工作站省级示范”和“市级民主法治示范村”称号。

三是德治为先，向善向美。金塔村2009年以来，持续“弘扬孝道文化，营造温馨金塔”，倡导敬老孝亲，改变村风民风。第一步是广泛宣传崇尚孝道。金塔村建造孝道文化墙，宣传“二十四孝”及当地孝亲敬老典型事迹。将尊老敬老标语写在文化墙上，让村民抬头可见、耳濡目染、入脑入心。第二步是树立典型引领孝道。金塔村每年结合各类节日举办敬老孝亲模范评先表彰活动，涌现各类敬老孝亲典型人物24人，其中获全国表彰的2人、省级表彰2人、市级表彰4人，用身边事教育身边人，弘扬敬老孝亲正能量。第三步是推动村民践行孝道。金塔村为每位老人签订《家庭赡养协议书》，建立老年人健康档案，为老年人代办老年证和老年公交卡，发放老年人津贴，成立老年人志愿服务队，为居家养老的老年人提供社区日间照料服务，建设老年人配餐服务中心。

为更好地引导村民崇德向善，金塔村还创设美德银行，由村党群志愿者协会，负责美德银行积分的认定和登记、积分档案的管理、积分情况的核实监督和年终表彰评定等工作。具体表现在村民自愿申请成为志愿者协会会员，每位会员设立美德银行账户，党群志愿者协会理事会对村民的各项志愿服务进行积分累计。志愿者协会理事会每季度对会员的积分情况进行汇总公示，并对美德银行储蓄卡积分前10名的会员进行评选表彰和奖励。第一期微心愿活动，金塔村党员和群众志愿者积极认领了81项，满足了40余名儿童的微心愿。特别是2019年7月，为本村得脑瘤的重度残疾人刘强成功组织了募捐活动，为这位普通的残疾村民解了燃眉之急，也充分体现了村民之间互助友爱的传统美德。本次募捐由党群志愿者协会组织发起，一是以党群志愿者协会名义发出“倡议书”，组织全村各单位、各村民组村民伸出援手；二是通过水滴筹平台募捐，共募集手术费7.1万元，其中村民捐助2.1万元，水滴筹募捐5万元。同时向上级民政部门申请大病救助2万元，手术护理补贴100元/天，圆满解决了刘强的手术和护理费用。

（七）改善民生促进共享

乡村振兴，宜业宜居是关键。金塔村“筑巢引凤”促进村民就业，通过农业产业化，发展村级集体经济，坚持和树立绿色发展理念，打造人与自然和谐共生的宜居格局。一是产业带动，富民增收。通过引进安徽梦思康中药材生态产业园项目，盘活村庄村集体和村民闲置资产，吸纳村庄剩余劳动力，实现就近、就地就业。一期2000亩中药材已经种植，将打造药膳美食、民宿养生、药景观光、药品销售、旅游休闲的中药材田园综合体，建设金塔康养小镇。二是聚合乡贤，激活动力。金塔村积极联络在外创业成功人士回乡创业，发展新型农业企业，先后引进“铜陵佳佳林生态园有限公司”和“铜陵市一亩三分地养殖专业合作社”，种植苗木花卉和雷竹、香椿。三是三产融合，发展旅游。金塔村利用梦思康中药材生态产业园不同品种不同季节的中药材花期、塔山特色自然村人文景观及村内东河两岸美丽的自然风光，积极打造“四季花海”景区、塔山景区、东河景观带，与安徽梦思康中药材有限公司共同成立“铜陵金塔旅游开发公司”，发展金塔村全域旅游，实现产业的融合发展。四是环境整治，生态宜居。成立专职保洁员队伍，修建垃圾池60多个，垃圾屋27座，购买垃圾桶和垃圾箱900多只，确定专人专车常年清运垃圾，实现卫生保洁管理常态化。同时，2018年实施全面改厕工作，对村内剩余560多户旱厕进行彻底改造。实施农田水利道路等基础设施建设，通过“五通五化”项目，修建村组道路15公里、清淤改造当家塘20口、修建亲水平台20处，并实施农业综合开发项目改造农田1300亩。围绕村社区服务中心，建成了村民体育健身广场和农民休闲公园，开辟了党建主题广场和法制文化广场以及村史馆，全力打造生态宜居的自然环境。

二 义安区农村社区治理的特色

铜陵市义安区在农村社区治理中，善于开拓创新，多措并举，取得了明显的成效，形成了鲜明的“义安特色”。

（一）加强党建引领，发挥基层党组织的“战斗堡垒”作用

坚持党对一切工作的领导，在深化“三三制”工作法、“6+4”工作法、村级小微权力“1+3”管理模式基础上，重点从构建农村党建标准化新格局、打造基层“质量党建”新模式和建设社区党建带社建新体系三个方面，推进农村基层党建标准化建设，规范党的阵地建设、组织设置、党内活动、为民服务、工作机制。大力提升基层党组织生机活力和领导能力，发挥基层党组织的“红色战斗堡垒”作用，全力打造农村基层党建“义安国标”，推动以党组织为核心的农村基层党建工作不断加强。

（二）调动多方参与，激发农村社区治理活力

坚持统筹推进，将自治、法治、德治有机融入治理实践中，综合开展乡村依法治理建设、广泛开展乡村德治文化建设、探索村民自治有效实现形式，实现三者的良性互动与有效融合，塑造美丽乡村新风貌。坚持政府引导，通过社区协商、公益创投、组织培育、三社联动等措施，提升多方主体参与农村社区治理的能力，激发农村社区治理的内在活力。

（三）加强科技创新，提升农村社区治理水平

结合义安区社会服务管理信息化建设工程，加快推进农村“互联网+”建设，重点开展农村智慧社区建设，以“互联网+政务服务”工作为契机，通过“互联网+”、大数据驱动下云计算、物联网等先进技术，打造集社区政务、社区事务、社区服务、社区管理为一体，覆盖全区、城乡一体的智慧社区综合服务管理平台。建立“互联网+养老”服务体系，发展“互联网+乡村旅游”，推进“互联网+现代农业”，让信息化发展成果广泛惠及民生，切实提升农村

社区治理与服务创新水平。

（四）积极营造氛围，提高农村社区治理实效

充分运用融媒体等宣传渠道，组织策划一些有分量、有深度的专题报道、系列报道，挖掘提炼一批先进典型和生动事迹，不断扩大义安区创新农村社区治理工作的品牌影响力。健全完善各类现有工作机制，切实加大督促检查力度，进一步推动农村社区治理工作制度化、规范化、常态化。同时严格考核奖惩，重点对考核一贯优秀、服务群众意识强、服务群众本领高、群众评价反映好的干部在提拔任用时予以优先考虑，重点使用，提振基层干部干事创业的精气神。

三　义安区农村社区治理的经验与启示

（一）健全党领导下的社区治理体制

社区治理体制指的是社区治理的主体构成、权责划分以及在此基础上形成的制度。治理体制是社区治理最基本的构成要素，合理的治理体制能够促进社区的科学与合理的治理，相反将会导致社区治理的无序和失效。铜陵市义安区农村社区的治理实行的是以社区党组织为领导核心，以村民委员会为主体，以社区服务中心为阵地，村务监督委员会依法监督，社会组织和村民代表参与决策、管理与监督的组织体制，这样的体制，一方面保证了农村社区的治理沿着党和国家指引的正确方向有序地运行，同时也有坚强的领导力量和坚实的组织保证，从而确保了社区治理的各项工作落实落地，产生实际的成效；另一方面能够切实地发挥农民群众的主体作用，保障他们依法行使宪法所赋予他们的民主决策、民主管理和民主监督的权利，从而有效地维护他们的合法权益，实现乡村的有效治理。

（二）构建完善的社区治理运行机制

机制是指一定的主体为达到组织的目标而开展活动的方式和手段的总和，

机制构建科学合理是一切活动有效性的根本保证。铜陵市义安区农村社区治理中构建的运行机制突出地表现在三个“不出村”，即公共服务不出村、养老医疗不出村、文体活动不出村。在公共服务方面，实行“党建管理、民政社保、农业生产、法律服务、计划生育”等服务事项的“一站式”服务，所有办事程序和服务项目都及时公开，这保证了各项公共服务都能够及时和有效地向广大的社区居民提供；在养老医疗方面，将居家养老服务纳入民生工程，城乡居民养老、医疗保险实现全覆盖，使每一个社区居民都能方便地享受到政府和社区组织所提供的养老服务和医疗方面的便利；在文体活动方面，社区免费地为社区居民提供读书、阅报、健身等文体活动服务，丰富了农村社区居民的精神文化生活。

（三）推进城乡一体化建设

城镇化和城乡一体化是现代农村社会发展的必然趋势，通过城乡一体化战略的实施，可以改变传统而落后的农村生产和生活方式，提高社会生产力和人民群众的生产和生活水平。铜陵市义安区农村社区治理紧紧地把农村发展与城乡一体化建设相结合，将农村社区建设融入全区城乡一体化与美丽乡村建设整体规划，实现一体化建设。首先从城乡一体化的整体布局来设计和明确乡村未来区域分布和功能定位，做到科学设计、精心谋划；其次将农村社区进行分门别类，分别规划为改造提升型、拆迁新建型、旧村整治型、特色保护型四种社区类型，并按照各自不同的标准进行分类建设。

（四）加强基础服务设施建设

公共服务事关社区居民的共同利益，完善的公共服务能够有效地提升社区居民的满足感、幸福感和获得感。铜陵市义安区积极加强基础公共服务设施的建设，首先，抓好农村社区服务中心、配套设施及服务网络工程的建设，形成了以综合服务设施为主体、专项服务设施为配套、服务站点为补充的社区服务设施网络。其次，加强乡村居住环境建设，围绕村庄整治规划、产业发展规划、土地整治规划“三规合一”，高起点、高标准地编制农村社区中心村和综合示范带建设规划，实现“一村一规划、一村一风格”。此外，坚持保护与建设并重，重点抓好古村落、古建筑以及历史遗存的保护与开发；加强文化墙、农家书屋、农民文化乐园等阵地建设。通过建设，农村社区的基础设施和人居环境显著改善。

（五）实行多元主体合作共治

铜陵市义安区所有农村社区均组建了农民文化和体育运动队伍、志愿者队伍、治安巡逻和清洁保洁员队伍，增强农村社区“软实力”。目前，全区共注册农村社区志愿者9651人，各类志愿者队伍526支；全年开展各类文化体育活动1500余场次。坚持政府引导，通过社区协商、公益创投、组织培育、三社联动等措施，重点提升农村社区协商议事能力、积极开展社会组织公益创投项目以及强化农村经济组织培育这三个方面，提升多元主体参与农村社区治理的能力，激发农村社区治理的内在活力。社区社会组织的发展以及相关社会活动的开展，调动了社会各方的积极性，改变了过去由政府一家治理的局面，实现了多元合作治理，提升了农村社区治理的绩效和水平。

参考文献

中共中央办公厅、国务院办公厅印发《关于深入推进农村社区建设试点工作的指导意见[EB/OL].(2015-05-31)[2020-09-12]http://www.gov.cn/xinwen/2015-05/31/content_2871051.htm.

中共中央 国务院关于加强和完善城乡社区治理的意见[EB/OL].(2017-06-12)[2020-09-12]http://www.gov.cn/xinwen/2017-06/12/content_5201910.htm.

铜陵义安区农村社区建设:传承乡风文明 下活文化这盘棋[EB/OL].(2019-01-03)[2020-09-12]http://ah.people.com.cn/n2/2019/0103/c374164-32487793.html.

村民自治有效实现形式新探索

——以全椒县大季村村民自治试点为研究对象①

李宗楼

摘　要： 村民自治制度是我国社会主义基层民主制度的重要组成部分。作为村民自治试点单位的全椒县大季村在保持现有村民委员会设置格局不变的前提下，围绕实现村民自我管理、自我教育、自我服务，建立以村民“片区”为单元的村民理事会，依法探索村民自治有效实现形式并取得积极成效；完善了村民自治组织架构，拓宽了村民自治渠道和空间，党的领导核心地位得到强化，村民自治的网络得到完善，依法自治的活力得到激发，化解矛盾纠纷的能力得到提升。为健全充满活力的农村基层群众自治制度和构建农村基层社会治理新格局，村民自治要坚持以村“两委”为中心，充分发挥村“两委”的作用，坚持“政经分开”的改革路径和城乡融合的发展方向，借助信息化新技术手段进行创新，完善和健全村民自治制度的各项政策和措施，不断推进农村基层治理体系和治理能力现代化。

关键词： 村民自治　村民自治试点　村民“片区”　村民理事会　大季村

---

① 2019年8月，作者与王义德教授、研究生邱浩一行3人前往全椒县大季村开展村民自治试点专题调研，受到大季村党总支书记李辉同志的热情接待和积极支持，他在百忙中抽出时间将大季村村民自治试点工作进程、做法和成效进行详细介绍，并积极回应调研中提出的有关问题；滁州市委党校办公室主任李俊生同志和全椒县委党校为我们调研提供极大便利，在此向他们表示衷心感谢。

村民自治制度是我国社会主义基层民主制度的重要组成部分，也是农村最基层的治理体制。巩固和发展村民自治制度、完善和创新农村基层治理体系是当前农村工作的重难点之一，以村民小组或自然村为基本单元的村民自治试点无疑是最突出的尝试。

一　以村民小组或自然村为基本单元的村民自治试点缘起

自我国实行村民自治制度以来，村民自治有效实现形式问题，一直受到理论研究者和实际工作者的广泛关注，这不仅关系村民的民主权益问题，也涉及基层民主制度的建设和完善问题。因此，回顾我国村民自治制度的建立与发展，了解开展以村民小组或自然村为基本单元的村民自治试点的背景与缘由，有利于加强对村民自治试点工作的认识，也有利于对村民自治有效实现形式问题进行深入探讨。

（一）中国特色的村民自治制度的确立与发展

我国的村民自治制度始建于改革开放初期。之后中国基层社会自治逐步兴起，基层社会政治生活面貌发生了广泛变化，构成了法治型基层治理进程的社会基础，从而成为重塑国家与乡村关系新格局的内生动力。乡镇体制重建与村民自治之间相互联系相互作用，成为改革开放历史新时期乡村社会治理革命的两大制度基石。1982年《中华人民共和国宪法》在认真总结中华人民共和国成立以来基层民主政治建设经验教训的基础上，以国家根本大法的形式，规定农村按居民居住地区设立的村民委员会是基层群众性自治组织。作为我国基层群众性自治组织形式，村民委员会的法律地位与主要作用得到了宪法的确认，标志着中国特色的基层乡村自治制度正式确立。

在1982年《中华人民共和国宪法》的指引下，在以家庭联产承包责任制为中心的农村经济制度改革的强劲推动下，全国范围内的村民委员会组织建设积极探索、渐次展开。为了运用法治方式推动基层乡村自治制度的变革与发展，把中国乡村自治进程纳入法治轨道，1987年，全国人大常委会通过的《中华人民共和国村民委员会组织法（试行）》，明确村民委员会是村民自我管理、自我教育、自我服务的基层群众性自治组织，同时考虑到广大的乡村地区的村民居住状况、空间分布和特点，以及方便群众等多种因素，规定村民委员会一般设在自然村，即以“自然村”为基本单元的村民自治形式。村民自治虽然诞生于自然村，但作为一种制度推广则主要以“行政村”为基本单元。1998年，全国人大常委会修订通过的《中华人民共和国村民委员会组织法》取消了“村民委员会一般设在自然村”的规定，形成了行政村这一统一的村民自治单元。从国家行政管理的角度来看，以人民公社时期“生产大队”为基础的“行政村”有利于国家的行政管理。一是组织统一。在人民公社时期，中国共产党的基层党组织党支部就建立在生产大队一级，同时生产大队还拥有完整的准行政管理组织。这种组织的完整性有利于行政管理的延续和顺利执行。二是成本较低。在较大的地域单元设立村委会，也有利于降低行政管理成本。特别是20世纪90年代为减少管理层次，减轻群众负担，之前坚持以“自然村”作为村民自治基本单元的一些地方也逐步将村委会设立在行政村。为适应农村基层民主政治建设的新形势新任务，2010年，经全国人大常委会修订的《中华人民共和国村民委员会组织法》，强调党的基层组织在村民自治中的领导地位，健全村民自治组织体系，进一步要求把基层乡村自治纳入法治轨道，明确规定，村民会议、村民代表会议、村民委员会都是村民自我管理、自我教育、自我服务的基层群众性自治组织，村民委员会作为村民自治基本单元没有改变。

四十多年的实践证明，我国村党组织领导的充满活力的村民自治制度，是广大村民直接参与社会主义民主政治建设的主阵地和乡村治理的重要平台，充分发挥这一制度的作用，能够有效实现和保障村民民主权利，夯实党在农村的执政基础，为促进农村改革发展稳定提供重要保障。

（二）以村民小组或自然村为基本单元的村民自治试点的提出

随着乡村治理与村民自治进入新的历史阶段，村民自治在组织效力的发挥和功能效度的运行过程中面临着一些困境与挑战。一方面，较大的自治单元容易导致村民参与村民会议、参与村委会选举等自治活动受到极大限制，而村民委员会又疲于协助基层政府的行政管理事务不断增加，不能全身投入村民自治事务。另一方面，村民自治制度的实施也面临着新情况新问题，如在工业化、城镇化的推动下，部分农村出现了农民集中居住和村庄合并的趋势，居住的外来人口增多，原有的农村集体经济组织成员为主的村民自治形式已难以适应。在一些农村居民居住分散、交通不便的山区丘陵等地带，有些村民委员会的管辖范围过大、涵盖的农村集体经济组织过多，土地等集体资源和资产权属关系复杂，内部利益关系协调困难，导致村民自治流于形式，村民意愿表达不畅，农村基础设施和基本公共服务难以有效共享，村民小组内部公共事务无人管、公益事业难办。

显然，在新的历史条件下，如何进一步结合实际积极探索村民自治的有效实现形式，完善和创新村民自治机制，促进基层民主建设已成为新的重要课题。2014年中央一号文件《关于全面深化农村改革 加快推进农业现代化的若干意见》指出，探索不同情况下村民自治的有效实现形式，农村社区建设试点单位和集体土地所有权在村民小组的地方，可开展以社区、村民小组为基本单元的村民自治试点。这是我国首次提出开展以村民小组或自然村为基本单元的村民自治试点。2015年中央一号文件《关于加大改革创新力度加快农业现代化建设的若干意见》指出，在有实际需要的地方，扩大以村民小组为基本单元的村民自治试点，继续搞好以社区为基本单元的村民自治试点，探索符合各地实际的村民自治有效实现形式。2016年中央一号文件《关于落实发展新理念加快农业现代化 实现全面小康目标的若干意见》在有实际需要的地方开展以村民小组或自然村为基本单元的村民自治试点。2015年11月29日，《中共中央 国务院关于打赢脱贫攻坚战的决定》则提出在有实际需要的地方，探索在村民小组或自然村开展村民自治。

事实上，为破解村民自治行政化难题，激活村民参与的活力，广东、广西、湖北、四川等地区近些年来涌现出了一系列以自然村或村落为基本单元的村民自治新实践。有的是调整村民委员会设置格局，以1个或相邻的几个村民小组、自然村为单元，设立村民委员会，并同步建立党的基础组织。如广东省清远市2014年村民自治改革，就是将村委会下沉到村民小组，实现村民自治组织与集体经济组织的一体化，重建农村基层党组织，设立片区公共服务站，加强村民理事会建设等，可以说清远市的村民自治改革达到了基层党建、村民自治及公共服务“三下沉”的既定目标，具有探索性和创新性。多数地方在保持现有村民委员会设置格局的前提下，在村民小组或自然村建立村民理事会、村民监事会、户主会等多种形式的自治组织载体。先前这些地方的探索实践，为解决村民自治制度面临的突出问题提供了新的思路，使村民自治的范围和形式更加符合各地实际，更有利于调动农民群众参与村民自治的主动性和积极性。

为了总结各地探索的经验，进一步巩固党在农村的执政基础，实现和维护农民群众的民主权利，促进农村建设和发展，推进乡村治理体系和治理能力现代化进程，2016年10月，中共中央办公厅、国务院办公厅印发了《关于以村民小组或自然村为基本单元的村民自治试点方案》（以下简称《试点方案》），明确指出，开展以村民小组或自然村为基本单元的村民自治试点，要以健全村党组织领导的充满活力的村民自治制度为根本，积极探索村民自治的有效实现形式，始终朝着有利于巩固党在农村的执政基础来谋划和推进，推动实现村民自治的地域范围与农村实际情况、农民意愿相一致，形成规范有序、充满活力的乡村治理机制，为建设社会主义新农村和促进农村和谐稳定提供有力支撑，并对在开展试点的工作目标、基本原则、试点内容、组织领导、选择试点地区等提出具体要求。经各地申报，省级审核，民政部会同中央组织部、中央农办、国家发展改革委、财政部、农业部研究，北京市、黑龙江、上海市、安徽省等省市的18个县（市、区）的24个村（村民小组、自然村、屯），被确认为国家层面的试点单位，从2016年12月起，到2017年12月底，正式开展以村民小组或自然村为基本单元的村民自治试点工作。经全椒县党委县政府的申报、省民政厅和国家民政部等部门研究确认，全椒县大季村成为安徽省唯一以村民小组为基本单元的村民自治试点单位，开展村民自治有效实现形式的新探索。

二　大季村以村民片区为基本单元的村民自治试点内容与做法

大季村位于全椒县东部，县城近郊，属丘陵地带，村域面积15.2平方公里，由两个行政村合并而成。全村共34个村民小组，共有1328户，村民4227人，其中13个村民组通过整村推进土地整理，在房屋拆迁后集中安置在卧龙新村。该村党员176人，一个党总支下设4个党支部、18个党小组。2013年启动美好乡村建设过程中，该村曾成立村民理事会，实现村民事务民定。安徽荣鸿公司现代农业产业园入驻该村，流转村民1.8万多亩土地，发展精品苗木花卉为主导产业，构建“一村一品”，实现了经济效益、社会效益和生态效益的有机统一，促进产业增收，村集体经济年收入达到40万元，人均收入1.8万元。2013—2015年，大季村先后获“省级森林村庄”“省级生态村”“省民主法治示范村”等荣誉，2014、2015年，村党总支连续两年被县委表彰为“先进基层党组织”。大季村取得的这些显著成绩和长足进步，为开展村民自治有效实现形式的新探索奠定了良好基础。

根据中央“两办”“试点方案”要求，在保持现有村民委员会设置格局基本稳定的前提下，紧紧围绕实现村民自我管理、自我教育、自我服务，依法探索村民自治有效实现形式，完善村民自治体系组织架构，拓宽村民自治渠道和空间，使村民自治的有效形式能够覆盖所有村民居住点，使所有农村居民都能依法参与农村基层民主生活。大季村依据这一原则和结合本地村民自治的实际情况，在保持现有村民委员会设置格局不变的前提下，以村民小组或村民“片区”①为基本单元，设立村民理事会，开展村民自治试点。

（一）建立村民理事会，完善村民自治架构

早在以村民小组或自然村为基本单元的村民自治试点开展之前，以村民小组或自然村为单元建立的村民理事会，就于2002年产生在安徽省望江县。2013年，安徽省修订的《安徽省实施村民委员会组织法办法》明确规定：村

① 这里所说的“片区”，是指行政村下辖的几个组成部分，各部分大多数有几个村民小组，个别部分只有1个村民小组。

民小组的村民可以自愿成立村民理事会，其成员由村民推选产生。村民理事会配合、协助村委会开展工作，村委会支持、指导村民理事会组织村民开展精神文明建设、兴办公益事业。2014年，包括大季村在内的全椒县在建设美好乡村示范点过程中组建了村民理事会，发挥了积极作用。中央“两办”印发的“试点方案”从开展试点的角度对村民理事会建立的地位和经济前提（处于独立居民点且拥有集体土地所有权的村民小组或自然村），产生方式（通过民主推选产生，有村民代表推选方式和直接选举方式），村组地位（向村民小组会议负责并报告工作，在村党组织的领导和村民委员会的指导下开展活动）等等，都作了较为全面的规定，较之前建立的村民理事会，更具有完整性、规范性和操作性，是村民自治试点中组建村民理事会的重要指导文件。

为了建立符合村民小组或村民片区自治的村民理事会，在县党委和镇党委的直接领导下，2017年5月，大季村制定了以村民小组或村民片区为基本单元的自治试点实施方案。在不改变村现行行政体系的前提下，一是划分自治片区。即按照“水路相连、产业趋同，利益共享、有利发展，群众自愿、便于组织，尊重习惯、规模适度”的原则，将33个村民组分别以连片、村民小组、集中居住点划分为11个片区，成立村民理事会，形成了“9+1+1”村民理事会组建模式。二是开展民主选举。按照群众推荐、党组织把关的原则，由群众通过无记名投票产生理事会建议人选名单，片区公布听取意见后，再由村民代表会议讨论形成当选理事会成员、理事长名单，各片区召开户代表会议，采取无记名投票正式选举产生11个片区55名村民理事会理事长、理事。三是设置“八大员”岗位。在选举产生的55名理事会成员中，“五老”（老村干、老党员、老模范、老教师、老军人）人员超过半数，根据人员特长设置“八大员”岗位，即：发展经济的经济员、落实政策的宣传员、村民权益的维权员、各项事务的监督员、公共设施的管护员、环境卫生的环卫员、弱势群体的帮扶员、矛盾纠纷调解员。这样，村民自治架构的完善，使村民理事会在村党组织的领导和村民委员会的指导下，代表村民对本村范围内公共事务开展议事协商，实行民主管理和监督，维护村民的权益。

（二）确立职责权限，明晰自治路径

根据群众意愿建立起来的村民理事会，代表村民对本集体组织范围内的公共事务开展议事协商，实行民主管理和监督。为了切实保障村民能够在事关切实利益的问题上充分表达意愿，真正实现有人管事、有章理事、有钱办事，大季村在村党总支的组织领导和村民委员会的指导下，充分征求村民意见，确立了村民理事会工作职责权限，制定了村民理事会的工作清单，写进《村民理事会章程》。一是开展协商议事。对本片区财务开支、公益建设、集体经济管理、产业发展等进行民主协商，对事务管理、公益矛盾解决、公共秩序管理、公共设施建设提出合理化建议，对村级党组织和村民委员会管理的重大事务进行民主监督。二是办理公益事业。管护山水林田路电桥梁等公共资源，筹资筹劳实施绿化、亮化、美化工程，管理农民健身广场、文化广场等公共场所，整治村庄环境卫生。三是调解矛盾纠纷。主要负责调解村民之间、村民与村组之间、村组与村组之间的矛盾纠纷，向村党总支和村民委员会传递合理诉求，向村民宣传上级政策精神。四是维护村民权益。保障村民对公共事务的知情权、参与权、监督权、决策权，反映村民较集中的利益诉求和公益要求，维护村民集体经济的经营收益权。五是倡导文明新风。组织制定、完善和遵守村规民约，在村民中倡导健康文明的生活方式，制止在婚丧嫁娶中的铺张浪费和封建迷信等不文明现象，组织开展精神文明创建活动。六是服务生产生活。扶持贫困户、低保户、分散供养的五保户以及残疾户等困难群体，为群众贷款、农资购销、农产品销售、土地流转、卫生防疫以及开展群防群治等生产生活进行代办代理。

村民理事会工作清单的制定，既是对村民理事会工作任务的确立，也是村民理事会工作职责权限的规范，有利于村民理事会推动村民自治。为了保证村民理事会正确行使理事工作职责，经认真谋划，大季村拟定了村民理事会议事规则，要求村民事会在村民委员会的领导下，贯彻执行村民会议、村民代表会议和村民委员会的决议、决定和完成村民委员会交给的任务，依法管理属于本片区（村民小组、村民集中居住点）村民集体所有的土地和其他财产，办理本片区村民理的公共事务和公益事业。其中主要包括提事、议事、决事等，如提事，就是问计于民，“村民的事情村民提”，让村民及时对本片区或村民小组事务提出意见和建议，落实村民的参与权。收集到的议事议题由村民理事会安排专门的理事统一登记汇总，详细记录议题名称、内容等信息，涉及村民片区或集中居住点的集体利益与村民自身利益的其他事项必须列入民主提事的范围。对收集的村民提出的议事议题进行审核，确定议事议题，制定初步议事方案，再召开村民片区三分之二以上户代表会议，坚持依法依规、民主讨论，坚持少数服从多数的原则进行平等议事，形成决议，然后及时报备并组织实施。同时，村民理事会还制定了理事会议事原则，强调坚决维护上级党委、村党支部、村民委员会权威和维护全局的原则，坚持解放思想、实事求是的原则，坚持民主集中制和少数服从多数的原则，在办理重大事项时，先由村民理事会成员讨论确定议题，制定议事方案，再提交村民片区会议讨论通过，按村务公开、民主管理的要求予以公布，接受群众监督等。

为了更好地执行村民理事会议事规则和议事原则，推动试点工作，将村民理事会工作机制概况为“六步理事法”，即理事会“提事”、村两委“定事”、民主“议事”、村民“决事”、理事“办事”、公开“评事”（见图1），不仅使村民理事会工作有章可循、依法依规，也是对村民议事、理事的路径进行积极有益的探索。

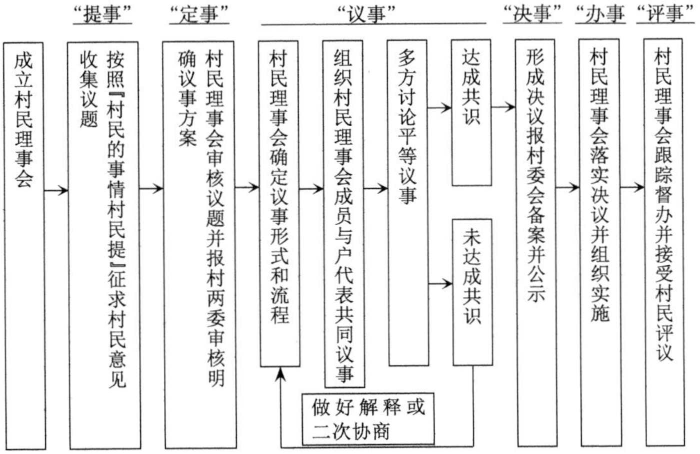

图1　大季村村民理事会议事“六事”工作机制流程图

（三）加强党组织建设，强化政治引领功能

始终坚持农村基层党组织的领导核心地位不动摇，强化政治引领功能，充分发挥党的领导核心作用和党员先锋模范作用，是村民自治试点工作的重要内容和根本要求。正如《中国共产党农村工作条例》明确提出的，加强农村党的建设，把农村基层党组织建设成为宣传党的主张、贯彻党的决定、领导基层治理、团结动员群众、推动改革发展的坚强战斗堡垒，发挥党员的先锋模范作用。也就是说加强基层党的建设，探索以党建引领基层社会治理的新路径，有利于充分发挥党总揽全局、协调各方的领导核心作用，有利于整合资源，公正、高效地处理共同事务，把党的政治优势和组织优势更好地转化为治理效能。大季村在推进村民自治试点的工作中，把健全党的自身组织体系，实现党的组织有形和有效覆盖摆在首位。一是优化党组织的设置。对片区内党的组织进行调整优化，2～3个村民组设立1个党小组，3～4个党小组设立1个党支部，每个理事会都确保建立党小组，共调整设立4个党支部、14个党小组。实现党员群众在哪里，党的领导和组织就覆盖到哪里。二是建好组织阵地。采取党小组（党支部）活动室"一室多用"的办法，解决村民理事会办公场所问题，从村级组织基本运转经费中列支20%用于支持理事会日常运转。三是用好协商委员会。组建大季村协商委员会，作为村党组织、村民委员会领导下的常设机构，村党总支书记兼任主任。协商委员会坚持有事多协商、遇事多协商、做事多协商的原则，让自治权力的运行和制约贯穿于整个提事、定事、议事、决事、办事、评事的协商过程，实现基层协商民主健康发展。四是党员争当理事会成员。为保证党对理事会的领导，发挥党员先锋模范作用，支持党员积极通过民主合法程序参与理事会的选举，争当理事会成员。目前，大季村的55名理事会成员中，党员40名，党小组组长和村民理事会成员"一肩挑"达14名，形成了"村党总支—片党支部（小组）—党员"和"村委会—村民理事会—农户"的双线运行、三级架构治理模式。

（四）重视制度机制建设，保障自治有序推进

村民自治作为一种民主形式，能否形成良性运行必须遵循一定的规则，而这种规则的外化就是可操作性的程序和制度。因此，村民自治包括以村民小组或村民片区为基本单元的村民自治试点，能否有效运行的重要前提就是要建立和完善与之相适应的规则与制度。

大季村在推进村民片区自治试点的过程中，围绕试点工作任务和原则要求，在充分酝酿和讨论的基础上，制定了村民理事会章程、村民理事会选举办法、村民小组（片区、村民集中居住点）决策制度、议事协商制度、财务管理制度和工作报告制度等。其中村民理事会章程，作为大季村村民自治试点工作的制度和规则，也是村民自治试点工作中最为突显的成果，值得充分肯定和赞赏。如章程在总则中明确规定村民理事会是经村民选举产生的管理各项事务的村民自治组织，其宗旨是化解矛盾、解决困难、协调管理、履行村规民约、筹集资金，管理本村公共事务和公益事业，反映村民的意见和建议，强调要遵守国家法律法规，接受村党组织的领导和村委会的指导。还如“两会三公开一报告”制度，即村民理事会商议，村民（代表）会决议，决议结果、实施方案、办理结果向群众公开，重大事项向村“两委”报告，确保理事会制度完善、运行规范。采取群众测评、村委考评、支部评议等“三方考评”方式，每半年对理事会及其成员进行评议考核，评定等次。不仅如此，村民理事会章程还用五章20条的篇幅规定了理事会的组成、理事会的选举程序、理事会的工作职责、理事会的议事规则、理事会的议事原则。这项章程的制定和实施，不仅使村民理事会有了较为详细的自治规则和机制，能促使村民理事会依规议事，依章理事，也有利于保护村民的民主权益，有序推进村民自治进程。

三　以村民片区为基本单元的自治试点的主要成效

村民自治作为一项国家确认的制度安排，在当前的国情之下将占全国人口众多的农民引上民主自治道路，对于促进国家民主与社会民主的双向发展

都起到了重要作用。而开展以村民小组或自然村为基本单元的村民自治试点也正是为了更好促使广大村民直接参与社会主义民主政治建设的主阵地和乡村治理的实践，能够有效实现和保障村民民主权利，夯实党在农村的执政基础，为促进农村改革发展稳定提供保障。这既是开展以村民小组或自然村为基本单元的村民自治试点的目标要求，也是检验和衡量村民自治试点工作成效如何的一把尺子。大季村在开展以村民片区为基本单元的自治试点实施过程中，以此目标要求为尺子，积极探索并取得了初步成效。

（一）党的领导核心地位得到强化

《试点方案》中确定的村民自治试点的第一项基本原则，就是始终坚持农村基层党组织的领导核心地位不动摇，充分发挥党的领导核心作用和党员先锋模范作用。大季村自开展村民自治试点以来，正是围绕这一要求，优化基层党组织设置，将村民自治片区的调整与优化村党支部、党小组设置同步进行，做到了党的组织和工作在所有村民片区、村民小组全覆盖，并通过“理事会成员与党小组交叉任职，党员进入理事会”等方式，全面加强党对村民理事会的领导，从而使党员之间、党员与群众之间的联系更加紧密，党员的模范带头作用得到增强。在工作方式上，支持村民依法开展自治实践，并从“管理”向“服务”转化，着力解决村民关心的村居环境、经济发展、文化生活等方面的热点问题，为他们排忧解难，党组织的凝聚力和引领作用得到进一步增强，战斗堡垒作用更加凸显，还提高了村党组织化解村庄内部矛盾、促进社会和谐的能力，党组织在村民自治工作中的领导核心地位得到进一步强化。

（二）村民自治网络得到完善

村民自治的成效如何，与自治的网络是否通畅直接关联，有了通畅并完善的自治网络，就便利了村民的自治实践，有利于产生好的自治效果。经民主选举产生的村民理事会成员与村民距离更近，能接上联下，站在群众的视角，用群众通俗易懂、喜闻乐见的方式，向村民宣传党和国家的方针政策，宣传到户、落实到人，有效推动各项惠民政策在基层用起来、用得好、起实效。同时，村民自治的网络通畅和完善，更便利听取村民的意见和建议，解决村民反映的问题。据调查，大季村从自治试点成立至2017年底，11个理事会就处理了70多个村民直接反映的事项。2017—2019年，村民向各理事会就农村项目建设、环境整治、公益事业等方面提出的多条意见建议，基本上都能及时得到解决。

正是村民自治网络的通畅与完善，理事会在各村民片区、村民小组或村民集中居住点做好各自内部的自治事务，有力地解决了因行政村范围过大而难以有效开展村民自治的任务，使村委会可以用更多的时间和精力做好全村范围的自治事务并协助乡镇政府开展工作。正如大季村党总支书记李辉同志所说，村民理事会发挥了公共事务有参与、公共服务有供给、社会事业有合作的作用，使矛盾在一线发现、困难在一线解决、问题在一线协调、经验在一线积累、服务在一线体现、力量在一线凝聚。由于理事会解决了大量的矛盾纠纷和社会事务，使村“两委”干部能够集中精力解决全村的建设发展方面的问题。

（三）依法自治的活力得到激发

村民自治是我国最为广泛的农村基层民主实践平台，自从建立起就成为农村基层群众直接参与社会主义民主政治建设的重要阵地，村民通过在行政村或村民小组层面依法实施自我管理、自我教育、自我服务，不仅能有效实现和保障村民的民主权利，也能更加直接和经常地获得认同感和效能感，激发参与自治的动力，提高依法自治的能力。

大季村在以村民片区为基本单元的自治试点中，村民作为公共事务的当事人，运用法律规定享有的公共事务的参与、决策、管理和监督权，不断提高村民对公共事务的关注度。村民理事会在运作过程中，村民作为村民自治的当事人，有权在村民会议上或在协商过程中表达自己的观点，有权通过投票的方式对有关事项作出决策，也有权对村公共事务行使管理权和监督权，使村民在享受民主权利的同时，获得了对自我价值的体验和感知，进而对基层民主有了信心，在保障村民依法行使民主权利和利益诉求的过程中，村民的积极性被充分调动起来，激发了村民依法参与村里事务治理的热情和活力，村民的主动性得到明显增强。2017年以来，全村共有各类建设项目11个，由村民理事会发起并完成7个，90%的信访案件在村民理事会得到解决，实现了“小事不出理事会、大事不出村委会”。过去的跨村组的断头路、断头渠等得到全面建设修复，农村厕所、污水和垃圾均得到了有效治理。2020年新冠疫情发生后，大季村依托11个村民理事会，充分动员本村村民自觉加入疫情防控的工作中来，构筑上下同心、群防群控的严密防线。

（四）矛盾纠纷的化解能力得到提升

随着农村经济改革的不断深化和乡村社会转型，一些利益矛盾尤其是邻里纠纷不断显现出来。如何有效化解邻里矛盾，最大限度地增加和谐因素、减少不和谐因素，成为村民自治实践过程中必须面对和需要解决的问题。近年来，大季村注重发挥村民理事会成员中“五老”（老村干、老党员、老模范、老教师、老军人）在协调化解邻里矛盾纠纷中的作用，引导村民以合理方式表达诉求，维护利益，同时发挥他们互相知根知底的长处，打好“感情牌”，将复杂问题变简易。第一时间发现，第一时间解决土地确权、消费权益等邻里纠纷，将矛盾纠纷消除于萌芽状态，使村民之间或村庄之间矛盾纠纷在村、组两级得到及时化解办结，从而提升了矛盾纠纷的预防、发现、吸附与化解能力。2017—2019年全村矛盾纠纷事项分别为61件、49件、33件，村民理事会共化解办结141件，上级办结2件，基本实现“矛盾不出村”和“零信访”。

（五）村民片区内的一些问题容易得到解决

村民自治既是自我管理，也是自我服务。自我服务的重要方面就是让村民自身的事情能得到及时、便利的解决，也就是说村民遇到的问题能在片区或小组内部得到公平公正妥善的处理，这既是在村民自治中非常受关切的问题，也是衡量村民自治成效的一个方面。大季村自开展村民自治试点工作以来，利用片区村民理事会注重解决村民小组内部所关切的问题，克服过去群众遇到问题，由“跑路找村干部反映解决”变为“家门口的事自己协调解决”。通过“熟人办熟事、熟人管熟人”的方式，土地纠纷、邻里矛盾、基础设施维护等“政府管不好、干部管不了、社会无人管”的老大难问题，在村民理事会的协调下就可得到有效解决。近年来，农村青壮年大量外出，留守的弱势群体面临着生活中的种种难题。大季村制定了村民理事会成员结对帮扶困难弱势群体实施方案，实行理事会成员包保责任制，与85户贫困户、107户低保户开展结对帮扶，要求最少每3天要到包保范围内的困难群众家中走访一次，帮助解决生活中遇到的问题，及时向理事会反馈。如此村民片区、村民小组内的具体事情或问题，现在在家门口很快就能办好，受到村民们的一致认可和称赞。

大季村从开始自治试点工作以来，依据中央“两办”“试点方案”的要求，在保持现有村民委员会设置格局不变的前提下，围绕实现村民自我管理、自我教育、自我服务建立村民理事会，依法探索村民自治的有效实现形式。在自治的实践过程中，完善了村民自治组织架构，拓宽了村民自治渠道和空间，使村民自治的有效形式能够覆盖所有村民居住点，使所有村民能依法参与农村基层民主生活，保障了村民的知情权、参与权、表达权、监督权，体现了党的领导、民主管理和依法自治的有机统一，大季村获得了村民片区自治试点的深度体验。本文列举的只是主要成效而非全部，随着村民自治实践的深化，相信会有更多的自治成果。

大季村村民自治试点获得初步成效的同时，因种种原因，还存在一些问题或不足，比如理事会组织成员能力较薄弱。较多青壮年常年在外务工或经商，致使推选出来的理事会成员年龄偏大，“五老”成员占比较高，在一定意义上工作能力受到限制，甚至很少能运用新观念、新思想、新方法处理村民公共事务的能力。还如理事会组织功能发挥有限。由于能力薄弱、经验不足、资源有限等多方面的原因，村民理事会不能全面发挥“试点方案”中所规定的功能，议事决事的工作机制还不够健全，也影响理事会工作的积极性，需要进一步的改进。另外，村民理事会与村委会组织之间的关系待理顺，这是影响村民自治实际成效的重要问题，是今后自治实践中需要加以重视和着力解决。

四　需要坚持和深化认识的几个问题

按照中央“两办”“试点方案”的要求，开展以村民小组或自然村为基本单元的村民自治试点的目的，是“完善村党组织领导下的村民自治有效实现形式”。完善村党组织领导下的村民自治有效实现形式，从更广的范围、更大的目标来说，要健全充满活力的农村基层群众自治制度和构建农村基层社会治理新格局，需要深化对几个方面问题的认识。

（一）坚持以村“两委”为中心问题

我国《村民委员会组织法》总则第二条规定：村民委员会是村民自我管理、自我教育、自我服务的基层群众性自治组织，实行民主选举、民主决策、民主管理、民主监督。村民委员会办理本村的公共事务和公益事业，调解民间纠纷，协助维护社会治安，向人民政府反映村民的意见、要求和提出建议。第四条规定：中国共产党在农村的基层组织，按照中国共产党章程进行工作，发挥领导核心作用，领导和支持村民委员会行使职权；依照宪法和法律，支持和保障村民开展自治活动、直接行使民主权利。显然，这是从国家层面确立村党组织（党总支、党委）和村民委员会的法律地位，也就是明确了村党组织和村民委员会成为村民自治活动中的中心。这个中心决定了村党组织在实现村民“四个民主”权益中的领导和指导作用，村民委员会在组织与实施村民自治中所要承担的法定职责。

我国村民自治制度实施的实践中，始终坚持以村“两委”为中心，在以村民小组或自然村为基本单元的村民自治试点中，即便是村民自治的重心下移，也不意味着村民自治的中心也应当下移至村民小组或自然村。村民委员会承担着法律赋予的组织和发展经济的职责，承担本村生产的服务和协调工作，管理村农民集体所有的土地和其他财产，宣传宪法、法律、法规和国家的政策，维护村民的合法权益等，是村民小组或自然村无法替代的。因此，在村民自治有效实现形式的探索过程中，村党组织在村庄中的领导核心地位不容取代，村民委员会基层群众性自治组织的性质不会改变，村“两委”始终应当是整个村庄村民自治活动的中心。只有坚持村党组织在村民自治中的领导核心地位和发挥好村民委员会对村民自治的组织和领导作用，才能有利于村民自治有效形式的实现和乡村治理水平的提升。大季村在村民自治试点及村民理事会建设中注重以村“两委”为中心及村民委员会作用的发挥，并为此组建了大季村协商委员会，作为村党组织、村民委员会领导下的常设机构，制定和落实较为健全的协商规则，做到协商于民、协商为民，既领导和指导了村民理事会的建立、运行和基本作用的发挥，也促进了基层协商民主的健康发展，有力支持和实现了以村“两委”为中心。在今后深化村民自治的实践中，必须坚持以村“两委”为村民自治活动的中心，加强村“两委”自身建设，发挥好村“两委”的组织和领导作用。

（二）坚持“政经分开”的改革路径问题

由于历史原因，较长时间内我国农村采取了村民委员会与村集体经济组织一套人马、两块牌子、交叉任职的方式，村民委员会依法承担“管理本村属于村农民集体所有的土地和其他财产”的职责，也就是村民委员会与集体经济组织“政经合一”模式。在社会主义市场经济不断发展，尤其是市场化改革向纵深推进的新时期，由农村集体产权引发的诸多问题凸显，如集体资产归属不清、权责不明，集体产权流转不畅、保护不严等。若仍旧实行“政经不分”的模式，仍由自治权代为行使经济权，将广大村民的村级民主自治权捆绑于经济上的权利，不但影响集体经济组织正常开展经济活动，损害集体的利益，削弱集体的竞争力，而且也有碍于农村基层公共服务的提供。不仅如此，在“政经合一”的体制中又往往将村民分为拥有村集体产权的村民和没有产权资格的外来居民而区别对待，导致乡村社会治理尤其是村民自治兼具封闭性和排他性，阻碍城镇化过程中人口资源的流动，也无法实施有效的管理。因此，在新的历史条件下，如何处理好村“两委”与村集体经济组织的“政经关系”，直接关系到村民自治和基层民主、完善基层治理体制的问题，也是涉及深化集体经济产权改革、促进集体经济发展的大问题。

近年来，全国一些地方按照中央要求大力推进集体经济产权改革试点，主要围绕以“政经分开”为核心的改革思路，在农村形成基层党组织、村级自治组织和村集体经济组织各归其位、清晰明朗的治理新格局。有的地方通过产权制度改革，让农民通过入股的形式走上了致富之路，并在保障农民经济权益的基础上，促进了集体经济的不断壮大和发展，进一步提高了市场的竞争力。有的通过“政经分开”的改革实践，理顺了农村基层公共服务的承担主体，解决了组织职能不分的问题，使得基层组织职能回归本位，大大提高了农村基层的治理水平，促进新型农村治理结构的形成与完善。总体上看，近几年在这些方面的改革试点取得明显成效，但对于如何分开并没有明晰的制度设计和规范，一些地方在实践中步履维艰，尤其是村级组织与集体经济组织的功能、财务、人事、边界等如何划分，以及在“政经分开”的过程中村级组织如何改革等问题困扰着基层治理。笔者认为，农村集体所有产权关系的改革虽然没有列入以村民小组或自然村为基本单元的村民自治试点方案中，但这项改革与村民自治有效实现形式关联密切，在村民自治的实践中需要进一步明确和坚持“政经分开”的改革路径，积极推进农村集体产权制度改革，加快农村集体资产监督管理平台建设，建立健全集体资产各项管理制度，为处理好农村集体经济组织与村委会的关系、促进村民自治和完善基层治理作出积极探索。

（三）坚持城乡融合发展与村民自治问题

新中国经过70多年的发展，特别是改革开放40多年的发展，过去的乡土中国，已转变为现在的城乡中国。根据我国城乡发展实际情况和发展战略需要，从最先提出加快“城镇化”进程，“统筹城乡”发展，到推动“城乡一体化”，再到提出“建立健全城乡融合发展体制机制和政策体系”，明确将以往“统筹城乡”“城乡一体化”改成了“城乡融合”，是对我国城乡定位、城乡关系、城乡发展的再认识和再部署，也是对城乡村居民自治和基层社会治理提出了新的更高要求。在此背景下，农村村民自治与城市居民自治的制度架构如何朝着“互联互通”的方向发展，成为当前需要深入探讨和进一步明确的又一重要问题。

总的来看，改革开放特别是党的十八大以来，我国在统筹城乡发展、推进新型城镇化方面取得了显著进展，村民自治在实践中取得快速发展和重要成果，推动了基层民主建设。但还存在着整体水平不高且发展不平衡等问题。一方面，随着城镇化进程的加速，大批农村青壮年劳动力选择进城务工，导致一些乡村活力不足，留守妇女、留守儿童、留守老人成为较为严重的社会问题，村民参与自治的意愿和能力在不同地方有明显下降。一些乡村村民自治既缺少高素质、能够带领村民致富的村干部，也缺少有文化、善经营、懂技术的新型农民。另一方面，近年来随着土地流转的深入以及外来涉农投资企业的增加，一些乡村外来人口数量较快增长。乡村的一些公共事务，如农村道路建设、环境保护、社会治安等，与村民的切身利益息息相关，其参与社区自治的意愿呈上升趋势。但由于缺乏相应的法律依据和参与渠道，他们参与乡村治理的程度主要取决于当地乡镇政府和村级组织的态度，具有很大的不确定性和随意性。与此同时，城乡一体化要求城乡基本公共服务均等化，而在乡镇财政退缩的背景下，乡镇政府提供公共产品和服务的职能有所弱化，行政村也难以胜任向村民提供较多公共产品和公共服务的重要职责。这些问题不仅影响村民自治的实现形式，也不利于城乡基层治理新格局的构建，需要在城乡融合发展中，整合各种制度、力量和资源参与到社会治理中来解决。《中共中央关于坚持和完善中国特色社会主义制度 推进国家治理体系和治理能力现代化若干重大问题的决定》，明确统一提出“基层社会治理”和“健全党组织领导的自治、法治、德治相结合的城乡基层治理体系”，而没有分开讲城市和农村基层社会治理，这表明在基层社会治理方面的城乡融合正在成为努力的方向。在深入开展基层治理实践中，将乡村村民自治现实中存在的问题放到城乡融合发展大背景下来探讨和解决。通过重塑新型城乡关系，走城乡融合发展之路，建立健全有利于城乡要素合理配置、城乡基本公共服务普惠共享、城乡基础设施一体化发展、乡村经济多元化发展的体制机制，有利于促进我国城乡基层社会治理体系和治理能力的提升。

（四）借助信息化新技术手段创新问题

“互联网+”时代背景下，网络信息技术的发展日新月异，以移动互联网、人工智能、云计算、大数据分析等为标志的新兴信息技术已融入社会生活的方方面面，已经深刻地改变和方便了人们的生产和生活方式，极大地扩大了人们社会交往的范围，也将有可能使人们的政治生活形态发生深刻的改变。近年来，我国高度重视并大力推进信息化进程和农村信息化工作，农村信息化的大力发展也为通过普及文化科技知识与技术，提高广大农民的民主政治生活提供了条件。据《中国互联网发展报告2019》显示，截至2019年6月，我国农村网民规模达2.25亿人，占网民总数的26.3%，较2018年年底增长305万人，半年增长率为1.4%。该报告指出，移动互联网成为推进信息进村入户的关键切点。互联网企业、行业协会、专业机构等加大对涉农微博、微信、专业App等移动应用的平台和内容投入，为农民提供政策、市场、技术、保险等生产生活各方面的便捷信息服务的同时，也持续改变着广大农村地区的文化精神面貌，也不断提高了广大农村居民民主政治素质和村民自治的热情。特别是新生代农民文化素养的不断提高以及网络技术广泛运用，BBS、博客、微信、QQ已经越来越简单和大众化，日益成为农村居民发表意见和建议、表达利益诉求的工具和手段。通过这些工具的运用有利于村民的民主选举、民主监督，参与民主管理，实现广泛的民主参与。

我们认为，在探索村民自治有效实现形式过程中，应充分借用信息化新技术手段推进村民自治创新，在条件具备和技术成熟的乡村，进行村民会议和村民小组会议网上开、村庄公共议题网上协商和表决，村民委员会和村民理事会的选举，包括对村级土地流转与使用、固定资产处置、资产的收益分配等其他重大事项也可在程序规范、合法合规情况下进行网上投票表决，这很可能会成为村民自治有效实现的新形式。这既可以减少村民在时间、精力上的投入以及空间上的限制，又因为方便宜行、形式新颖而吸引广大村民的投票兴趣，激发村民政治参与的热情，尤其是在遇到特殊情况时可使村民会议和村民小组会议难以或无法召开、村民委员会选举“双过半”难以达到等问题迎刃而解；通过信息化手段推行网格化管理和服务，将会使乡村治理和自我服务呈现全新的面貌。当下农村妇幼和老年人口占比较大，仍有部分老年人不会使用电子终端产品，需要加强农村信息技术工作者队伍建设，提高乡村工作人员素质，选用较高层次人员担任行政村或村民小组工作人员，开展对行政村以及村民小组工作者的教育培训，提高其运用信息化手段进行村民自治和乡村治理的能力。

总之，以村民自治制度为重要组成部分的基层群众自治制度是我国的一项基本政治制度。坚持基层群众自治、村民自治的基本制度，要不断完善和健全村民自治制度的各项政策和措施，包括村民自治有效实现形式，各项政策的制定、措施的实施以及各种形式的探索，既要能够保障农村基层人民群众的民主权利，又要有利于农村经济社会发展，村民的自我管理、自我教育、自我服务，还要符合城乡融合的发展方向，推进农村基层治理体系和治理能力现代化。这是当前需要深入探索和努力实践的重要内容，也是时代赋予理论研究者和实际工作人员的历史责任和任务。

参考文献

徐勇，赵德健．找回自治：对村民自治有效实现形式的探索[J].华中师范大学学报（人文社会科学版），2014（4）：1–8.

邓大才．村民自治有效实现的条件研究——从村民自治的社会基础视角来考察[J].政治学研究，2014（6）：71–83.

项继权，王明为．村民小组自治的实践及其限度——对广东清远村民自治下沉的调查与思考[J].江汉论坛，2019（3）：40–48.

唐鸣．从试点看以村民小组或自然村为基本单元的村民自治——对国家层面24个试点单位调研的报告[J].中国农村观察，2020（1）：2–16.

建构社区治理共同体的实践模式与理论逻辑

——基于芜湖市鸠江区"我们是一家人"社区治理新模式的考察

徐步华　王德鑫[①]

摘　要： 作为一种本土化的社区治理实践创新成果，芜湖市鸠江区"我们是一家人"社区治理新模式被评为安徽省基层社会治理创新"十大成果"之一。该模式体现了以打造共建共治共享的社区治理共同体为取向的实践逻辑和理论逻辑，实践上建构了"党建引领、多方参与、协商共治、三社联动"四大机制为核心的社区治理体系；理论上遵循了公共管理理论逻辑、治理主体多元化逻辑、党建与治理互构与整合逻辑、精细化治理逻辑。然而，实践与理论之间的张力告诉我们：在建构社区治理共同体的过程中，实现社区党建与社区治理的深度融合、人民主体性作用与社区治理制度的深度融合、社区认同与共建共治共享机制的深度融合、精细化治理与技术化治理的深度融合，是达至基层社会善治目标的可行路径。

关键词： 社区治理　社区治理共同体　芜湖市鸠江区　共建共治共享

---

① 徐步华，博士，安徽师范大学法学院副教授，硕士生导师，安徽省政治学会常务理事；王德鑫，山东济南人，安徽师范大学法学院政治学理论专业2018级硕士研究生。

一 引 言

在党的十九大提出的“打造共治共建共享的社会治理格局”的基础上，党的十九届四中全会进一步提出“坚持和完善共建共治共享的社会治理制度”，并强调“推动社会治理和服务中心向基层下移，把更多资源下沉到基层，更好提供精准化、精细化服务”。这标志着我们党对社会治理规律性的科学认识达到了一个新阶段。基层尤其是城乡社区是社会治理的重心和“神经末梢”。社区治理则是社会治理在基层的支撑点和关节点。实现社区治理创新是新时期回应人民群众日益广泛的美好生活需要和化解人民内部矛盾的关键所在。

基于中央加强和创新社会治理的决策部署，安徽省不断探索和创新社会治理体制机制，并在全国率先发布《城乡社区治理创新发展报告》，着力打造安徽特色的社区治理模式。作为徽风皖韵的杰出代表，芜湖市在社会治理工作方面也不断创新，逐步形成了以“互联网+政务服务”新模式为核心的社会治理“芜湖经验”，并于2015年入选民政部第三批“全国社区治理和服务创新实验区”，芜湖市以“创新社区治理机制，推动政社良性互动”为实验主题，在为期三年的创新实验期间，社区治理模式不断推陈出新，着力发挥大数据、三社融合、三社联动的三维引领作用，打造现代化、多元化、专业化的社区治理新样板，已顺利通过民政部结项验收。2018年，芜湖市鸠江区基层社区治理创新成果（即社区治理多方参与“一盘棋”）被评为安徽省基层社会治理创新“十大成果”之一。

本文以芜湖市鸠江区“我们是一家人”社区治理新模式为个案，在分析其基本框架和运行机制的基础上，剖析该模式背后的理论逻辑及其与现实实践之间的张力，进而提出社区治理多方参与模式的优化路径，以便为我国基层社区治理共同体的建构提供若干有益的思考。

二 “我们是一家人”社区治理新模式的运行机制和基本框架

在芜湖市纳入“全国社区治理和服务创新实验区”的背景下，鸠江区积极响应中央、省、市关于加强和创新社区治理的决策部署，勇于探索、不断创新，着力推动社区治理体系和治理能力现代化，不断探索社区治理的新机制和新方法，破解社区治理存在的困局，提升社区治理和服务水平，通过创新社区治理理念，最终形成了适合本地特点的“我们是一家人”社区治理新模式，为坚持和完善共建共治共享的社会治理制度作出了有益的探索和积极的本地化贡献。

（一）运行机制

鸠江区“我们是一家人”社区治理新模式的实践，最初是依托高校智囊构建，一开始只是一个总的治理框架，后期在各个社区试点推行过程中不断改进，并且在各个社区形成各具特色的社区治理模式。其主要的运行机制如下：

一是高位推动。社区治理的改革创新，依赖于科学化的社区治理理念与科学有效的社区治理制度。在宏观规划方面，为了更好地做好社区治理方案和制度设计的顶层设计，2014年，芜湖市鸠江区基于“全国和谐社区建设示范城区”的既有实践经验，在谋划鸠江区社区治理体系和治理能力现代化建设五年规划时，积极探索地方政府与高校合作模式，通过公开招标的方式，引进安徽财经大学专家团队等智库资源，并合作开展相关理论和实践的项目研究，扎实推进基层社区治理创新，并于2018年年初制定出台了《关于构建“我们是一家人”社区治理新模式的实施方案》。在制度建设方面，鸠江区民政局发布《关于完善登记备案制度加快培育发展城乡社区社会组织的通知》（2015年5月）、《关于加强城乡社区协商的实施方案》（2016年11月）、《鸠江区“我们是一家人”社区治理新模式创建考核细则》（2018年）和《鸠江区第一届社会组织公益创投活动实施方案》（2019年11月）等规范文件，为鼓励和支持社区治理多方参与提供体制保障。

二是创新试点。政策试验是一种独特的治理模式和制度创新方式。鸠江区“我们是一家人”社区治理新模式的创新工作就是采取政策试验的方法，具体做法就是依据既定的实施方案，选定万春、清苑、观岚、金湾、汤沟等14个社区开展分散化和摸索性的大范围创新试点工作，遵循“我们是一家人”的社区共建共治共享理念，允许各试点社区进行不同的尝试，倡导社区治理创新，形成一社区一特色。例如，万春社区的“4+4”社区治理模式、清苑社区的“一核两翼多元”社区治理模式、金湾社区的“家立方”社区治理理念、螺百社区的“五层一家亲”社区治理模式等。这些社区治理创新模式有效整合了社区的资源，聚合了多方参与治理力量，构建了新型的邻里关系，实现了人民当家作主，既凸显了构建多元参与、合作共治的社区治理体系的基本取向，又彰显了各试点社区探索共建共治共享制度的本地特色。这种因地制宜地开展社区治理创新试点的方法，为鸠江区“我们是一家人”社区治理新模式的创新工作积累了丰富的制度化经验。

三是公意创投。社区公益创投是指在社区层面孵化和培育社会组织，以破解社区治理问题、满足居民服务需求为导向，通过创意投标、项目运作、第三方评估方式来促进社会组织尤其是草根社会组织参与基层公共服务供给机制。为进一步推进社区治理新模式的创新工作，2014年7月，鸠江区与专家团队合作，选定清苑社区进行社区公意创投试点。这主要是由于清苑社区在社区功能性党小组、社区社工、志愿者队伍的培育和发展方面卓有成效，而且依托社会组织联合会孵化培育社区社会组织，成功申报5个安徽省民政厅公益项目，并通过公益创投、政府购买服务等方式扶持社区社会组织发展，创新和丰富社区公共服务供给方式，群众的幸福感、获得感、安全感进一步增强，形成了“公意引领、多元共治”的项目化管理模式。在芜湖市启动首批公益创投项目的背景下，2015年鸠江区在所有三星级以上社区推广公益创投工作，并于2019年11月颁布《鸠江区第一届社会组织公益创投活动实施方案》，进一步助推社区治理体系和治理能力现代化建设整体水平的提升。

四是绩效评估。为确保创新社区治理新模式的实施方案落到实处、推动社区治理试点取得实效，2018年鸠江区民政局起草了《“我们是一家人”社区治理工作考核细则》，在征询其他部门的反馈建议的基础上，修订完善后颁布实施。为确保社区治理有序推进，必须落实目标管理和绩效考核，同时辅之以深入推进的巡视整改工作以及考核验收。2019年初，鸠江区民政局等四部门联合对各试点社区的社区治理创新工作进行考核验收。考核验收依据《“我们是一家人”社区治理工作考核细则》中有关“家人共治”工程、“家风共树”工程、“家事共商”工程和“家园共建”工程方面的具体规定，采取听取汇报、实地查看、资料查阅、问卷调查等考核方式，以社区治理的特色亮点和社区居民的满意度为考核重点，对各个试点社区全部进行考核评估、检查验收。同时，鸠江区民政局还压实社会组织的项目化管理，加强过程管理尤其是立项项目督导、中期评估和结项评估，完善社区公益创投机制和社会组织的评估考核机制。通过综合性的考核评估工作，可以有力地推动各试点社区积极开展社区创建工作，探索具有本社区特色的社区治理新路径。

（二）治理框架

鸠江区社区治理新模式探索的重心在于，构建了以“党建引领、多方参与、协商共治、三社联动”四大机制为核心的社区治理体系。

一是党建引领机制。鸠江区始终把党的领导作为推动社区治理的根本保证，以社区党建为中心，加强基层党组织建设，提高党在社区工作中的领导力和引领力，将社区党建保障、社区治理创新等列入全面深化改革重点工作，将党总揽全局的领导作用贯彻到社区治理的全过程，通过党建带动社建，突出基层党组织在政治领导、思想引领、群众组织等方面的核心作用，发挥基层党组织的服务功能和战斗堡垒作用。在社区建立“大党委”，推动基层党建与社区治理的深度融合，鼓励和引导驻区单位、“两新”组织党组织参与社区治理，发挥党在社区工作中的组织力和号召力优势，积极开展社区同驻共建活动，实现社区治理的资源整合和力量融合，进一步彰显党在社区治理中协调各方的作用，以党建进一步促进社区治理的功能聚合和协同效应。

二是多方参与机制。鸠江区社区治理创新以多方参与为根本取向，倡导“我们是一家人”的社区治理理念，充分调动城乡居民积极参与社区治理，提升群众对社区的归属感和认同感，形成人人有责、人人尽责的公众参与机制，发挥群众在社区治理中的主人翁精神和创造性作用。推动社区治理主体的多元化，充分发挥社区自治组织作用，不断完善基层社区自治组织网络，进一步增强基层社区自治活力，推动社区自治组织自我管理、自我服务、自我教育、自我监督。同时，秉承开放融合的思路，广泛吸纳社区辖区内的机关、团体、企事业单位等组织力量以及专业人士和乡贤人士等参与社区事务，推动社区治理和服务的规范性参与机制建设，努力打造以社区党组织为核心、社区居委会为基础、社区居民为主体、社区社会组织等多方参与的社区治理共同体。

三是协商共治机制。鸠江区高度重视城乡社区协商工作，并于2016年11月出台《关于加强城乡社区协商的实施方案》，对社区协商共治机制加以引导和规范，积极引导各试点社区加强民主协商机构和平台建设，成立由社区居委会、社区党支部、业主委员会、物业公司、居民代表组成的居民议事会，建立党群议事室、居民议事厅、党员会客厅、议事之家、楼门议事点等协商平台；推进社区协商制度化、规范化和程序化，形成社区重大事务的民主决策、民主管理和民主监督制度；促进社区民主协商方式的多样化，运用“茶馆会议”、社区开放空间讨论会、民主恳谈会等多种形式开展协商；将坚持党的领导、基层群众自治和依法协商有机统一，不断完善基层群众自治机制，提升了群众对社区的归属感和认同感，进一步激发了社区居民自治活力，实现了由政府“为民作主”向社区公共事务“由民作主”的根本转变，形成了全区范围内有事多协商、遇事多协商和协商成果共享的自治良好局面。比如，万春社区坚持把民主协商作为根本方式，创新“1518”工作法，围绕民主协商的核心目标，完善社区民主协商的类型化和制度化体系，确保社区民主协商的实效性，这种通过创新基层协商民主实践来引领社区治理变革的方法取得了显著成效。

四是三社联动机制。完善社区、社会组织、社工“三社联动”机制，是构建开放参与的社区协同治理体系的重要抓手。为了培育社会化参与社区治理的主体，鸠江区于2015年5月出台加快培育发展社区社会组织的规范性文件，建立区级社会组织孵化培育中心，发挥管理、支持和服务功能，为初创期的公益服务组织和专业社工机构提供场地、培训和规范管理等方面的支持。①在创新社区治理过程中，积极引进社会力量，加快培育服务性、公益性、互助性的社会组织，鼓励和支持其参与社区治理和公共服务，加大社区社会组织扶持力度，将养老、儿童关爱、困难帮扶等服务通过公益创投方式交由社会组织承接，并积极筹集资金，重点扶持和资助具有良好公益效果和具有示范引导作用的社区社会组织。建立社区与社会组织互动机制，推动社会组织借力孵化培育中心和公益创投平台来促进其内生成长和能力提升，充分释放社会组织的微治理能量。同时，鸠江区积极发挥社区精英群体和党员模范作用，打造一支精干的社区志愿者队伍，全力培育专业化社工队伍。通过搭建互动平台和载体，建立和完善社区、社会组织、社工“三社联动”机制，扩大公众参与，吸纳更多社会力量参与，以“三社联动”引领社区治理专业化，以党员、群众、志愿者“三元互动”引领社区治理多元化，形成了依法有序、运行良好的社区治理协同参与格局。

鸠江区在创新社区治理模式中形成了一套“党领导下多方参与、共同治理”的成熟治理机制，其中，党建引领是根本保证，多方参与是根本取向，协商共治是根本方式，三社联动是根本抓手，最终通过四种机制的联动，实现下好社区治理“一盘棋”、完善社区共建共治共享制度的根本目标。

三 “我们是一家人”社区治理新模式的理论逻辑

通过对鸠江区推行的“我们是一家人”社区治理新模式的总体框架和运行机制的系统性梳理，可以发现，该模式核心所在是多方参与，根本目标在于构建共建共治共享的社区治理共同体。无论是党建引领、协商共治、三社联动还是公意创投，都明显体现出理论范式转型和治理逻辑演进的趋向。

---

① 截至2018年3月，鸠江区培育发展专业社工机构9个，各类社会团体60多个，民办非企业150多个，登记各类社区社会组织20多个，备案登记社区社会组织600多个，各类志愿服务组织200多个。

（一）从行政管理到公共管理的范式替代逻辑

改革开放以来，尽管我国政府的角色或职能定位实现了由“全能政府”向“有限政府”到“服务政府”的转型，但仍有许多新的挑战存在于社区治理之中。这一方面是由于我国传统行政管理模式的惯性使然，这种模式以政府对政治、经济、社会、文化等事务的统包统揽为特点。在政府与社会的关系上，就是政府处于主导地位，而社会处于附属、被动位置，这种政府与社会关系模式的直接后果就是，社会对政府形成了极强的依赖关系，这成为我国社会治理中的一个大难题。另一方面是由于，随着现代化的快速发展和社会阶层的日益分化、社会主体的多元化及其能动性提高、社会监督和社会维权渠道拓宽，“以不变应万变”的标准化的官僚制管理模式，已经越来越难以适应人民群众日益复杂、多样和个性化的利益诉求。管理需求增加与管理方式相对滞后之间的矛盾愈益突出，而公民政治参与不足、民众参与体制不畅等问题也日益凸显。这些问题的出现都对传统的行政管理模式提出了挑战，这些挑战反过来又助推政府构建高效的现代公共管理体制，并将之落实到社区治理的实践中去。

与传统行政管理模式基于官僚制理论和公共政策理论不同，新公共管理模式主要以公共选择理论、制度理论和治理理论为基础。这种转型体现在社区治理上的显著特点是：治理主体上，由一元主体（社区居委会）向多元主体（社区党组织、社区居委会、公民和社会组织等）转变；治理方式上，由自上而下的单向封闭管理向多元、互动、开放的合作治理转变；治理目标上，由规范和管制“陌生人社区”向打造共建共治共享的社区共同体转变。理念是行动的先导。进入新时代，基层治理更需要在科学的社会治理理念的引领下，划清政府管理权与群众自治权的界限，将党委和政府唱“独角戏”的传统模式，转变为在党的领导下，政府、社会组织、公民以及各方协同协作、互动互补、相辅相成的共同治理模式。就基层社区治理而言，促进治理主体多元化以及政府、社会组织和公民个人之间的良性互动，激发人民群众参与社区治理的内生动力，是打造全民参与的开放治理体系的基本途径。

鸠江区社区治理多方参与“一盘棋”模式一定程度上遵循着，由行政管理范式向公共管理范式转型的理论逻辑。这主要表现在：一是完善党建引领机制，有序实现社区党建和社区治理的有机融合。按照社区党建带动社区建设的思路，在社区治理中推行“大党委”，在加强基层服务型党组织建设，发挥党组织对社区治理的宏观决策和微观推动作用的同时，利用党组织强大的领导力和组织力，将社区治理多方参与主体调动起来，实现社区党建与社区治理的深度融合。二是培育社会多元参与主体。一方面，积极引进社会力量，加快培育服务性、公益性、互助性的社会组织，鼓励和支持其参与社区治理和公共服务，加大社区社会组织扶持力度，通过政府购买社会服务和公益创投方式，重点扶持和资助公益类和治理型社区社会组织。另一方面，建立社区与社会组织互动机制，推动社会组织借力孵化培育中心和公益创投平台来促进其内生成长和能力提升，充分释放社会组织的微治理能量。三是完善公民有序参与社区治理机制。在创新社区治理过程中，将坚持党的领导、基层群众自治和依法协商有机统一，拓展社区居民社会参与和参政议政渠道，不断完善基层群众自治机制，建立健全社区居民利益表达机制和社会监督机制，提升了群众对社区的归属感和认同感，进一步激发了社区居民自治活力，运用协商民主的方式提升社区居民的公民意识，培育社区民主氛围，实现了由政府“为民作主”向社区公共事务“由民作主”的根本转变，逐步形成以社区党组织为核心、社区居委会为基础、社区居民为主体、社区社会组织等多方参与的社区治理体系，有力推动了基层社区的治理能力现代化。

（二）结构分化基础上的社区治理主体多元化逻辑

改革开放以来，伴随着经济体制改革的不断深化，当代中国社会结构发生了规模和深度空前的分化和调整。这样的分化和调整不仅表现为经济层面产业结构的多元，而且更多地体现在社会空间结构、组织结构领域的多元性质的凸显。社会主体多元化可以说是我国经济繁荣昌盛的有力保证，也反映了现代社会发展的必然趋势。改革开放以来的社会变迁尤其是结构分化，体现在作为主体的个人在社会中存在状态的变化，社会主体的多元化将多个相互独立的个体整合起来，包括个人、法人、组织。鸠江区通过积极引进社会力量来创新社区治理模式，加快孵化和培育治理型社会组织和志愿者队伍，加强社区与社会组织的分工、协作以及不同社会组织的相互配合，充分发挥志愿者和社工的作用，进一步完善社区、社会组织、社工“三社联动”机制。这样一种多方参与的“三社联动”机制符合结构分化基础上社会主体多元化的发展趋势。

社区治理的根源是解决在社区区域中存在的社会矛盾，回应人民群众多层次、差异化和个性化的需求，这是因为由传统社会向现代社会急速转型势必会带来不同利益群体之间的利益冲突。当这样的新旧交替中出现衔接断裂，也就是说利益通达出现了“结构性的阻塞”，这必然会使社会矛盾爆发出来，将会给社会公众带来一种负面的心理暗示。社会，从结构功能主义的视角而言，可以被视为一个如同生物有机体一样的整体，而社区则是社会的有机组成部分，因而，作为“微观化的社会”的社区，从“系统性”的视角出发也可以被视为一个有机整体。社区最重要的组成部分是社区居民，如何将社区和社区居民联系起来，强化社区—居民之间的信任，是畅通个体与公共之间的关联通道、杜绝社区矛盾爆发的根本。从前社区是在传统单位体制下形成了社区居民相互依赖、互帮互助关系，当前社会结构转型打破了既有的文化连接纽带和社会整合模式。

换言之，相对同质化的局部封闭的单位社会向分散流动的、社会关系异质化的公共社会的转型，给基层社会治理带来严峻的挑战。鸠江区推行的社区治理多方参与“一盘棋”治理模式可以理解为旨在解决“社会利益的传递和问题解决通道阻塞”①的问题。“三社联动”机制在既有的社区—居民治理链条中增加社会组织和社工两个中间媒介，形成了社区—社会组织、社工—社区居民的新型社区治理链条。即通过社会组织、社工这两个中介去弥补传统单位制解体所导致的利益传输、平衡和协调机制缺失的问题，化解社区居民利益分化所带来的社区矛盾和裂痕，去除社区居民之间情感上的冷漠与隔阂。尽管“三社联动”机制可能会增加社区到居民之间的交易成本，但从结

① 张静.社会治理：组织、观念与方法[M].北京：商务印书馆，2019：97.

果中可以看出，这种模式有助于促使社区居民走出人际信任的“原子化”状态、重建人与人之间的情感连接纽带，在社区治理共同体的建构过程中，社区居民的认同感和归属感所产生的积极力量不可低估。

（三）社区党建与社区治理的互构与整合逻辑

由于党建引领作用是其他治理主体所无法替代的，鸠江区在推进社区治理模式创新过程中，将社区党建保障列入全面深化改革重点工作，按照社区党建带动社区建设的思路，着力发挥党的领导核心和政治保障作用，加强基层党组织建设，突出基层党组织的战斗堡垒作用、引领带动作用和调节平衡作用。鸠江区在社区治理中突出社区党建作用，理论逻辑上符合党建与治理的互构和整合逻辑。具体的实践方法是，在社区治理中推行“大党委”，建立功能性党组织，发挥党组织对社区治理的宏观决策和微观推动作用，利用党组织强大的领导力和组织力，将社区治理多方参与主体调动起来，实现社区党建与社区治理的深度融合。

党在新时代的执政基础得以巩固的必然之举，是促使基层社会治理实践与“坚持以社会为本位、以人民为中心的党社关系”的理论逻辑相符合。只有始终保持党的群众性、社会性属性，才能够真正实现党与人民大众的血肉联系，①才能将党的密切联系群众优势转化为社区治理的强大效能。在新的历史时期，我国社会结构正处于快速变化时期，这意味着党在社区治理中既要不断提升政治领导力和思想引领力，也要不断调适党社关系来应对这些挑战。基层党组织要紧紧把握好党的政治属性和社会属性二者之间的关系，尤其是基层党组织在社区治理中的功能定位（见图1）。

① 戚玉，徐选国. 从政社关系到党建引领：理解社区治理的范式转化与经验嬗变——基于对上海沪街的实证研究[J]. 学习论坛，2020(2):79-86.

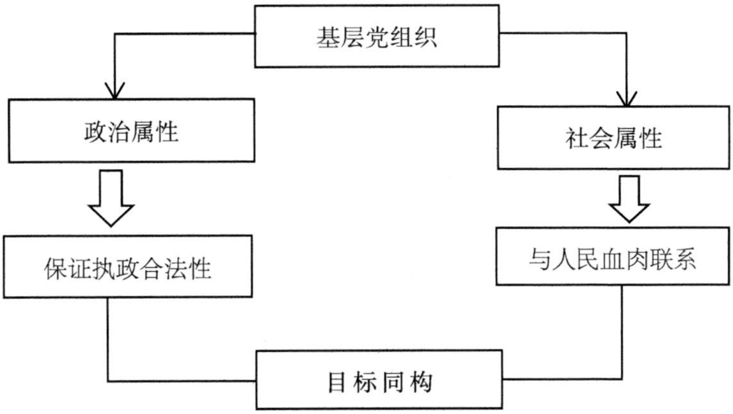

图1　基层党组织在社区治理中的功能定位

从上面的基层党组织的功能定位逻辑图中可以看出，党在基层社会治理中的政治功能和社会功能在某种程度中是一致的，即执政为民，这是由党的性质决定的。鸠江区“我们是一家人”社区治理新模式强调党建引领机制，这符合社区治理和社区党建的互构性和整合性逻辑。鸠江区在社区治理创新实践中除了上文中所述“三社联动”机制中的依托社会组织和社工之外，还包括其他社区治理的参与主体，比如驻区的企事业单位、新经济组织、新社会组织以及社区辖区内的机关团体和外来流动人口。只有强化社区党建引领，才可以将如此多的参与主体调动起来。鸠江区通过建立社区“大党委”，充分发挥党总揽全局、协调各方的作用，将社区的多元参与主体组织起来，统筹各方力量协调行动，共建美好社区。因此，只有完善党建引领机制，实现社区党建与社区治理的深度融合，才能形成社区治理整体合力，实现“我们是一家人”的社区治理共同体理念。

（四）向精细化模式转型的治理逻辑

将鸠江区“我们是一家人”社区治理新模式再次回归到理论逻辑层次来考察，可以很明显地看出它符合当前治理理论的发展逻辑，并且是在治理理论逻辑下向精细化治理转型的成功实践案例。在一定程度上，“我们是一家人”社区治理新模式已经嵌入多个治理层次（基层党组织治理层次、社区治理层次、社会组织治理层次、居民自治层次等），从治理逻辑维度考量该模式就显得尤为重要。

鸠江区社区治理的创新实践符合治理逻辑下向精细化治理模式转型的趋势，体现了以服务需求为治理导向、以创新试点为治理途径、以决策科学化和管理标准化为治理基础、以组织化网络和智能化手段为治理载体的精细化治理逻辑。

一是明确以满足居民公共性需求为治理导向。通过社区服务型党组织和社区社会组织协同发展，推动居民自治能力和社区自我管理与服务水平的双提升，有序实现社区党建和社区治理的有机融合。这种做法会提升社区公共产品的质量和社区公共服务的效果，更好地实现社区服务目标，体现十九届四中全会所倡导的“推动社会治理和服务中心向基层下移，把更多资源下沉到基层，更好提供精准化、精细化服务”的新理念。

二是变革管理理念、规范治理方式。一方面积极学习先进的治理理念，并且在实践中不断改进。“我们是一家人”社区治理新模式一开始只是一个以构建社区共同体为理念的总体性治理框架，后期在各个社区试点推行过程中不断改进，并且在各个社区形成各具特色的社区治理模式，这是践行精细化治理的有益尝试。另一方面，遵循社会治理重心向基层下移的理念，加强专业人才的培养和引进，提高社区治理决策的科学化和管理工作的合法化，同时以社会化服务为方向，健全社区公共服务管理平台，推进基层党建标准化、基础设置标准化、社区服务标准化、社区治理标准化建设，将精细化治理建立在科学化决策和标准化管理的可靠基础之上。

三是构建治理网络、创新治理手段。一方面，着力打造精细化的治理网络，充分发挥党员、社工、网格员、精英人士等骨干力量，参与社区公共事务，以居民组织化促进社区治理能力的提升。着眼于居民自治能力的提升，激发社区治理中居民参与的自治动力，着力培养居民参与网络，运用网络管理的方式打造社区治理网络，将“陌生人社区”转变为“熟人社会”。另一方面，创新技术手段，以智慧化推动社区治理的精细化和精准化。2017年，鸠江区湾里街道华强社区成为芜湖市智慧社区试点社区，这只是当前鸠江区许多社区在社区治理中注重融入现代科技因素的一个缩影。在各社区的创新实践中，引入先进科学技术手段的新型社区治理模式纷纷涌现，其中引入“互联网+”是最为典型的模式，并形成“互联网+党建”“互联网+协商”“互联网+政务”“互联网+人社”“互联网+监督”“互联网+民生”等多种样态。

四　社区治理共同体建构的优化路径探索

依据公共管理理论逻辑、治理主体多元化逻辑、党建与治理互构与整合逻辑、精细化治理逻辑，鸠江区在社区治理创新实践中试图通过党建引领机制、多方参与机制、协商共治机制和三社联动机制的协同作用，达至下好社区治理“一盘棋”、完善社区共建共治共享制度的根本目标。然而，鸠江区“我们是一家人”社区治理新模式的实践逻辑和理论逻辑之间仍然存在着一些有待进一步解决的问题。这主要体现在以下四个方面：

一是居民的社区认同问题。将社区治理举措更多地基于促进利益认同的考量之上，有其合理性和必要性，然而居民对社区的认同更主要地来源于（基于共同利益认同之上的）情感认同和价值认同。一个比较重要的问题是，如何进一步彰显人民在社区治理中的主体性地位、重塑社区与公民之间的关系。从自治逻辑来说，社区治理的有效推进必须建立在提升居民自治能力的基础上，而激发社区内生资源，激发社区居民自治活力，让更多的参与主体参与到社区治理中来，不仅是对社区治理结构的一种优化，而且是塑造社区认同、建构社区共同体的根本。

二是行政吸纳社会问题。在社区治理创新中，通过走“项目化运作”之路来克服“行政吸纳社会”之缺陷是一种常见的策略。然而，已有的“三社联动”更多以政府主导来推动，是一种被动参与的模式，即社会组织和社工在联动中所发挥的作用很微弱。而且，就政府与社会组织关系模式而言，普遍推行的公益创投模式体现出了明显的政府主导性。就社区治理的资源配置机制而言，由以政府机制为主向以市场机制和契约管理机制为主的转变过程，依然比较艰难和漫长。

三是社会组织的自治性和代表性问题。一方面，社会组织服务逻辑的“行政化”与自治性二者之间存在着难以破解的悖论。另一方面，多元化的社区治理主体，比如基层“网格组织”或者社会中介力量，在治理角色上与传统的单位职能相差甚远，那么，它们能否在个体和公共之间承担连接、协调和应责的功能，尤其是起到化解社会冲突的社会平衡器作用，目前看来仍然是有疑问的。

四是精细化治理与技术化治理的融合问题。以技术化治理来推动社区治理的精细化和精准化是当前的一个趋势，然而，精细化治理与技术化治理的深度融合问题，尤其是技术化治理所伴随的“数字鸿沟”和非均衡性参与问题，给社区治理共同体的建构也带来新的挑战。

我们知道，社区在我国基层的社会治理中充当着特殊的角色，起着“承上启下”的作用，它既承担着治理社区公共事务和服务民众的功能，又承担着传达并执行上级任务与政策的职能。[①]在把握好这两个解释限度的前提下，结合上文中对上述治理实践与理论逻辑之间张力的有关分析，下文针对性地提出建构社区治理共同体模式的优化路径。

（一）强化社区居民基于共同利益下的社区认同

利益是参与的重要驱动力，能否及时反映、协调和解决社区居民各方面各层次的利益诉求，可以说是建构一个和谐的社区治理共同体的关键。因此，培育社区成员的社区意识，就需要在个体和社区之间建立链接，使其利益“社区化”，通过社区进行组织化的利益表达，强化社区成员与社区间的利益关系，进而使社区成员在此基础上产生参与社区事务的愿望。[②]社区居民之间通过持续稳定的相互联系、沟通与交往，可以减少“一次性博弈”中的机会主义行为，形成相对稳定的心理期待，并在此过程中慢慢地形成互惠交换的

① 耿亚东.我国“社区治理公众参与”研究述评——基于结构主义、制度主义、社会资本与文化主义视角[J].公共管理与政策评论，2017(3)：89-96.

② 孙璐.利益、认同、制度安排——论城市居民社区参与的影响因素[J].社会科学，2006(5)：70-73.

规范，这样，社区发展最为宝贵的资源——社区归属感也由此而生。[①]由此，邻里关系得以重构，个体和社区之间得以勾连，基于共同利益的社区认同得以奠基，情感认同和价值认同也有了生发的可能。

鸠江区在社区治理中强调的“我们是一家人”模式已经突出对培育社区归属感的重视，但仍需要加强社区认同共同体的建构。首先，要进一步夯实利益认同根基。利益认同是社区认同的基础和起点。社区居民对社区共同的利益追求，是社区居民参与的前提、归属感产生的基础。因此，在社区治理中，需要尊重和关心社区居民的利益需求，并且对社区居民的不同学历、年龄、工作单位等存在的差异进行差异化管理，畅通这些差异化群体的利益表达渠道，满足其合理的利益诉求，进一步完善利益协调和权益保障机制。其次，要强化情感认同纽带。社区只有进一步去行政化，促使社区组织成为社区居民的利益和意愿的忠实代言人，并且强化社区群众文化网络建设，以社区文化团体和邻里文化活动为载体，打造特色文化社区，加强社区居民的情感联系，社区居民才会从情感上依赖社区、真正支持社区组织、乐于参与社区自治，进而形成对社区的情感认同。最后，要着力塑造价值认同。价值认同是社区内部凝聚力的源泉。“我们是一家人”社区治理新模式的成效，可以说最终要取决于社区居民是否在价值观、思想方法和生活方式上对其产生了认同，这意味着需要按照“人民是社会治理的主体”的理念，进一步完善民事民议、民事民办、民事民管的社区治理体系，将社区从一个利益共同体，经由文化共同体转化成一个价值共同体。

（二）重塑社区治理项目化运作的资源配置机制

走“项目化运作”之路有助于克服“行政吸纳社会”之缺陷，为打造共建共治共享的城市社区治理格局提供了一种可行性路径，为专业性社会组织的发展提供更加自由宽松的成长环境，进而为专业社会工作服务人才队伍的打造和社区社会组织的孵化打下坚实的基础，从而提高社区居民的参与意识，

---

① 王雪梅.社区公共物品与社区治理——论城市社区“四轮驱动，一辕协调”的治理结构[J].北京行政学院学报，2005(4):60-63.

拓展社区居民之间的互惠网络、情感纽带和信任关系，实现社区社会资本存量的增加。此外，项目化运作为社会协同和公众参与提供了可能，更重要的是，项目化运作为理顺政府与公益型、服务型和治理型社会组织之间的关系提供了实践空间，丰富了社区治理的手段。

因此，鸠江区一方面要在已有的公意创投项目运作的基础上，将公意创投项目常态化、制度化。进一步增加和拓展儿童关爱、为老服务、助残服务、困难帮扶、脱贫攻坚等类型的公益创投项目，将项目化运作手段更多地运用到“我们是一家人”社区治理新模式中来。进一步完善社会组织项目化管理机制，逐步建立公意收集机制、立项机制、运行机制、保障机制、评估机制和反馈机制，为社区社会组织的能力提升和作用发挥奠定更加完备的制度基础。另一方面，要进一步完善政府购买城市社区公共服务制度，使其符合地方社区治理的实际状况，完善城市社区治理的制度性架构，从而推动枢纽型社会组织对社区社会组织的孵化和培育。当前鸠江区已经加大社区社会组织扶持力度，将儿童关爱、为老服务、助残服务、困难帮扶、脱贫攻坚等服务通过政府购买服务交由社会组织承接，并积极筹集资金，对公益特色鲜明、社会效益显著的社区社会组织给予重点资助。在加大政府购买公共服务力度的同时，要鼓励和引导社会组织通过自主化和市场化的方式筹集社会资金，进一步促进社区治理资源配置机制的多元化。

（三）增强社会组织的自主性和治理能力

我国基层社会组织的自主性问题是探讨基层政府与社会关系及其边界问题的核心议题之一。有关我国社会组织“是否自主”以及“何以自主”的问题，学界的研究已经比较深入，对增强社会组织的自主性和治理能力之于基层社会治理的重要性问题也达成一定共识。然而，强调社会组织的自主性并不一定是寻求社会组织相对于政府的纯粹“独立自主”，因为既有的研究已经表明，“资源和制度上依附于国家的社会组织”也可能有着“较高的自主性”。由于我国的实际，我国基层社会组织呈现出不同于西方的“依附式自主”特征，它们在尽量“靠近”国家以获取资源的同时，又在这一过程中试图保持自主性。[1]这意味着在社区治理中，鸠江区作为基层政府，要发挥好结构性“调节变量”的功能，发挥好社区在政府与社会组织之间的中介作用，发挥好社会组织的能动性，建立社区与社会组织之间良性的资源依赖关系，鼓励社会组织向社会汲取资源。社会组织的生命力在于其社会性，只有为其开放足够的活动空间，借助社会组织的整合能力，将分散的社区居民的利益诉求纳入社区治理中，社区治理才能真正与社会接轨，社会组织的自主性才能得到进一步的成长。

需要对形式行政性与实质行政性加以区分，因为在社区治理中，只有形式行政性对自治无增益并增加了基层工作负担，因此，社区“去行政化”改革的关键在于弱化形式化行政性而非追求“纯粹”自治，这对于社会组织的“去行政化”也同样适用。而且，由于“行政化”具有能力取向特质，行政性与自治性作为基层治理能力的两个不同面向，实际上并非此消彼长的对立实体，而是互促共生、互动互补、相辅相成。这意味着鸠江区在社区治理中，需要进一步弱化形式行政性，对政府干预施加制度化约束，同时，进一步完善社区和社会组织互动机制，有序搭建社会组织参与社区治理的平台，广泛动员、积极引导更多社会组织和志愿者主动参与社区协商、为民服务等各项公共事务和社区公益事业，有序推进社区治理。进一步完善社会组织孵化基地和社会组织服务中心的培育、支持和服务功能，加强孵化、培育新型社会组织尤其是群众性自治组织，通过公益创投方式购买社会组织服务，推动社会组织借力孵化培育中心和公益创投平台来促进其内生成长和能力提升。

（四）促进精细化治理与技术化治理的深度融合

在大数据、云计算、物联网、人工智能等新一代科学技术快速发展的背景下，社区治理的范式无不深受影响，无论是在社区治理的组织结构方面，还是在社区治理的制度建设方面，都表现出“技术化治理”的逻辑，进而重塑着社区治理的新格局。鸠江区在智慧城市建设的大背景下，积极探索适合本区社区治理的技术化治理手段，并在湾里街道华强社区开展芜湖市智慧社

---

① 钟本章.中国社会组织自主性研究:回顾与展望[J].江汉学术,2018(5):14-18.

区试点工作，积极探索社区管理智能化、居民生活智慧化的新理念、新路径和新机制，利用技术手段进一步促进社区物业管理社会化、社会工作专业化、民主协商平台化，运用“大数据”助推“慧治理”，将治理由“泛化”转变为“精准”。

精细化管理是信息化手段的管理，社会治理精细化本身，就对技术有着较高的要求。因此，打造升级版的社区治理共同体的关键就在于促进精细化治理与技术化治理的深度融合。一方面，以技术化治理手段进一步推动社区治理的精细化和精准化。把现代科技作为推动社区治理创新的强大引擎，发挥科技对社区治理的支撑作用。通过建立社区大数据信息系统平台，建立健全社区和居民信息“档案”，实现精细化网格管理；通过现代信息技术应用和治理工具创新，分析社区居民诉求，破解基层突出问题，分层化、细分化、精准化地提供公共服务，提高社区管理服务的精细化程度；通过采用“开放空间会议技术”等科技手段，线上线下互动参与，推进社会沟通，促使社会组织和居民更好地参与到社区治理之中。另一方面，以治理方式的进一步精细化和精准化来弥补技术化治理所带来的“数字鸿沟”以及非均衡性参与问题。数字鸿沟有横向（使用者和未使用者之间）和纵向（技术利维坦与普通个体之间）两个面相，前者源自技术的可及性，后者源自技术赋权与控制的非对称性。①对于前者，可以通过进一步完善社区治理的多元参与和协商共治机制，规避技术治理所导致的非均衡性参与及不平等风险，避免社区走向分化，摆脱碎片化治理的困境，真正实现社区治理的均衡性参与和治理成效的普遍共享。对于后者，可以通过调整技术治理的主体关系，发挥技术对于社区居民的赋权功能，让技术成为进一步彰显人民主体性地位的得力工具，以实现个人数据权利的方式促进社会参与。同时，通过赋予社区居民一定的权利，来约束社区治理参与者的权力运行，有效地规避技术利维坦所带来的权力异化。

① 单勇.跨越“数字鸿沟”:技术治理的非均衡性社会参与应对[J].中国特色社会主义研究,2019(5):68-75.

五 结 语

社区是我国社会治理的基本单元，是实现国家治理能力和治理体系现代化的重要场域，是今后我国基层社会治理的研究重点。鸠江区“我们是一家人”社区治理新模式，体现了以建构共建共治共享的社区治理共同体为取向的实践逻辑和理论逻辑。从中我们得出的宝贵经验就是：在打造社区治理共同体过程中，要进一步促进社区党建与社区治理的融合、人民主体性作用与社区治理制度的融合、社区认同与共建共治共享机制的融合、精细化治理与技术化治理的融合，从而达至基层社会的善治目标。

参考文献

中共中央关于坚持和完善中国特色社会主义制度 推进国家治理体系和治理能力现代化若干重大问题的决定[M].北京:人民出版社,2019.

张静.社会治理:组织、观念与方法[M].北京:商务印书馆, 2019.

韩博天.红天鹅:中国独特的治理和制度创新[M].石磊,译.北京:中信出版社,2018.

唐亚林,李瑞昌,朱春.社会多元、社会矛盾与公共治理[M].上海:上海人民出版社,2015.

金艾裙.芜湖市社区建设:经验、问题与对策[R]//程桦,范和生,王开玉.安徽社会发展报告(2016)[C].北京:社会科学文献出版社,2016.

郭声琨.坚持和完善共建共治共享的社会治理制度[N].人民日报,2019-11-28(6).

曹海军,鲍操.社区治理共同体建设——新时代社区治理制度化的理论逻辑与实现路径[J].理论探讨,2020(1):12-18.

戚玉,徐选国.从政社关系到党建引领:理解社区治理的范式转化与经验嬗变——基于对上海沪街的实证研究[J].学习论坛,2020(2):79-86.

张雷,张平.提升社区治理中居民参与自治的动力研究[J].天津行政学院学报,2015(3):60-66.

“互联网+监督”阳光村（居）务公开平台建设研究
——以淮南市田家庵区为研究对象

朱启友

摘　要：　村（居）务公开是基层群众自治的基础和前提。新时代以来，淮南市田家庵区以问题为导向，运用“互联网+监督”理念，创新村（居）务公开方式，创建“互联网+监督”阳光村（居）务公开平台。通过实行“三晒三亮”，公开内容更全面；坚持“六步走”，公开程序更严密；组建监督委员会，公开落实有保障；加强领导，规范运行，公开过程更透明。平台建设取得了积极成效：有效保障了群众的知情权、参与权、决策权、监督权，增加了基层权力运行的透明度和公信力，促进了基层党风廉政建设。为进一步促进村（居）务公开工作制度化、规范化，提升基层治理现代化水平，需要优化系统软件，推进智慧应用整体联动；加强部门协作配合，完善监督机制；注重实际实用实效，选择适当的公开方式；坚持党建引领，完善和创新基层群众自治制度。

关键词：　互联网+监督　村（居）务公开　平台　田家庵区

建设和发展基层民主，使农（居）民在所在村庄（社区）充分行使自己的民主权利，真正当家作主，是中国民主政治建设的一个重大问题。经过多年的探索，中国共产党领导人民群众找到了一条适合国情的推进城乡基层民主政治建设的新途径，这就是实行村（居）民自治。作为一项制度的村（居）

民自治，它的基本要素和环节包括民主选举、民主决策、民主管理和民主监督等，要使这些要素和环节统一起来，必然离不开村（居）务公开，信息透明。村（居）务公开是实现基层群众自治的基础和前提，也是它的内在要求。中华人民共和国成立以后特别是改革开放以来，我国村（居）务公开工作经历了由基层群众自发创造到国家法规确认，由顶层设计到政策实施，由增加党务公开内容到强调加强党的领导，由各地全面推广到制度框架初步定型的发展历程。特别是我国越来越重视互联网技术在基层治理中的支撑应用，公开载体实现了从线下向线上和“掌上”、线上线下并存的转变，公开方式日益多元和现代，促进公开水平和质量不断提升，增加了基层权力运行的透明度和公信力，有力推进了基层民主建设和社会治理现代化。

一　1980—2020年：村（居）务公开的制度演进与政策操作

我国村（居）务公开的最早历史可以追溯至20世纪50年代后期。1957年3月党中央下发《关于民主办社几个事项的通知》，规定农业合作社必须按时公布同全体社员利益密切相关的一切财政收支，以让全体社员明白并由他们参与评议。[①]1962年9月，党的八届十中全会通过的《农村人民公社工作条例〈修正草案〉》再次强调了公社、生产大队和生产队的一切财务必须定期公布账目，也指出了财务公开的意义。这一时期的理论认识和政策规定奠定了村（居）务公开制度的雏形。囿于当时“左”倾思潮的兴起以及内外形势的变化，村（居）务公开进展不大，它得到真正稳定发展是在党的十一届三中全会之后。回顾从那时起到现在，它的发展历程特别是其制度演进与政策操作，我们可以从四个相互联系的角度进行概括：实践探索与法律确认、顶层设计与制度推进、党务公开与加强党的领导、公开方式由线下扩展到线上。

（一）实践探索与法律确认

20世纪70年代末改革从农村兴起，家庭联产承包责任制的推行调动了农

① 中华人民共和国民政部基层政权和社区建设司.村务公开[M]. 北京:中国方正出版社,2004:9.

民的生产积极性。处于转轨背景下的基层群众大胆创新，冲破体制束缚，积极探索自我管理的新路子。

1980年2月，广西河池市宜州区合寨村村民用卷烟纸当选票，用米筒作投票箱，以无记名投票方式，差额选举产生了我国第一个村民委员会——果作村委会。果作村村委会在实践中形成的村规民约、选举方法、议事、公示、审账等民主管理制度，为我国村民自治制度的建立和发展作了重要探索。关于审账，指的是村民委员会成立理财小组，每个季度对村委会的财务收支情况进行清账，并向村民张榜公布。因此，从一开始，作为群众自发性创造产物的村务公开，就是村民自治的重要内容和基层民主的前提条件。之后，在果作村村委会的示范带动效应下，四川、河北等地也出现了类似的“村委会”组织，也引起了中央的高度重视和肯定。1982年宪法第一次确认了村（居）民自治制度的法律地位，明确指出村民委员会、居民委员会是我国基层群众性自治组织。1985年在江苏、山东、河南等省的一些农村就出现了运用公开栏、召开村民会议、印发宣传材料等各种形式来公布村民关注的村务事项的事例。1988年6月开始试行的《中华人民共和国村民委员会组织法》，第一次以法律的形式规定了村务公开以及对此工作进行监督的内容：村民委员会办理本村公共事务和公益事业，所需费用的“收支账目应当按期公布，接受村民和本村经济组织的监督”。1990年1月1日起施行的《中华人民共和国城市居民委员会组织法》第十六条就居务公开问题也作出类似的规定。依据法律规定，各级党委和政府把村（居）务公开作为一项重要任务来部署，并取得了积极成效。为适应与指导新的实践，村民委员会组织法于1998年和2010年两次进行修改，明确规定了“村民委员会实行村务公开制度”“村应当建立村务监督委员会或者其他形式的村务监督机构”，同时对公开事项的内容、公开程序、时间、违法责任等，对村务监督委员会的职责、地位、成员产生方式等作出安排。2004年6月，浙江武义县后陈村诞生了新中国第一个村务监督委员会，逐渐地，“一个机构”（村务监督委员会）、“两项制度”（村务管理制度、村务监督制度）构成了“后陈经验”的核心。之后，全国各地陆续制定并不断完善村（居）务公开相关的制度、政策以及执行方案，公开工作的水平和质量不断提升，也凝聚起村庄和社区发展的合力，走上了以村（居）务公开和民主监督促进基层发展的创新之路。

（二）顶层设计与制度推进

1998年中央决定在全国农村普遍实行村务公开和民主管理制度，中共中央办公厅、国务院办公厅（以下简称“中办、国办”），就此专门下发《关于在农村普遍实行村务公开和民主管理制度的通知》，规定了村务公开的内容和方法，对推进民主管理提出基本要求，并就如何建立健全相关规章制度、加强统一领导和检查督促工作作出部署。党的十六大为适应农村发展的新形势，扩大基层民主，对完善村民（居民）自治作出安排：“健全基层自治组织和民主管理制度，完善公开办事制度”①，从而“保证党委、群众依法直接行使”管理基层公共事务和公益事业的民主权利，和“对干部实行民主监督”。村务公开工作在顶层设计、法治建设方面的进步有效指导和推进了实践工作。2003年初，国家正式成立“全国村务公开协调小组”。2003年，安徽结合本省实际制定下发了《安徽省村务公开暂行办法》（皖组字〔2003〕5号），将村务公开的基本要求概括为“六规范、一满意”（规范公开的内容、形式、程序、时间、监管、公开栏建设等，公开结果为多数村民所满意）。2004年5月，中央政治局召开会议专题研究健全和完善村务公开和民主管理制度，强调要“切实把村务公开和民主管理这一关系亿万农民切身利益的大事抓紧抓好”。2004年6月，中办、国办就健全和完善村务公开和民主管理制度颁发纲领性文件。文件在强调新世纪新阶段做好村务公开和民主管理工作有着重大意义的基础上，着眼于保障农民群众的知情权、决策权、参与权、监督权，重点从四个方面进行工作部署：进一步健全村务公开制度，规范民主决策机制，完善民主管理制度，强化村务管理的监督制约机制。文件特别指出，在健全和完善村务公开和民主管理制度上，县（区）、乡（镇）党委和政府是关键，因而，需要进一步加强对村务公开和民主管理工作的领导。2005年河南省纪委开始在三门峡市试点村监委工作，在试点基础上，2009年底村务监督委员

① 十六大以来重要文献选编(上)[M].北京:中央文献出版社,2005:25.

会制度在河南农村全面推行，到2011年6月，全省行政村（社区）总数的99.5%已建立村（居）务监督委员，村监委制度成为群众富民强村的助推器，初步展示了蓬勃向上的生机和活力。为全面贯彻党的十九大全面从严治党战略部署，遏制基层腐败，2017年12月中办、国办联合下发《关于建立健全村务监督委员会的指导意见》，对村务监督委员会的总体建设要求、人员组成、职责权限、监督内容、工作方式、管理考核、组织领导等方面内容作出全面安排。可以相信，贯彻落实《关于建立健全村务监督委员会的指导意见》，必将有力增强村务监督的权威性和独立性、制度化和规范化，提升基层治理水平。

（三）党务公开与加强党的领导

村（居）务公开的范围随着认识的深化而不断扩展，一个突出的进展就是财务之外党务工作逐渐被纳入。众所周知，基层党组织是党的主张、决定在最基层的贯彻执行者，是推进基层民主、领导基层社会治理的战斗堡垒。将党务公开纳入村（居）务公开工作中，坚持和加强基层党组织对村（居）务公开工作的领导，是保证党内权力规范运行、实现全面从严治党的基础，有力保障了党员群众的知情权、选举权、参与权、监督权。1994年11月，中共中央就加强农村基层党组织建设下发通知，号召“广泛开展依法建制、以制治村、民主管理活动”，要重点抓好包括村务公开制度在内的四项制度建设。越来越多的党组织以此为依据探索推进党务公开工作。1996年河北省唐县县委下发文件，在全县农村试点推行党务、政务、财务公开。2004年党的十六届四中全会第一次正式提出“逐步推进党务公开”，标志着党务公开进入由个别地方试点转向全国普及的新阶段。除此之外，《中国共产党农村基层组织工作条例》（1999年）、《关于加强农村基层党风廉政建设的意见》（2006年）、《农村基层干部廉洁履行职责若干规定（试行）》（2011年）等一系列重要党内文件对党务公开工作的机构职责、制度建设、工作机制等作出阐述。2010年十七届中央纪委第五次全会提出，要“积极推进党务公开特别是基层党务公开工作”。进入新时代，党务公开建设已全面走上法治化轨道。2017年

11月，中央政治局审议通过的《中国共产党党务公开条例（试行）》，分为5章27条，它界定了"党务公开"的概念，阐明了应遵循的原则，明确了公开的内容范围、程序方式、监督与追责机制、工作要求等，有力地推动了党务公开工作制度化、规范化、程序化。党的十九大以来，为决战决胜脱贫攻坚，实现乡村全面振兴，党中央强调必须把农村基层党组织建设摆在更加突出的位置来抓，为此，2019年1月，党中央修订下发了《中国共产党农村基层组织工作条例》，指出要在"深化村民自治实践"中"建立健全村务监督委员会，加强村级民主监督"；要在村级重大事项决策中坚持实行"四议两公开"的方法（"四议两公开"，即村党组织提议、村"两委"会议商议、党员大会审议、村民会议或者村民代表会议决议，决议公开、实施结果公开）①，在党组织领导下构建与完善自治、法治、德治"三治融合"的乡村治理体系。

（四）公开方式由线下扩展到线上

规范、科学的公开形式是提升村（居）务公开效果的重要途径。村（居）民自治制度建立之初，各村（居）就立足各自的实际情况进行公开阵地的探索，在适当的地方设置公开栏逐渐成为最常见的公开形式。1997年民政部在《关于进一步建立健全村务公开制度深化农村村民自治工作的通知》（民基发〔1997〕23号）中提出，"要逐步建立起推行村务公开的运行机制"，完善的运行机制除了包括程序规范、内容规范、时间规范、管理规范之外，还包括"公开阵地规范"，即"要从方便村民了解村内事务出发，设置固定的村务公开栏"。1998年中办、国办在下发的文件中专门谈及了如何运用公开的形式和方法的问题，基本原则是"根据实际情况因地制宜、灵活多样"，列举了除建立专门公开栏张榜公布之外的其他几种形式，比如有线广播、召集村民（代表）会议等。进入新世纪，一方面社会复杂性不断提高，另一方面互联网+、物联网、大数据、人工智能等信息技术飞速发展，因而，推动先进科学技术手段与社会治理等深度融合，提升服务流程的便捷化水平，成为建设服务型政府建设的基本要求。在党和政府推进信息公开、政务公开，实行电子政务

① 中国共产党农村基层组织工作条例[N].人民日报，2019-01-11(1).

的背景下，传统的村（居）务公开方式显然不能满足时代和基层群众的需求。2004年《关于健全和完善村务公开和民主管理制度的意见》（中办发〔2004〕17号）中特地提到，要充分利用现代科学技术，不断创新村务公开的有效形式和手段，文件列举的其他有效形式里面就包括了“网络”。进入新时代，我们不但需要将互联网技术引入村（居）信息公开中，建设更加高效便捷的网络平台，更需要充分发挥互联网、大数据的创新驱动作用，推进各类平台要素的资源集聚、开放和共享。《中国共产党党务公开条例（试行）》对此作出较好的谋划：凡是党务公开可以与政务公开、厂务公开、村（居）务公开、公共事业单位办事公开等方面的载体和平台实现资源共享的，应当统筹使用。当下，将党务公开纳入村（居）务公开之中，共同规划、一体推进，成为普遍做法。

二　案例分析：田家庵区“互联网+监督”阳光村（居）务公开平台建设

田家庵区位于淮河中游南岸，是淮南市的主城区和经济、文化、商贸、科教中心。中华人民共和国成立71年以来，田家庵区全区上下倾情付出、倾力作为，实现了从温饱不足到奔向全面小康的历史性跨越。尤其是改革开放以来，地区生产总值增长了68倍，财政收入增长了117倍，全区社会、民生等各个领域也都取得了历史性的发展成就。全区行政区划面积为256平方公里，管辖4个乡镇、9个街道，下设28个村民委员会、89个社区居民委员会，登记常住人口约62万人，城市化率为97.16%。2019年城乡居民人均可支配收入分别达到41 522元、17 124元，增长8.2%、9.1%①，人民群众安全感、获得感、幸福感不断提升。进入新时代，田家庵区以问题为导向，树立“互联网+监督”理念，重视信息化、智能化技术手段在基层治理中的支撑应用，率先在2镇29个村（社区）试点推行网上阳光村（居）务监督平台建设，制定了《村级财务镇代理工作实施意见》《村（社区）财务管理“四个严禁”》《违反

① 数据来源于田家庵区2019年政府工作报告。

村级财务镇代理工作行为责任追究办法》，进一步规范了村（居）务公开的内容、时间、程序等问题，增强公开的灵活性、便捷性、互动性，积极探索构建基层预防腐败的机制体制，提高基层权力运行的透明度。取得初步成功以后，在全区11个乡镇（街道）83个村（社区）全面推广，基层治理能力持续提升。2018年“互联网+监督”阳光村（居）务公开平台建设入选全省基层社会治理创新“十大成果”，受到安徽省委、淮南市委的充分肯定，逐步向全市、全省推广。

（一）改革缘起

田家庵区建设“阳光村（居）务”网上监督平台是源于一次偶然事件。2014年田家庵区安成镇各个行政村开展“两委”换届工作，期间镇纪委共收到12封针对村干部的群众举报信，矛头直指村级财务支出不透明、管理混乱等问题。经过调查，其中9封信反映的问题不属实。田家庵区对这个情况进行解剖和反思，发现该事件暴露出的问题主要是部分群众对村里工作不了解，对一些村干部不信任，究其原因，与各村村务公开工作没有做到位、传统的公开形式滞后等问题有较密切关联。具体来看，第一，村务公开工作没有做到位，主要表现为：公开的内容不全面，比如喜欢用“其他”支出栏目来搪塞敷衍村民；村务账目含混不清没有条理，致使村民看不懂或产生歧义；公开地点的选择不规范，多选择在偏僻和人员流动少的地方，村民不容易看见；不遵守公开时限的规定，有些内容公示后很快就被撤下等。第二，传统的公开形式滞后，难以有效地应对新的局面。信息多数是以设置公开栏的形式进行公布的，除此之外，参与村民会议或收听广播也是村（居）民知晓村（居）务信息的重要方式，多年来一直如此，因而公开形式比较单一，带来的问题越来越明显：内容覆盖面窄、更新速度慢、公开标准不一致、异地查询不方便、总体进展不均衡等[①]。互联网技术的飞速发展和信息化时代的到来，基层群众信息获取渠道必将变得更加多元，传统的公开形式的弊端日益显露。

2014年11月，田家庵区由区纪检、组织等部门牵头，开发“阳光村

① 张丹丹.信息化背景下村务公开的现实困境及发展思路[J].人民论坛，2013(17)：156-158.

（居）务”网上监督平台，并选择在安成、舜耕两个镇共29个村（居）开展党务、村务、财务公开工作试点，积累经验。网上平台分村务、财务、党务公开三大版块（后来增加一个“脱贫攻坚”版块），共公开19类53项事项。截至2015年11月，561个村、243个社区已在平台录入群众用户104.7万人，公开各类事项49 528条。每个村（居）单独设置页面，村民凭个人账号和查询密码登录查看本村公开内容，城镇居民可直接登录查看各个街道社区的公开内容。考虑到部分群众不会上网，各村（居）设立“阳光村（居）务”管理服务中心，由专门工作人员帮助查询信息，切实保障每名群众的知情权、参与权、表达权、监督权。试点工作受到群众欢迎，2015年8月，这一做法在全区推广。公开平台建设使得村（居）务在程序上更加透明清晰，从源头上遏制了基层工作的无序性和随意性，有效预防了基层腐败的滋生蔓延。2016年2月，由市纪委和组织部牵头，联合市政府信息办齐抓共管、上下联动，在全市范围内推广这一做法①。

（二）主要做法

田家庵区结合自身实际创新村（居）务公开的载体与形式，开发并稳步推进“互联网+监督”阳光村（居）务公开平台建设，主要举措包括：实行“三晒三亮”，公开内容更全面；坚持“六步走”，公开程序更严密；组建监督委员会，公开落实有保障；加强领导，规范运行，公开过程更透明。平台建设取得了积极成效。

1. 公开内容:“三晒三亮”,不留盲点死角

公开的主要内容是“三晒三亮”。“三晒”是晒党务、晒村（居）务、晒财务；“三亮”即全面公开村（居）“两委”成员任期工作目标、年度工作目标，每季度公开村（居）“两委”班子工作完成情况清单，年底公开村（居）党组织量化考评具体情况。这里的重点是“三晒”，及时公开涉及群众利益的村（居）党务、村（居）务、财务等重大事项。

① 张静.田家庵区阳光村务“现场直播”[N].淮南日报,2017-10-12(1).

表1　党务、村(居)务、财务公开的主要内容

	内　容	备　注
村(居)党务	村(居)党组织建设、工作目标、近期工作、党员发展、活动开展、党组织量化考评、结对帮扶及其他	包括村(居)“两委”成员名单,党员代表、村(居)民代表、村(居)监委成员名单,软弱涣散村(居)党组织整顿情况,党费收缴情况,发展党员情况,党组织及党员活动开展情况等
村(居)务	村(社区)概况、工作通报、村民(代表)会议决定及实施情况、工程建设、集体资产处置、惠民政策、社会救助、困难帮扶、户籍管理、计划生育等	包括村(居)“两委”工作完成情况、工程建设情况、集体资产处置情况、社会救助情况、村(居)集体经济发展情况、计生低保审批情况、民生法律法规、办事指南及其他涉及群众切身利益的事项等
财务	每月财务报表	包括每月的收支汇总表、收入明细表、支出明细表等

根据《八公山乡关于推行网上阳光村(社区)务监督平台的实施方案》整理。

2. 公开程序:“整理、审查、核实、录入、质询、监督”六步走

网上村（居）务公开的操作程序或业务流程有着严格规定，分为“理、审、核、录、询、督”六个步骤。

（1）“整理”——信息收集整理。依据工作推进落实情况、群众关注的重大事项的办理情况，村（居）“两委”形成公开内容，做到重大信息定期提供、急需信息随时提供、群众有要求的信息按时提供。

（2）“审查”——民主把关审查。村（居）务监督委员会、村（居）民代表会议对公开信息审查无误后，上报乡镇（街道）。

（3）“核实”——复查核实。乡镇（街道）对上报的信息进行复核，以确保内容真实有效。

（4）“录入”——及时录入公开。乡镇（街道）复核反馈后，由专人将信息录入平台。乡镇（街道）直接掌握的公开信息，在录入前以“公开信息通知单”的方式告知村（居）“两委”。

（5）“质询”——公开接受质询。群众对公开内容有质疑的，可通过网上

平台公布的电话、邮箱及信访等渠道，向县（区）、乡镇（街道）阳光村（居）务公开领导小组办公室反映，并由办公室负责解答、转办和督办。

（6）“监督”——跟踪监督落实。各村（居）自收到上级领导小组办公室督办单2个工作日内，对群众提出的意见给予解释和答复，领导小组办公室跟踪督办，限期整改。

3. 组织监督：组建监督委员会，加强制度建设

根据上级文件要求，成立专门的村（居）务监督机构，且该机构至少要达到有人员、办公场所、印章、牌子、会议记录、工作制度的“六有”要求。

（1）成立专门监督机构——村（居）务监督委员会，严把“入口关”，配强监督力量。村（居）务监督委员会主任一人，副主任一人，委员数人，皆由村（居）民会议或村（居）民代表会议在村（居）民中推选产生，部分成员须懂得财会知识和管理技能。保障工作经费，统一制作牌子和印章。和村（居）“两委”同处办公，办公场所固定。工作制度上墙上网，履职有依据；履职有记录，实行痕迹化管理。这些举措使村（居）监委监督工作有了良好的前提保障。

（2）明确其职责权限。村（居）务监督委员会的主要职责有：负责村（居）民民主理财；监督村（居）务公开等相关制度的落实；主持对村（居）民委员会成员以及由村（居）民或集体承担误工补贴的聘用人员的民主评议，每年不少于一次。成员向村（居）民会议和村（居）民代表会议负责，可列席村（居）民委员会会议。

（3）加强制度建设。建立村（居）务监督委员会工作例会制度，规定在每季度第一个月的10日前召开一次工作例会，通报前季度工作情况，总结经验，布置工作任务等。建立村（居）务监督委员会定期培训制度，提高监委会成员的综合素质和工作能力。建立完整、规范的村务档案。根据《村民委员会组织法》（2010年），村务档案具体包括：各种会议记录、选举文件以及选票、经济合同、集体财务账目、土地发包方案和承包合同、宅基地使用方案、征地补偿费使用及分配方案、基本建设资料、集体资产登记文件、公益设施基本资料等。村务档案真实、准确、完整、规范。坚持边建、边用、边

管的原则，重点完善监督平台日常使用管理制度、信息更新维护制度等，保障监督平台规范高效运行。

（4）建立督查指导制度。乡镇纪委每半年抽调组织、民政、财政、农经等部门精干人员组成督察工作小组，检查督导村（居）务监督委员会工作开展情况，及时公布督察结果所反映出的问题，责令及时做出整改。①

4. 领导与保障:规范运行,加强督查

建立健全组织领导体制、责任落实机制、督查考核机制以及责任追究机制，保障村（居）务公开工作健康规范运行。

（1）加强组织领导，明确职权责任。成立市、区、乡（镇）三级阳光村（居）务公开工作领导小组，小组下设办公室，分工明确，逐渐形成“党委领导、政府负责、纪委协调、民政牵头、部门配合、群众参与”的村（居）务公开领导体制和工作机制。构建层层抓落实的工作责任机制，明确乡（镇）党委书记、各村（居）委会书记、各村（居）主任的职权与责任。

（2）广泛宣传引导，创造良好外部环境。平台建成以后，运用下发会议通知、发放明白纸或公开信、开展集中培训等多种方式宣传网上阳光村（居）务监督平台。通过介绍身边具体生动的实例来教育引导基层干部，让他们充分认识到，信息公开不仅是加强基层民主建设的重要任务，更是对基层干部的关心保护，从而消除他们的思想顾虑；加强社会舆论引导，激发群众参与管理、监督村（居）事务的积极性和主动性，推进基层民主建设。

（3）加强管理督查，落实责任追究制度。将网上阳光村（居）务监督平台工作开展情况，纳入村（居）“两委”成员岗位目标责任制考核，作为量化考核和基层党风廉政建设责任制考核的重要内容。年终考核时，在总分450分中占50分；考核结果与工资发放挂钩，调动基层干部积极性。加大对村（居）务网上公开工作监督检查力度，严格落实责任追究制度。镇纪委每月检查一次，及时发现和纠正监督平台运行中出现的问题。对公开不全面、不及时、假公开以及对存在问题纠正不到位的村（居），及时予以通报批评，责令限期整改；对薄弱村（居）进行督导帮扶，规范其公开工作；严格追究不认真履

① 见《关于印发村(居)务监督委员会工作例会等制度的通知》(淮舜发字〔2012〕1号)。

行职责、群众不满意并造成严重不良影响的相关人员的责任。

（三）显著成效

新时代以来田家庵区借助现代技术手段构建“互联网+监督”阳光村（居）务公开平台，历经了一个试水前行、正式确立与推广、不断完善与发展的过程，已取得了不少显著成效。

第一，加强“互联网+监督”阳光村（居）务公开平台建设，有效保障了群众的知情权、监督权、参与权，决策权，有助于完善基层群众自治制度，发展社会主义民主。

“没有公开性而谈民主制是可笑的”。建设“互联网+监督”阳光村（居）务公开平台，增强了村（居）务的透明度和村（居）务公开的时效性，提升了群众对基层公共事务的知晓度，促使村（居）民主动和热情地参与基层事务，在基层治理中充分发挥了主人翁作用。通过平台，群众可以随时查看民生工程建设进度、惠农资金落实、精准扶贫进展、信访问题处理等重点工作的具体情况，为参与推动这些工作的落实提供依据。即便是在外务工，也能轻松的“一键全知晓”。特别是财务公开这方面，过程更加透明，村民对财务也越来越放心。一张发票，8个人签字，除了经办人、证明人、验票人、村（居）党支部书记和村（居）委会主任，还需要3名村民监督委员会成员签字盖章。随着每笔账的每一张发票都通过扫描或拍照上传到平台上，随着每笔经费的经办人、经费来源与数量、支出明细表等信息都在平台上公示，暗箱操作、中饱私囊、优亲厚友等违纪违法行为能得到及时发现和纠正。比如2017年上半年，田家庵区共审核村级财务票据4596笔，剔除不合规票据160多笔，审核支出总金额5863.7万元，节约资金78.5万元。群众对基层事务的知情权、监督权、参与权得到了有效保障和行使。①

第二，加强“互联网+监督”阳光村（居）务公开平台建设，增加了基层权力运行的透明度和公信力，有助于促进基层党风廉政建设，改善基层党群关系和干群关系。

---

① 田家庵区阳光村务“现场直播”[N].淮南日报，2017-10-12(1).

习近平总书记在十八届中央纪委六次全会上强调，“蝇贪”或“微腐败”也可能成为“大祸害”，它啃食或挥霍的是基层群众对执政党的信任。阳光村（居）务网络平台建设，通过网络技术，把村（居）务公开栏搬到村（居）民家里的网络或手机上，随时随地接受群众监督，进一步增强了基层干部自觉接受群众监督和自我约束的意识，增加了权力运行的透明度和公信力，成为监督权力运行、预防腐败行为发生的一种有效手段。最直接的一个变化是，阳光村（居）务网络平台建设对于促使基层干部明明白白做事、清清白白为官是很有益处的，“给群众一个明白，还干部一个干净”。比如谢家集区唐山镇近年来为推进村（居）务公开工作，在全镇15个村（社区）采取了三项举措：建立完善各项制度，提升公开水平；逐步扩大公开范围，保障群众知情权；不断强化责任督查，确保公开效果，实现了“正常业务定期公开、重大事项立即公开、临时内容马上公开、热点问题及时公开”。据统计，2018年以来，该镇阳光村居网上平台共更新各类信息达700条，一些群众普遍关心的切身利益问题都能够通过各种公开渠道得到普遍公开，为抓好全镇基层党风廉政建设工作打下了良好的基础。基层权力运行日益公开化、透明化，给群众亮出了一张“明白纸”，给村（社区）干部套上一把“安全锁”，推动全面从严治党向基层延伸，打通了联系服务群众的“最后一公里”，增强了群众的获得感、幸福感和安全感，巩固了党在群众中的执政基础。

三　完善阳光村（居）务公开制度规范化程序化建设的思路与政策建议

几年来，“互联网+监督”阳光村（居）务公开平台建设取得了显著成绩，受到了干部群众的欢迎和支持，但与新时代全面振兴乡村的要求相比，与群众对美好生活的向往相比仍存在一定差距，仍存在着一些制约其进一步发展的某些因素。比如，部分村（居）公开内容分类不清，且较为简单，存在较多空缺事项；有的村（居）公开进程缓慢，信息更新不及时，存在工作不踏实、公开不到位的现象；平台上展出的报销发票都是几张或很多张堆在一起，不能点开一张张查看，甚至有的一堆发票的第一张，清晰度也不够；一些村（居）公开记录不完整，对公开内容不注意留存，档案资料不齐全，出现公开次数与会议记录不一致的情形等，这些都影响到村（居）务公开的效果。究其原因主要有：一些干部对村（居）务公开的重视程度不够，监督机制不够健全，公开责任追究制度还有欠缺等。因此，在符合相关法律法规和政策精神的基础上，我们应结合各地实际情况积极创新，以党建为引领，在公开内容、程序、方式等方面进一步健全相关工作机制，切实将基层民主管理落到实处，推进村（居）务公开规范化常态化。

（一）优化系统软件，推进智慧应用整体联动

互联网、大数据、信息化与智能化已经深刻地影响着基层社会治理，要提高网络综合治理水平与能力，我们必须继续强化科技手段在基层治理中的支撑应用，构建信息集成平台与技术链条，推进智慧应用整体联动，实现“智慧+”“互联网+”优化基层治理形态。具体来说，加快村（居）宽带网络建设，扩大网络覆盖面；优先培训村（居）委班子、村（居）监督委员会成员，帮助他们掌握现代信息应用技能。在“互联网+监督”阳光村（居）务公开平台上开通平台统计分析和考核功能，依托系统存储大数据，对各村（居）务公开情况进行梳理分析和综合研判，形成各类数据报表和评估结果，帮助实现考核督查功能和科学化发展。根据任务变化对阳光村（居）务公开平台及时进行功能升级，新增一些专门模块。开设“在线调查”或“我的意见与建议”版块，跟踪基层群众关心的热点问题，了解社情民意，为领导作决策提供依据；增加同村村民比对、实时查询、关联政策链接等多个功能，兼顾监督与服务职能。比如佛山市高明区纪监委在监督平台的基础上增加了综合查询、到期合同监察、综合监督、农村工程建设等新模块。其中，“到期合同监察”模块的设计比较新颖，它根据合同期分成三级警情，及时向区、镇（街）、村（居）提供到期合同的监察以及预警提醒。利用大数据整合功能，实现“互联网+监督”阳光村（居）务公开平台与“智慧社区”平台、“一站通”App、“互联网+政务服务”平台等实时对接，加强信息沟通共享、及时更新、整体联动。

（二）注重实际、实用、实效，选择适当的公开方式

公开方式的采用需要立足实际，注重实用，追求实效。因此，需要遵循因事制宜、灵活多样、利于监督的要求，坚持线上与线下公开相结合，坚持网络平台公开与公开栏公开、入户公开、会议公开、广播公开等相结合，手机屏、电视屏、电脑屏“三屏”联动，并根据不同的公开对象、内容与范围，选择一种或多种适宜的公开方式。比如，基层党务公开可以依据公开范围的不同而采用不同的公开方式。具体来看，在党内公开的，可采取召开会议、发文件、印简报、在局域网发布等方式；向社会公开的，可通过发公报、开发布会、接受专题采访，在广播电视、网络、新媒体及党务公开栏发布等方式；一般情况下“优先使用党报党刊、电台电视台、重点新闻网站等党的媒体”来发布。比如，一些地方部分留守老人不识字，对他们“三务”如何公开，就是一个难题。解决的办法是在运用村村通广播进行发布的同时，通过设置“村务小喇叭”客户端，运用语音播报的形式用手机对群众进行公开。随着公开形式的线下线上相融合以及线上向“掌上”发展的趋势的到来，应加强统筹规划与村（居）务公开有关联的各类载体和平台资源建设，整体推进，共建共享。规范档案资料的收集、整理、反馈等工作，做到各项公开内容记录完整、归档及时、分类科学。

（三）加强部门协作配合，完善村（居）务监督机制

村（居）务公开是在党委政府统一领导之下，由有关部门和单位依据各自的职权范围和工作分工去推进的，在实际工作中容易产生权责不清、沟通不畅、相互推诿等问题，最终导致效率低下。因此，各相关部门和单位既要履行好自身职能，又须加强工作中的相互沟通和协作配合，取长补短优势互补，形成合力。总体而言，就是要围绕小微权力运行这个核心环节，严格村（居）党组织书记监督管理，构建完善“党委组织部门牵头协调，民政、农业农村等部门共同参与、加强指导的村（居）务监督机制”，持续全面落实落细“四议两公开”；“加大基层巡察工作力度”，加强基层纪检监察组织与村（居）务监督委员会的有效衔接与沟通协作，增强监督合力。具体而言，在基层党

委和政府层面，应结合实际推动基层政务公开标准化规范化向农村和社区延伸，指导和支持村（居）民委员会依法建立完善公开事项清单，通过村（居）民公众号、微信群、信息公示栏等公开属于自治范围内的各类事项，重点公开惠农政策、村级财务、养老服务、脱贫攻坚、社会救助等方面的内容，方便城乡群众及时知晓、参与和监督；“完善基层政务公开与村（居）务公开协同发展机制”，保证相同事项的公开内容对应一致，促进两者有效衔接。制定出台基层干部违反规定的具体行为表现以及责任追究标准，配套实施基层干部荣誉称号、养老保险、固定报酬和绩效考核奖励等政治、经济和组织奖惩等手段。

（四）党建引领，完善和创新基层群众自治制度

基层社会治理是社会治理工作的基础和难点，也是基层党组织的重要职能。习近平总书记一直强调，要把加强党的基层建设、巩固党的执政基础作为贯穿社会治理和基层建设的一条红线。加强党的基层建设，关键是坚持以党建为引领，提升党组织的统筹协调能力、资源整合能力，带领群众创新基层治理体系，提升党组织在基层社会治理中的政治功能和服务功能。基层自治制度是包括村（居）务公开制度、民主决策机制、民主管理制度、监督制约机制等在内的，由它们相互联系相互促进而构成的一个有机整体。完善基层群众自治制度，不仅需要加强村（居）务公开制度建设，进一步规范村（居）务公开的内容、时间、方式与程序等，还需要进一步完善民主决策机制，明确村级民主决策的形式、程序，健全决策责任追究制度，需要进一步健全民主管理制度，重点是加强村（居）民民主理财制度建设，规范基层集体财务收支审批程序，需要进一步完善村（居）务管理的监督制约机制，重点是加强对集体财务的审计监督，推行民主评议村（社区）干部工作制度，完善基层干部激励约束制度。积极开展创建自治示范村（居）活动，增强村（居）民民主自治意识，提高村（居）民参与基层自治的能力。推进以“四议两公开”工作法为重点的基层事务流程化管理，并将其纳入“阳光村（居）务”考核内容，开展定期督查及年度考核，进一步提高基层工作规范化水平。

探索基层群众自治有效实现形式，开展以村民小组或社区为基本单元的自治试点，延展基层群众自治渠道和空间，形成充满活力、规范有序的基层治理机制。

参考文献

国务院办公厅关于全面推进基层政务公开标准化规范化工作的指导意见[J].电子政务，2020(2):20.

中国共产党党务公开条例(试行)[N].人民日报,2017-12-26(2).

中共中央印发《中国共产党农村基层组织工作条例》[N].人民日报,2019-01-11(1).

中共中央国务院关于抓好“三农”领域重点工作确保如期实现全面小康的意见(2020年1月2日)[N].光明日报,2020-02-06(1).

中华人民共和国民政部基层政权和社区建设司,全国村务公开协调小组办公室.村务公开[M].北京:中国方正出版社,2004.

建设美丽社区　构筑幸福家园

——基层社会治理创新的黄山案例分析

陈　鹏[①]

摘　要： 社会治理是国家治理的重要组成部分，社会治理的核心在人，社会治理的重点在城乡社区，社会治理的关键是要创新社会治理的体制机制。安徽省黄山市在基层社会治理中，开展了以“建设美丽社区，构筑幸福家园”为主题的基层社会治理创新实践活动，注重推动基层党组织建设与基层社会治理有效融合，不断提升基层社会治理的规范化水平，积极引导和推动社区居民、社会组织和驻社区单位广泛参与基层社会治理，构筑城乡居民的幸福家园，基层社会治理的水平得到了较为显著的提升。通过对黄山市基层社会治理创新实践活动的分析，我们更清晰地认识到基层社会治理水平的提升，一是要不断强化党建引领，注重发挥基层党组织在基层社会治理中的领导核心作用；二是要注重构建基层社会多元共治机制，推动形成基层社会治理合力；三是要不断弱化社区行政化色彩，充分发挥社区居民自治组织在基层社会治理中的作用；四是要逐步优化基层社会治理资源配置格局，不断提升基层社会治理资源共享水平。

关键词： 美丽社区　幸福家园　基层社会治理　基层党建　黄山市

---

① 陈鹏，博士，安徽师范大学法学院副教授。

社会治理是国家治理的重要组成部分，社会治理体系和治理能力的现代化是不断提升国家治理体系和治理能力现代化水平的内在要求和有力支撑。党的十九大报告指出，要加强和创新社会治理，完善党委领导、政府负责、社会协同、公众参与、法治保障的社会治理体制，打造共建共治共享的社会治理格局。党的十九届四中全会提出，要完善党委领导、政府负责、民主协商、社会协同、公众参与、法治保障、科技支撑的社会治理体系，建设人人有责、人人尽责、人人享有的社会治理共同体。社会治理的重心在基层，基层社会治理的重点在城乡社区。城乡社区是社会治理的基本单元，是广大居民社会生活的共同体。城乡社区治理体系是否完备和城乡社区治理能力的高低，不仅直接影响到基层社会治理的水平，还会对国家治理格局产生深刻的影响。因此，构建较为完备的城乡社区治理体系并不断提升城乡社区治理能力是做好基层社会治理工作的重要抓手。近年来，安徽省黄山市高度重视城乡社区建设和城乡社区治理工作，开展了以“建设美丽社区，构筑幸福家园”为主题的基层社会治理实践，致力于将城乡社区打造成为社区生态美、生活秩序美、社会风尚美，环境卫生好、设施配套好、社会治安好、便民利民好的社会共同体。在美丽社区建设的推动之下，黄山市的基层社会治理工作取得了显著的成效。通过对安徽省黄山市开展的以“建设美丽社区，构筑幸福家园”为主题的基层社会治理创新实践活动的分析和总结，能够为如何更好地完善我国基层社会治理体系和提升基层社会治理能力找到有益的启示，进而有利于不断提升我国基层社会治理体系和治理能力的现代化水平。

一　国家治理现代化视域下的社会治理

社会治理是国家治理的重要方面，加强和创新社会治理，建设社会治理共同体是推动国家治理体系和治理能力现代化的内在要求。在国家治理现代化的视域下，明确社会治理的核心、把握社会治理的重点并认清社会治理的关键，是完善社会治理体系和提升社会治理能力的基本前提和重要保障。习近平总书记指出，社会治理的核心在人，重点在城乡社区，关键是体制机制的创新。

(一)社会治理的核心在人

社会是由一个个相对独立的个体所组成的共同体，这些独立的个体在公共空间与其他个体进行有序交往的同时，也需要社会和其他个体尊重和保护其私人空间，而这一格局的实现离不开有效的社会治理的推动。在社会治理的实践中，社会治理的核心在人，组成社会这个共同体的每个个体既是社会治理的对象，同时也是参与社会治理的主体。“社会治理，说到底就是对人的服务和治理。社会治理要以人为本，把人民放在心中最高位置，坚持全心全意为人民服务……要随时随刻倾听人民呼声、回应人民期待。”①社会治理秩序的实现和维系，需要依靠组成社会的每个个体的主动参与和密切协作，以推动形成人人有责、人人尽责、人人享有的社会治理共同体。伴随中国特色社会主义事业进入到新时代，我国社会的主要矛盾也随之发生了深刻的变化，人民群众日益增长的美好生活需要和不平衡不充分的发展之间的矛盾成为社会的主要矛盾，以人民为中心逐渐成为社会治理的核心理念。如何践行以人民为中心的理念，在不断满足人民群众日益增长的美好生活需要的同时不断提升广大人民群众参与社会治理的主动性、积极性和创造性，正逐步成为新时代我国社会治理工作面临的重要任务。

(二)社会治理的重点在城乡社区

社会治理是一项复杂的系统性工程，需要参与社会治理的各类治理主体投入相当数量的人力、物力和财力来化解社会治理难题。在社会治理的实践中，城乡社区不仅是广大城乡居民社会生活的共同体，是广大城乡居民的精神家园，还是社会治理的基本单元，国家层面有关社会治理的顶层设计和重大决策部署都需要在城乡社区层面得到有效的贯彻和落实，城乡社区治理的水平直接关系到社会治理的水平和国家治理的大局，城乡社区也由此成为社会治理的重点。习近平总书记指出，社会治理的重心必须落到城乡社区，社

① 魏礼群.党的十八大以来社会治理的新进展[J].社会治理，2017(5).

区服务和管理能力强了，社会治理的基础就实了。[①]因此，在推动国家治理体系和治理能力现代化的背景下，认真做好城乡社区治理工作，不断提升城乡社区治理水平，是推动社会治理体系和治理能力现代化的内在要求和重要保障。

（三）社会治理的关键是要创新社会治理的体制机制

改革开放以来，伴随我国工业化和城镇化进程的不断加速，乡村人口向城镇空间流动的速度不断加快，流动规模也随之逐步扩大，城乡社区内部人口的流动性和异质性明显增强，社会治理的难度也随之日渐增大。同时，随着国有企业、事业单位改制步伐的不断加快，原本很多由单位承担的社会治理职责也逐步转由社会来承担，社会治理的任务也随之进一步加重。社会治理难度的逐步增大和社会治理任务的不断增加，对社会治理的体制和运行机制提出了更高的要求，我国现有的由政府主导的社会治理体制和相对较为僵化的社会治理运行机制已经越来越难以适应日趋复杂的社会治理形势的需要。为此，我们需要在既有的社会治理体制和运行机制的基础上，不断创新社会治理体制和机制，特别是要注重推动作为社会治理重点的基层的社会治理体制和机制的创新，以此来不断提升基层社会治理的能力和水平。

二　黄山市在基层社会治理创新上的有效实践

当前，我国社会治理的难点在基层、重点在基层、创新也在基层。安徽省黄山市历来高度重视基层社会治理工作，将城乡社区建设和城乡社区治理作为基层社会治理工作的重要抓手，以此来推动基层社会治理水平的不断提升。2013年，黄山市启动了以打造“组织健全、布局合理、设施完善、管理规范、服务优质、和谐稳定”为目标的精品社区建设工程，并将其纳入了民生工程。精品社区建设以不断完善城乡社区基础设施建设为重点，注重提升城乡一体化发展水平。精品社区建设工程的实施，有力地推动了黄山市城乡

---

① 习近平关于社会主义建设论述摘编[M].北京：中央文献出版社，2017：127.

社区建设的水平。与此同时，黄山市在城乡社区治理上不断创新。2016年，黄山市在精品社区建设工程的基础上启动了美丽社区建设工程，全力打造“社区生态美、生活秩序美、社会风尚美，环境卫生好、设施配套好、社会治安好、便民利民好”的美丽社区。美丽社区建设工程的启动，有效地实现了人文环境宜居化、管理手段现代化、办事服务便捷化、生活方式文明化，居民自治规范化、群众参与广泛化的目标，多方参与、资源共享、成果互惠的基层社会治理新格局正逐步形成。在以“建设美丽社区，构筑幸福家园”为主题的基层社会治理创新实践中，黄山市注重推动基层党组织建设与基层社会治理的有效融合，不断提升基层社会治理的规范化水平，积极引导和推动社区居民、社会组织和驻社区单位广泛参与基层社会治理，不断提升基层社会治理的现代化水平，不断提高城乡社区服务的水平和质量，努力营造宜居的城乡社区环境，认真倡导文明科学的生活方式，使得全市的基层社会治理水平得到了显著的提升，进而为全省乃至全国的基层社会治理提供了黄山样板。

（一）注重推动基层党组织建设与基层社会治理有效融合

实践活动是连接党建与基层社会治理的纽带，实践活动质量的高低是决定党建是否有生命力的关键所在。党的十八大以来，党中央高度重视发挥党的建设在国家治理中的引领功能，党的建设在社会治理中的引领作用不断彰显。基层社会治理是国家治理的重要组成部分，基层社会治理水平的提升离不开基层党组织建设的引领。2015年3月5日，习近平总书记在参加十二届全国人大三次会议上海代表团的审议时指出，要把加强基层党的建设、巩固党的执政基础作为贯穿社会治理和基层建设的一条红线。在当前我国基层社会治理的实践中，不同程度地存在着多头治理、各方治理主体的治理活动因缺乏有效的统筹而导致难以形成治理的合力等困境，制约了基层社会治理水平的提升。而化解当前我国基层社会治理中存在的多头治理、碎片化治理等困境的基本路径之一便是要加强基层党组织的建设，通过推动基层党组织建设与基层社会治理的有效融合来充分发挥基层党建对于基层社会治理的引领作用。黄山市在基层社会治理的实践中，牢牢抓住基层党建这个关键，不断强化社区党组织的引领作用和引领能力，构建了“以服务型党组织建设带动社区管理创新”的机制，通过实行党建引领和广泛开展结对共建等方式来鼓励在职党员到社区报到、进社区开展志愿服务，动员政府机关、事业单位和国有企业与社区结对共建，使得基层社会治理能力得到了较为有效的提升。例如，黄山市黄山区甘棠镇龙北社区党委将发挥基层党组织引领作用与抓好基层社会治理工作进行有机的结合，构建起“社区党委—网格党支部—居民区党小组”的基层党建格局，为社区内的14个党小组配备了14名党务知识丰富、协调能力强的在职党员，作为党建指导员和美丽小区建设协调员，使得基层党组织在基层社会治理体系中的核心地位得以更好地明确，基层党建在基层社会治理中的引领作用也得到了有效的发挥。黄山市屯溪区上新社区协调了24家社区共建单位开展了“老旧小区破损楼道修补认领”活动，使得老旧小区的96个楼道修葺一新。黄山市休宁县的四大班子办公室下派的干部在社区党委兼职，使得县级机关的干部能够更好地了解社区居民的真实需求。在进驻社区的在职党员和社区共建单位的积极参与和共同推动下，黄山市祁门县西街社区开展了“道德讲堂”“自护课堂”和“青春心向党，喜迎十九大”等活动，在丰富了社区文化生活的同时，也有力地发挥了党建引领在提升基层社会治理水平中的作用。

（二）不断提升基层社会治理的规范化水平

基层社会治理是社会治理的重心，基层社会治理的任务不仅繁重而且还较为琐碎，城乡社区工作人员的数量有限在很大程度上影响和制约了基层社会治理水平的提升。同时，基层社会治理的规范化水平相对较低，使得绝大多数社区工作人员整天陷于繁杂琐碎的事务性工作的处理中，基层社会治理处于社区工作人员付出很多而基层社会治理成效却并不显著的困境之中。为此，基层社会治理水平的提升，不仅需要不断加大对基层社会治理的人员投入，不断推动社会治理重心下移，还需要不断提升基层社会治理的规范化水平，以此来将社区工作人员从繁杂琐碎的事务性工作中解脱出来，不断提升基层社会治理的水平和能力。黄山市在基层社会治理的实践中注重对城乡基层社会治理规范化水平的提升，通过规范社区网格化管理、规范社区居民自治组织的职责等措施来规范基层社会治理工作，进而使得基层社会治理的规范水平不断提升，为基层社会治理中日常事务办理效率的提升和基层社会治理顽疾的化解提供了有效的支撑。

首先，不断规范社区网格化管理。网格化管理是当前我国基层社会治理中普遍采用的治理模式之一。黄山市在推进实施社区网格化管理的过程中，不断优化社区网格布局，按照每300～500户居民为一个网格并配备1名网格员的标准来推动社区网格化管理，认真落实“网中有格、按格定人、人在格中、格责明晰”的工作责任制。同时，在社区网格员的选拔录用和教育培训等方面，黄山市也严格按照标准从严把控，以此来不断提升社区网格员队伍的建设水平，使社区网格化管理的工作得以逐步规范。

其次，逐步规范社区居民自治组织的职责。社区虽然不是一级行政区划，但是在社区层面却存在着很多行政性事务，社区居民委员会等社区居民自治组织在日常的工作中需要协助上级党委和政府及其相关职能部门完成很多行政性事务。同时，社区居民委员会是广大社区居民依法进行自我管理、自我教育、自我服务和自我监督的群众性自治组织，社区居民委员会承担着开展社区自治和为社区居民提供服务等职责。在基层社会治理的实践中，上级政府的很多职能部门完全将社区当成其下属机构，不断地向社区下达各种类型的治理任务，致使社区居民自治组织承担的行政性事务日渐增多，社区工作人员的行政化色彩日渐浓厚，而社区居民自治组织本应承担的开展社区自治、服务广大社区居民的职责因社区居民自治组织行政化色彩的日渐加重而逐步淡化，致使社区居民自治组织难以有效承担起社区自治的重任。黄山市在基层社会治理的实践中，通过建立社区事务准入制度，厘清了社区居民自治组织依法依规履行的职责和协助上级党委和政府的工作职责，使得社区居民自治组织所承担的行政性事务和社区自治事务得到较为合理地划分，很多原本由社区居民委员会所承担的行政性事务通过交由社会工作站或者通过政府向社会组织购买社会服务的形式交由进驻社区的社会组织来承担，社区居民自治组织的职责得到了有效地规范，进而使得社区居民自治组织能够更好地投入开展社区居民自治和为社区居民提供社区服务等工作，基层社会治理的水平随之得以不断地提升。黄山市在清理和规范社区居民自治组织的职责之前，一个社区通常悬挂了很多的牌子，社区承担了很多原本应该由基层政府或者上级政府有关职能部门承担的职责。经过清理和规范，社区所挂的大牌数量减少为3个，有24项事项退出了社区或者不予准入。例如，黄山市歙县对社区的职责进行了清理和规范，使得社区的主要精力聚焦于基层党建、小区整治、社区协商自治和为社区居民提供更多更好的服务等方面。

（三）积极引导和推动社区居民、社会组织和驻社区单位广泛参与基层社会治理

城乡社区居民不仅是社区的主人，而且也是基层社会治理体系中的核心治理主体。城乡社区居民参与基层社会治理的主动性和积极性的高低以及参与基层社会治理的程度，是影响基层社会治理水平和基层社会治理成效的重要因素。长期以来，我国的基层社会治理主要依靠基层政府来推动，社区居民委员会等社区居民自治组织的行政化色彩较为浓厚，而作为基层社会治理体系中的核心治理主体的广大城乡社区居民参与基层社会治理的意愿相对较弱，城乡社区居民在基层社会治理中所发挥的作用较为有限。同时，社会组织也是基层社会治理体系中的重要治理主体。党的十八届三中全会强调："正确处理政府和社会关系，加快实施政社分开，推进社会组织明确权责、依法自治、发挥作用。"[①]但是，长期以来，由于基层社会组织缺乏相对稳定的资金来源、强有力的政策支持和专业化的系统指导，加上社会组织的从业人员大多以兼职为主，流动性较大，难以有效地发挥他们在城乡基层社会治理中的参与和协同作用。因此，有效调动广大城乡社区居民和社会组织参与基层社会治理的主动性和积极性，充分发挥广大城乡社区居民和社会组织在基层社会治理中的重要作用，不仅是降低基层社会治理成本和提升基层社会治理绩效的内在要求，还是推动基层社会治理回归社区居民自我管理、自我教育、

①十八大以来重要文献选编（上）[M].北京：中央文献出版社，2014：539.

自我服务和自我监督的本位和不断提升基层社会治理水平的逻辑使然。此外，驻社区单位也是基层社会治理体系中的重要主体，社区治理水平的提升有赖于驻社区单位的积极参与。黄山市在基层社会治理中，注重引导和推动广大社区居民、社会组织和驻社区单位广泛参与到基层社会治理的实践中来，以此来不断完善基层社会治理体系和提升基层社会治理水平。

首先，不断激发广大社区居民参与基层社会治理的主动性和积极性，注重发挥以社区党员和热心居民等为主体的社区居民在基层社会治理中的重要作用。黄山市通过在党员分布比较集中的小区组建美丽社区临时党支部，建立社区党员和楼栋长QQ交流群，依托社区居民党员和发挥老党员、老干部、老军人、老模范、老教师等“五老”人员在小区的核心作用等方式，使得广大社区居民参与基层社会治理的主动性和积极性不断提升，社区居民在基层社会治理中的作用得到了较为有效的发挥。在激发广大社区居民参与基层社会治理的实践中，黄山市创造出了屯溪区黎阳社区老年大学、荷花池社区的“唐老聊天室”、老街社区的“逢四说事”、歙县新安社区的“文化乐园”、祁门县三里街社区的“红飘带亲情家园”、休宁县横江社区的“一路芬芳志愿服务站”、黟县郭门社区的“四点半课堂”和“周末托管”等一批服务品牌，不仅提升了广大居民的归属感和参与度，而且有力地推动了基层社会治理水平的提升。

其次，培育和引导社会组织参与基层社会治理。社会有效治理的关键在于增强社会活力，而增强社会活力的最好办法，就是让社会力量在社会活动空间中成长，丰富和扩张“社会成长空间”。黄山市针对基层社会组织在发展过程中缺乏资金、政策支持、专业指导和专职工作人员等难题，专门制定了社会组织孵化培育、人才引进、资金支持、税费优惠等扶持政策，重点孵化培育专业社会工作服务机构和社区社会组织，引导社会组织通过承接社区服务事项等方式来更好地参与到基层社会治理中来，以此来激发基层社会组织的活力并不断提升基层社会组织参与基层社会治理的主动性和积极性。例如，在黄山市屯溪区民政局的支持和引导下，屯溪区先后成立了昱中阳光社工服务社、柏山树人社工服务社等专业社工服务组织，这些专业社工服务组织在屯溪区的基层社会治理中发挥了重要的作用。柏山树人社工服务社参与了由安徽省民政厅组织的江淮社工行动中的“留守儿童成长相伴项目”，通过对服务对象提供走访、亲情陪伴、户外拓展、亲子教育、助医助学等专业的社会服务，使得社区内部的留守儿童问题得到了有效的改善。

最后，积极引导和推动驻社区单位参与基层社会治理。基层社会治理是一项任务繁重的治理活动，社区居民委员会的人力、物力和财力通常较为有限，单独依靠社区居民委员会难以有效地完成基层社会治理的任务，社区外部力量通过结对帮扶的形式来为基层社会治理提供必要的智力支持和财力支撑非常必要。社区不仅是广大城乡社区居民生活的空间和精神家园，社区内部也存在着一定数量的驻社区单位。同时，这些驻社区的单位和社区之间存在密切的联系，基层社会治理水平的高低会对这些驻社区单位的日常管理和运行绩效产生较大的影响。因此，驻社区单位需要积极地参与到基层社会治理中来，并最大限度地向社区居民开放自身拥有的资源，以构建起和谐的单位和社区之间的关系格局。为此，黄山市在基层社会治理中鼓励驻社区单位将文化、教育、体育等活动场所和生活服务设施向社区居民开放，最大限度地实现资源共享，改善驻社区单位与社区居民之间的关系，以此来推动基层社会治理水平的提升。

（四）不断提升基层社会治理的现代化水平

党的十九届四中全会通过的《中共中央关于坚持和完善中国特色社会主义制度 推进国家治理体系和治理能力现代化若干重大问题的决定》指出，社会治理是国家治理的重要方面，必须加强和创新社会治理，完善党委领导、政府负责、民主协商、社会协同、公众参与、法治保障、科技支撑的社会治理体系。在基层社会治理中，需要强化科技支撑，不断提升基层社会治理的现代化水平。社区是社会治理的最基础单元，基层社会治理面临的事务不仅数量众多，而且大多较为具体且比较琐碎，“上面千条线、下面一根针”是对基层社会治理工作非常形象的概括。在基层社会治理中，社区不仅承担着开展社区居民自治和为社区居民提供服务等职责，还承担着上级政府及其相关职能部门下达的需要社区予以协助完成的部分行政事务，服务事务和行政事务的叠加使得基层社会治理的负担较为沉重。面对繁杂琐碎的基层社会治理事务，利用现代化的治理手段来不断提升基层社会治理的效率和有效降低基层社会治理的成本，是推动基层社会治理现代化的内在要求和重要保障。黄山市在基层社会治理中，注重利用现代化的治理手段来不断降低基层社会治理难度，不断提升基层社会治理的运行效率，“一站通”“一网清”、社区公共服务综合信息平台等网络平台的投入使用，使得黄山市的基层社会治理水平得到了有效的提升。

首先，覆盖城乡社区的“一站通”信息平台的构建和使用，极大地便利了广大城乡社区居民办理有关行政事务，有效地解决了社区居民在部分行政事务办理过程中在多个政府部门之间来回奔跑的难题。“一站通”系统是黄山市委托科大讯飞公司开发的社会服务管理信息化系统，首批纳入“一站通”系统办理的事项涉及民政、人社、卫计、房管、工会、残联等6部门的93项为民服务事项。该信息系统通过将需要在政府各职能部门窗口办理的事项及其相应的运行流程进行重新的优化重组，将办理的端口下沉到社区，实现了社区登记—街道（乡镇）审核—县（市、区）审批的网上一站式办理的目标，用数据多跑腿来让群众少跑腿，社区居民由此也能够享受到更加便捷优质的服务。

其次，覆盖城乡社区的“一网清”信息平台的构建和使用，使得网格化的基层社会治理体制和机制得以有效地构建。“一网清”信息平台是指黄山市社会服务管理信息化体系里的网格化管理系统。“一网清”信息平台通过运用移动终端、智能语音等技术，能够对网格内的“人、地、事、物、组织”等要素信息及时采集、跟踪处理，实现“数据一次采集，资源多方共享”。“一网清”信息平台基本上实现了人、地、物、事、情、组织六要素的有效整合，使得基层社会治理的数据基本上能够做到充实更新、网格事件能够及时地上报处理，进而使得黄山市的基层社会治理初步形成了基础管理网格、社区管理网格、街道（乡镇）管理网格、县（区）和市五级联动的网格化治理体制机制，为黄山市基层社会治理水平的提升奠定了坚实的基础。

最后，黄山市在全市建立了统一的社区公共服务综合信息平台，以此来推进信息共享、业务协同、部门联动、上下贯通。依托社区公共服务综合信息平台，街道、乡镇、社区居民自治组织、城乡社区居民和社会公共服务机构之间的互动更加便捷，推动着纵向贯通和横向联动有机结合的社区服务管理格局的形成。

（五）不断提高城乡社区服务的水平和质量

基层社会治理直接面向广大社区居民，强化社区服务是基层社会治理的重要内容。不断提高社区服务的水平和质量，以此来提升广大城乡社区居民的获得感、幸福感和安全感是做好基层社会治理工作的内在要求和重要保障。在当前我国基层社会治理的实践中，社会治理的理念虽已提出了很长一段时间，但是大多数基层政府和城乡社区工作人员的思维依然停留在社会管理的阶段，漠视社区居民的真实需求、等待社区居民上门办事以及有意回避基层社会治理中存在的突出问题等在基层社会治理中不同程度地存在。为此，需要不断强化基层政府和广大社区工作人员的治理思维和服务意识，推动社会管理向社会治理转变，逐步优化社区服务流程，不断提高社区服务的水平和质量，以此来不断提升基层社会治理水平和治理能力。黄山市在基层社会治理中，在不断强化基层政府和社区工作人员的治理思维和服务意识的同时，注重通过不断优化社区服务流程和增加社会服务项目类型等方式来提升社区服务的水平和质量，使得广大社区居民的获得感、幸福感和安全感逐步增强，为全市基层社会治理水平的提升提供了有力的保障。例如，黄山市黄山区建立了城市社区AB岗制度，一半社区工作人员为社区居民需要办理的事务提供一站式服务，另外一半社区工作人员则深入各小区、居民点上门入户，搜集社情民意，及时解决难点热点问题，使得社区管理和社区服务实现了社区与居民之间的无缝衔接。黄山市屯溪区在基层社会治理中，直面基层社会治理中存在的突出难题，建立了由网格长、楼栋长、居民区支部和居民代表参与的会商机制，解决了基层社会治理中的许多疑难问题。屯溪区昱中街道开设了“屯溪小哥”信息化服务中心，为辖区内的500余名特殊群体老人提供了智能呼叫、日间照料等服务，解决了这些老年人很多生活上的困难。

（六）努力营造宜居的城乡社区环境

社区是广大居民日常生活和开展社会交往的空间，社区环境是否适宜居住不仅关系到广大居民生活质量的高低和社会交往能否顺利地开展，还关系到基层社会治理的水平。宜居的城乡社区环境的创建，不仅需要广大城乡社区居民的热情参与和细心呵护，还需要基层政府、社区和物业服务企业等基层社会治理主体加大在城乡社区环境建设上的投入力度。特别是对于那些具有一定年限、缺乏正规物业服务的老旧小区以及开放式的传统街坊式小区，营造宜居的城乡社区环境的任务通常较为繁重，难度也较大。黄山市在美丽社区创建过程中，注重通过净化社区环境卫生、美化街面外观、绿化社区园地和深化社区物业管理等方面来努力营造宜居的城乡社区环境，为广大城乡社区居民提供了一个较为舒适的生活环境。

一是净化社区环境卫生。社区环境卫生问题一直以来都是基层社会治理中的一大难题，特别是在部分开放式的街坊式社区和老旧小区，垃圾清运问题一直是困扰基层社会治理的一大难题。黄山市在基层社会治理中，不断加强对城市小街巷、居民小区环境卫生的管理，不断加大环卫经费投入，规范设置了垃圾桶、垃圾箱、垃圾屋，及时维修和清洗垃圾容器，使得社区环境卫生得到有效的净化。同时，在乡村社区，黄山市不断深化美丽乡村建设，开展了农村人居环境整治行动，一体化推进农村垃圾、污水、厕所专项整治“三大革命”，使得乡村社区的卫生环境状况得到了很大的改善。

二是美化街面外观。在美丽社区创建过程中，黄山市加大了社区沿街建筑物外立面的整治力度，依法拆除了很多违章广告牌和违规建筑，街道外立面的外观得到了有效地统一。

三是绿化社区园地。黄山市注重打造绿色社区，通过不断加强社区绿色环保宣传，广泛开展立体绿化，建成了一批花园式小区和高标准的绿化小区。四是深化社区物业管理。有无物业管理以及物业管理水平的高低对于社区环境有着至关重要的影响。深化社区物业管理，不断提升社区物业服务水平，是营造宜居的社区环境和不断提升基层社会治理水平的重要保障。黄山市在基层社会治理中，对于商品房住宅小区，社区注意通过规范的招投标程序来选聘适宜的物业服务企业进入小区实施物业管理。而对于那些未实施物业管理的住宅小区，则充分发挥街道和乡镇政府的重要作用，小区通过在街道和乡镇政府的组织和指导下召开业主大会的方式来落实提供物业服务的责任主体，以此来不断提高社区物业管理与服务水平。同时，为了更好地发挥物业公司在美丽社区建设中的重要作用，黄山市物业主管部门尝试建立了社区居委会、业主委员会、物业服务企业“三位一体”的工作机制，制定并下发了《黄山市物业服务企业动态监管及年度考核暂行办法》《黄山市前期物业服务招投标管理暂行办法》《黄山市物业服务企业履约保证金管理暂行办法》及《黄山市物业服务企业退出项目管理暂行办法》等规范性文件，严格落实物业属地管理原则，以此来对社区物业管理工作进行有效地规范，并对物业企业实行动态监管。例如，近年来，黄山市黄山区的龙西社区通过深入推进无物业小区“酬金制”基础自治、老旧小区主管部门和业主二方筹资以及社区居委会、小区业委会、保洁公司三方共管的“2+3”拼盘式管理等治理实践，建立了由小区业主委员会、小区物业公司和社区居委会“三位一体”的例会管理制度，使辖区内的89个小区全部实现常态化保洁及垃圾日日清运的目标，社区内各个小区的环境卫生状况得到了显著的改善。

（七）认真倡导文明科学的生活方式

城乡社区不仅是社会治理的基本单元，更是广大城乡居民日常生活和社会交往的场域，养成文明科学的生活方式是有效降低基层社会治理难度和不断提升基层社会治理水平的内在要求和重要保障。黄山市在基层社会治理中，通过倡导文明风尚、丰富社区文化活动和普及科学知识等手段来推动广大城乡居民养成文明科学的生活方式，不断降低基层社会治理难度。

首先，注重倡导文明风尚。黄山市通过在社区开展扎实有效的社会主义核心价值观宣传教育活动，使得社会主义核心价值观更加深入人心。同时，通过推动学雷锋志愿服务活动的常态化和长效化开展，使得广大城乡居民的志愿服务意识得到了明显的提升。例如，黄山市黄山区龙西社区依托“爱心储蓄”党建创新品牌，利用社区道德讲堂等平台，全年开展社会主义核心价值观教育活动和龙西社区道德讲堂教育活动，组织开展“学雷锋做小小志愿者”、卫生清扫、清除“牛皮癣”、拾垃圾捡烟头、“践行雷锋精神、关爱环卫工”等多种形式的学雷锋志愿服务活动。同时，龙西社区还组织开展了“龙西好人”“美丽太平人”以及优秀志愿者等先进典型的评选活动，以此来激发广大城乡社区居民开展志愿服务、参与基层社会治理的主动性和积极性。

其次，不断丰富社区文化活动。在社区内部开展文化活动，不仅有助于丰富广大社区居民的业余文化生活，还有助于增进社区邻里之间的了解，进而有利于提升社区居民参与基层社会治理的热情并不断降低基层社会治理的难度。黄山市在基层社会治理中非常注重通过举办各种类型的邻里联欢活动、培育社区群众文艺团体、开展以广场文化和家庭文化为重点的文化娱乐活动等多种形式来不断丰富社区居民的文化生活。例如，黄山市黄山区龙西社区打造了服务居民的文化活动品牌——“邻里联欢会”，通过举办邻里联欢会来积极倡导邻里和睦和守望相助。同时，龙西社区积极推动社区居民组建了电力广场舞蹈队等10余个社区群众文艺团体，积极举办广场舞、戏曲、柔力球、腰鼓、太极、迎新春现场创作赠送春联、轩辕车送福闹元宵、母亲节居民联欢、残疾人艺术节、中秋邻里联欢、重阳敬老节、戏曲进小区等文化进社区活动，极大地丰富了社区居民文化生活。

最后，注重普及科学知识。黄山市在基层社会治理实践中，注重依托社区科普大学分校教学点的资源，经常开展多种形式的科普活动，不断地提升社区居民的科学文化素质，以帮助社区居民养成科学理性的认知和健康的生活方式。

三　黄山市基层社会治理创新实践的启示

近年来，安徽省黄山市以美丽社区建设为抓手，不断创新基层社会治理的体制和机制，全市的基层社会治理水平得到了显著的提升。通过对黄山市以“建设美丽社区，构筑幸福家园”等基层社会治理创新实践的梳理和分析可以发现，基层社会治理水平的提升需要从以下几个方面来着眼：一是要不断强化党建引领，注重发挥基层党组织在基层社会治理中的领导核心作用；二是要注重构建基层社会多元共治机制，推动形成基层社会治理合力；三是要不断弱化社区行政化色彩，充分发挥社区居民自治组织在基层社会治理中的重要作用；四是要逐步优化基层社会治理资源配置格局，不断提升基层社会治理资源共享水平。

（一）不断强化党建引领，注重发挥基层党组织在基层社会治理中的领导核心作用

中国共产党领导是中国特色社会主义最本质的特征，是中国特色社会主义制度的最大优势。党的十九届四中全会通过的《中共中央关于坚持和完善中国特色社会主义制度 推进国家治理体系和治理能力现代化若干重大问题的决定》指出，社会治理是国家治理的重要方面，要把党的领导落实到国家治理各领域各方面各环节，健全党组织领导的自治、法治、德治相结合的城乡基层治理体系，健全基层党组织领导的基层群众自治机制。在基层社会治理的实践中，落实党的领导的最好举措便是要不断强化基层党组织建设在基层社会治理中的引领作用和稳步提升基层党组织在基层社会治理中的引领能力。同时，要想破除当前我国基层社会治理中存在的多头治理、各方治理主体的治理活动缺乏有效统筹等困境，也需要不断强化党建引领作用，注重发挥基层党组织在基层社会治理中的领导核心作用，不断增强基层党组织对基层社会治理的领导和统筹能力，进而为我国基层社会治理困境的化解和基层社会治理能力的不断提升提供坚实的组织保障。

（二）注重构建基层社会多元共治机制，推动形成基层社会治理合力

基层社会治理直接面对广大社区居民，如何有效满足广大社区居民日益增长的美好生活需要是基层社会治理面临的重要任务，而构建基层党委领导下的由基层政府主导的包含多元治理主体的基层社会治理体系，是不断提升基层社会治理能力和更加有效地满足广大社区居民日益增长的美好生活需要

的内在要求和重要保障。《中共中央关于坚持和完善中国特色社会主义制度 推进国家治理体系和治理能力现代化若干重大问题的决定》指出，在城乡社区要发挥社会组织作用，实现政府治理和社会调节、居民自治良性互动。但是，在当前我国基层社会治理的实践中，基层社会治理体系主要由基层政府来主导，社区居民自治组织、社区居民、社会组织、社区内的单位等基层社会治理主体参与基层社会治理的主动性和积极性还有待提升，社区居民自治组织、社区居民、社会组织、社区内的单位等基层社会治理主体参与基层社会治理的空间也有待于进一步地拓展。黄山市在基层社会治理中，在坚持基层党组织领导和基层政府主导的前提下，注重整合社区内的社会组织等各种力量参与到基层社会治理中来，通过成立社区共治理事会、社区居民议事会以及打造社区民主监督平台、社区矛盾调处平台和以社区综合服务中心为核心的社区服务平台等方式，形成了党委领导、政府主导、社区自治组织牵头、社会各方力量广泛参与的基层社会多元共治机制，基层社会治理的合力在基层社会治理的实践中得以逐步形成。社区共治理事会的成立，拓宽了多元治理主体参与基层社会治理的渠道，使得社区居民、社会组织等多元治理主体能够更加主动地参与到基层社会的治理中来，在丰富基层社会治理主体的同时减轻了基层社会治理的压力和难度，使得基层社会治理的水平得到不断提升。社区居民议事会的成立，有利于更好地引导社区内的各方力量依法依规地对社区事务进行积极协商和民主决策，进而有利于形成民主提事、民主议事和民主决事的良好氛围。而社区民主监督平台的设立，使得社区居民能够对社区内部各治理主体的履职情况、重大事项的决策过程和执行情况等进行评议监督，使得基层社会治理的运行过程更加公开透明，给各治理主体提升治理能力形成了无形的压力。社区矛盾调处平台的设立，使得绝大部分民事纠纷等问题在社区内部就能得到有效的化解，有利于及时化解基层社会治理的风险，有效降低基层社会治理的成本，不断提升基层社会治理的成效。

（三）不断弱化社区行政化色彩，充分发挥社区居民自治组织在基层社会治理中的重要作用

处理好政府与社会的关系是推动国家治理体系和治理能力现代化的基本

前提之一，也是不断提升国家治理能力的重要保障。在基层社会治理中，不仅需要发挥好基层党委的领导作用和基层政府的主导作用，需要发挥好城乡社区居民自治组织在基层社会治理中的重要作用。城乡社区居民自治组织是基层社会治理体系中的核心治理主体之一，只有不断提升社区居民自治组织的治理水平和治理能力，才能从根本上化解当前我国基层社会治理所面临的基层社会治理盲区较多、治理成本较高和治理成效难以有效维系等困境。

改革开放以来，我国城乡社区居民自治工作稳步推进，城乡社区居民自治组织建设取得了长足的进步，社区居民自治组织在社区居民自治和基层社会治理中的重要性也随之日渐凸显。但是，当前我国城乡社区居民自治组织的行政化色彩较为浓厚，社区居民自治组织承担的行政性事务较多，使得社区居民自治组织在社区服务和社区自治等方面所投入的精力较为有限，影响和制约了社区居民自治和基层社会治理水平的提升。为此，我们一方面需要理顺政府与社会的关系，推动政社分离，弱化社区的行政化色彩，让社区居民自治组织回归服务社区居民和做好社区居民自治工作的本位；另一方面需要充分发挥社区居民自治组织在基层社会治理中的基础作用。

黄山市在基层社会治理中，在城乡社区居民委员会下设立了各类专门委员会和楼栋自治组织，构建起较为完备的社区居民自治体系，使得城乡社区居民自治组织在基层社会治理中的基础作用得到了较为有效地发挥。同时，为了有效地减轻社区居民自治组织的工作负担，使得社区居民自治组织能够回归到为社区居民做好服务和做好社区自治工作的本位，黄山市专门编制了社区工作事项清单，并建立了社区工作事项准入制度。依据黄山市社区工作事项清单和社区工作事项准入制度，凡是应当由基层政府履行的诸如行政执法、拆迁拆违、环境整治、城市管理、招商引资等方面的法定职责，不得要求社区居民自治组织来承担。而对于那些依法需要社区居民自治组织予以协助完成的工作事项，基层政府及其相关职能部门需要为社区居民自治组织提供相应的经费和必要的工作条件，社区办公场所对外只悬挂社区党组织、社区居民自治组织牌子以及“中国社区”标识，基层政府及其各职能部门不得随意在社区设立工作机构或加挂各种牌子。此外，黄山市不断精简社区会议和工作台账，对基层政府及其相关职能部门要求社区居民自治组织出具的各类证明进行了有效的清理和规范，建立了社区出具证明事项清单。对基层政府及其相关职能部门针对社区的各种类型的达标考核和评比活动进行了清理和规范，基层政府的各职能部门不再单独组织对社区的达标考核和评比活动，改由基层政府统一对社区工作进行综合考核评比。黄山市通过编制社区工作事项清单、对基层政府及其相关职能部门在社区设立的工作机构和要求社区开具的各种类型证明事项的规范和清理，以及由基层政府统一对社区工作进行考核评比，使得社区居民自治组织所承担的行政事务逐步减少，社区居民自治组织得以能够将更多的精力投入到社区居民服务和社区居民自治等本职工作上来，进而为基层社会治理水平的提升奠定了坚实的基础。

（四）逐步优化基层社会治理资源配置格局，不断提升基层社会治理资源共享水平

治理是由一定数量的治理主体利用一定数量的治理资源来完成特定治理任务的过程。治理资源的多寡和治理资源配置是否合理，是影响和制约治理水平的重要因素。基层社会治理是一个由多元治理主体参与的治理活动，基层社会治理能力的提升，不仅需要推动基层社会治理体系的不断完善，还需要不断优化基层社会治理资源的配置格局，不断提升基层社会治理资源的共享水平，以确保有限的基层社会治理资源能够得到充分有效的利用，进而为基层社会治理能力的提升提供有力的治理资源支撑。

《中共中央关于坚持和完善中国特色社会主义制度 推进国家治理体系和治理能力现代化若干重大问题的决定》指出，要推动社会治理重心向基层下移，把人力、财力、物力更多投到基层。近年来，伴随国家对于基层社会治理重视程度的不断提升，各级政府投入基层社会治理中的治理资源的数量随之不断增多，进而为基层社会治理能力的提升提供了有力的资源保障。但是，由于当前我国基层社会治理资源存在不同程度的错配问题，用于基层社会治理的资源主要掌握在各级政府的各职能部门手中，而基层政府和城乡社区居民自治组织等直接面对广大社区居民的基层社会治理主体在治理资源的获取和支配上缺乏相应的自主权，导致有限的基层社会治理资源难以实现合理的

配置，制约了基层社会治理水平的提升。为此，各级政府在不断加大对基层社会治理资源投入力度的同时要不断优化基层社会治理资源的配置格局，要赋予基层政府和城乡社区居民自治组织在基层社会治理资源使用上更多更大的自主权，不断提升基层社会治理资源共享水平。黄山市在基层社会治理中，探索建立了面向城乡社区的治理资源统筹机制，以此来推动与基层社会治理有关的人、财、物、责、权、利下沉到社区，并不断增强社区统筹使用与基层社会治理有关的人、财、物等治理资源的自主权限，进而为基层社会治理能力的提升提供了有力的治理资源支撑。以社区用房为例，黄山市下辖的各区县采取新建、改建、购买、置换、共享等方式，使得全市社区平均拥有用房面积达到了1236.5平方米，超过了全国平均水平的843平方米和全省平均水平的792平方米，社区每百户居民拥有服务设施的面积提高到40.6平方米，位居全省前列。

参考文献

中共中央关于坚持和完善中国特色社会主义制度 推进国家治理体系和治理能力现代化若干重大问题的决定[M].北京：人民出版社，2019.

习近平关于社会主义社会建设论述摘编[M].北京：中央文献出版社，2017.

魏礼群.党的十八大以来中国社会治理的新进展 [J].社会治理，2017(5).

郁建兴，任杰.中国基层社会治理中的自治、法治与德治[J].学术月刊，2018(12)：64-74.

李德.从“碎片化”到“整体性”：创新我国基层社会治理运行机制研究[J].吉林大学社会科学学报，2016(5)：90-99.

陈亮，李元.去“悬浮化”与有效治理:新时期党建引领基层社会治理的创新逻辑与类型学分析[J].探索，2018(6)：109-115.

芜湖市智能化与基层社会治理深度融合调研报告

严　宏　时慕天①

摘　要：　智能化与社会治理的深度融合是顺应当代科技发展的必然趋势，也是推动社会治理现代化的有力抓手。近年来，芜湖市以习近平新时代中国特色社会主义思想为引领，通过加强预防和化解社会矛盾机制建设，完善社会治安立体化防控体系建设，加快智能化辅助办案系统的试点推行，统一规范数据化办案程序等做法，全面推进智能化与社会治理的深度融合。芜湖市坚持统建统管、坚持平台建设、坚持人民主体，促进了数据资源间的深度融合共享，保障了数字芜湖与平台优化长效推进，推动了人民多元化需求与社会治理智能化有效结合，在创新智能化与社会治理深度融合方面积累了丰富的经验。当前，芜湖市智慧化建设正处于探索发展阶段，未来将继续通过回应个性化需求，建设复合型队伍，挖掘本地化特色，强化技术性支撑等方式不断推进智能化建设和市域社会治理现代化，提高群众满意度。

关键词：　智能化　大数据　社会治理　矛盾纠纷　服务　芜湖市

---

①严宏，博士，安徽师范大学法学院教授、执行院长，博士生导师，中国政治学会理事；时慕天，法学院政治学理论专业2018级硕士研究生。

习近平总书记在党的十九大报告中强调，提高社会治理社会化、法治化、智能化、专业化水平。中国共产党第十九届四中全会公报指出，必须加强和创新社会治理，完善党委领导、政府负责、民主协商、社会协同、公众参与、法治保障、科技支撑的社会治理体系。近年来，芜湖市坚持以习近平新时代中国特色社会主义思想为指导，深入学习党的十九大报告精神及习近平总书记系列重要讲话精神，贯彻落实习近平总书记有关加强和创新社会治理及提升社会治理智能化水平的重要指示，坚持“以信息技术推动信息应用，以信息应用促进改革创新”，以大数据为引领，积极探索信息资源整合，强化矛盾纠纷在线化解、社会治安智能防控和智能化辅助办案，全面推进智能化与基层社会治理的深度融合，推动市域社会治理体系和治理能力现代化水平不断提升，人民的获得感、幸福感、安全感不断增强。

一　智能化与社会治理深度融合的主要做法

近年来，芜湖市坚持大数据支撑创新社会治理工作始终走在全国前列。2018年，为更好发挥数据治理作用，由芜湖市委政法委牵头，芜湖市率先建设智慧政法平台，探索将人工智能技术运用到政法工作和社会治理体系、治理方式的创新上。这是全国首个政法智能化与社会治理深度融合的大数据分析应用平台，是智慧芜湖的重要组成部分。平台通过大数据技术，汇集警情、案情、舆情等各方数据，智能生成风险管控“每日一报”，对各类风险隐患作出全面展现并进行源头治理、研判分析、分级预警，为有效防范化解风险提供了决策辅助。建设成果分3个部分，其中：大数据建立了平安（综治）考核等12个专题库，数据应用有数据集成和数据资产2个管理系统，业务应用有“雪亮工程”“206系统”“解纷芜优”等8大模块。智慧政法平台自2019年4月试运行以来，为提升社会治理智能化水平和科学决策、平安建设能力，维护社会治安、社会稳定和公共安全，提升人民群众安全感、满意度提供了强有力的智能化支撑。其主要做了以下几个方面的工作。

（一）加强预防和化解社会矛盾机制建设，推动矛盾纠纷智能化调解

一是平台建设，创建“解纷芜优”矛盾纠纷在线调解平台。近年来，芜湖市深入贯彻落实习近平总书记“把非诉讼纠纷解决机制挺在前面”的重要指示，努力践行新时代“枫桥经验”，积极推进“解纷芜优”矛盾纠纷在线调解平台建设应用，利用互联网的模式对矛盾纠纷进行在线化解，将各类纠纷解决方式统筹到“线上”，聚焦源头治理。

二是平台对接，在线过滤和分流矛盾纠纷。“解纷芜优”平台设计核心分三大块，第一大块是以纠纷预防为主，提前发现矛盾纠纷态势；第二大块是非诉机制挺前，通过非诉讼资源解决矛盾纠纷，减少司法压力；第三大块是法院裁判终局，无法解决的纠纷再最终由法院裁决。市委政法委、市法院、市司法局联合推动在线解纷平台与法院案件管理平台对接，实现了网上诉调对接，为当事人提供全天候、全时空的矛盾化解和公共法律服务，使一大批矛盾纠纷通过非诉讼方式得以化解。

三是平台服务，五大服务助推智能化数据分析。通过“在线咨询、在线调解、在线立案、在线仲裁、在线评估”五大服务，构建漏斗式社会解纷新模型，充分利用社会及专业的调解资源，提高解纷效率，以减轻工作人员负荷，满足人民群众多元化需求。可通过智能机器人解决70%以上当事人的咨询工作，减轻工作人员的工作量。系统会自动关联出相关的法律法规、纠纷案例，为当事人提供参考。利用大数据分析技术，整合内外网的解纷资源数据、通过各类行业业务数据的整合，形成对矛盾纠纷数据的深度分析、自助研判，为社会的稳定和谐提供有力的数据支撑与服务。

四是平台应用，有效预防和化解社会矛盾。现平台运行良好，每天保持增量，截至2019年10月22日，“解纷芜优”矛盾纠纷在线调解平台智能咨询量达138037例、访问总量达116126次、注册量达1252位，平台入驻机构216家、调解员699位，平台人民调解案件量661件、引调案件量517件，其中婚姻家庭纠纷83件、物业纠纷759件、医疗纠纷121件、其他纠纷215件。

五是平台机制，结合平台运行情况不断加强机制建设。《芜湖市矛盾纠纷

在线调解工作办法》，目前已形成草拟稿；《芜湖市矛盾纠纷在线化解平台与芜湖法院案件信息管理平台对接工作机制》，目前已经由市中级人民法院牵头制定出试行文件；《芜湖市矛盾纠纷在线调解组织及调解人员管理办法》，目前已经由市司法局牵头制定出试行文件；《芜湖市在线调解组织、调解员清单》，目前已经由市司法局牵头制定出试行文件；《芜湖市加强信用体系建设推进矛盾纠纷多元化解工作意见》，目前已经由市发改委牵头制定出试行文件。

（二）完善社会治安立体化防控体系建设，探索惠民便民服务智能化新模式

一是高度重视，加快提升信息化建设水平。“雪亮工程”是提高社会治安信息化防控能力的重要途径。自芜湖市被确定为2017年度全国“雪亮工程”重点支持城市以来，市委、市政府高度重视“雪亮工程”建设工作，积极推进“雪亮工程”建设步伐。第一是确定为“一把手”工程大力推进。市政府办公室下发《关于成立芜湖市公共安全视频监控建设联网应用工作领导小组的通知》，成立由市委书记任组长的领导小组，明确“谁建设、谁管理、谁运维、谁负责”的工作原则。市综治办、市公安局落实主体责任，各领导小组成员单位落实协同建设责任，主管部门落实监管责任，大力推进“雪亮工程”建设工作。第二是纳入全市智慧化建设“大盘子”。将“雪亮工程”纳入全市十三五规划和“智慧城市”基础建设项目，列入2017—2020年市政府重点项目投资计划。市领导每季度召开领导小组会议，每月召开领导小组组长单位调度会议，听取各部门项目进展情况汇报，及时解决难点问题，同时将此项工作纳入市综治工作目标考核内容，对不能按期完成任务的，在重点督办和限期整改的同时，市政府将实行严格的责任查究。

二是凸显实效，完善立体化智能防控体系。芜湖市按照“因地制宜、突出重点、整体规划、分步实施”的总体思路，以云计算、大数据、深度学习、物联网、数据可视化等新技术为路线，通过打造“1+2+N”平台，实现图像集中接入管理、转发、权限控制等，并按照规范要求共享给政法委、卫计委、住建委、城管等部门进行应用，实现与各部门视频共建共享，通过不断对视

频资源进行结构化分析与物联网数据、基础数据进行融合计算，大大提升了社会综合治理能力。此外，通过强化基础建设，筑牢社会治安立体化防控体系，打造了一整套智慧型的公共安全视频监控建设联网应用平台和应用系统，实现信息资源的高度共享，形成整体可感知、可防控、可研判的立体化防控体系，为全市应急指挥、突发处置、城市管理等提供视频图像应用支撑。

三是加强应用，积极探索智能化惠民模式。“雪亮工程”按照“急用先建、边建边用”原则，积极探索智能化惠民应用，让建设成果惠及更多基层群众。一是实现全民共享，大力推进“雪亮网格”“智慧门牌”建设，把群众关心、安全可控的公共安全视频监控资源，通过电视机顶盒，手机APP等途径推送到群众家里和手中。二是推进人人参与，充分发挥人民群众在基层社会治理中的主体作用。建立有奖举报制度，对视频巡控发现情况、抓获现行、破获重大案件均实行一事一奖，金额从200元到1000元不等。三是推进服务民生，以实际行动走好新时代网上群众路线，创新实施“雪亮工程+互联网”模式，将群众关心的社区安防、学校周边、旅游景点、食品安全等视频资源和动态信息实时推送给人民群众。四是项目建成后，每天可采集100余万张人脸图像信息及500余万张车辆卡口图片的海量数据，为公安实战、服务民生提供坚强的数据支撑。

（三）加快智能化辅助办案系统试点推行，统一规范数据化办案程序

一是谋划部署，统筹推进系统试点推行。2018年4月，芜湖市被中央政法委选定为“刑事案件智能辅助办案系统”全国首批8个试点城市之一。2019年1月9日，芜湖市“206系统”全市扩大试点培训会在市委党校举行，标志着芜湖市“206系统”应用试点工作由繁昌县和弋江区2个县区先试点。芜湖市委政法委研究制定了《芜湖市“206系统”先行试点应用工作方案》，明确设备调研摸排、软件安装、培训工作、试运行等环节的时间节点，建立联席会议、日报告、周调度等工作制度，确保了先行试点工作的有序推进。同时，芜湖市委政法委先后组织了市政法各部门主要负责人赴上海高院、贵州高院考察学习司法体制改革和信息化建设经验，并召集政法各部门、市级信息化

建设部门等单位会商谋划芜湖智慧政法建设工作。

二是强化标准，保障试点应用工作推进。芜湖市委政法委积极协调市发改委、市数据资源管理局将“206系统”建设纳入智慧政法项目。2019年1月9日，芜湖市举办了“芜湖市‘206系统’全市扩大试点培训会”，全市公检法系统办案部门主要负责人和业务骨干350余人参加。至目前，全市已累计举办培训班46场，培训干警1500人次，进一步提高了全市政法干警运用系统执法办案能力水平。坚持以用促建，前期试点阶段，市委政法委多次组织弋江区、繁昌县公检法协商案件，挑选出案情较为复杂、证据种类多、代表性强的案件，更好地测试系统辅助办案的效果、发现更多影响实际应用的问题，圆满完成前期试点任务。扩大试点阶段，充分发挥市专班调度指挥作用，协调市公检法业务部门统筹调度试点应用工作，每日报告工作进度。

三是智能支撑，提供全方位智能化办案辅助。“206”系统第一次将法定的统一证据标准嵌入到公检法三机关的数据化刑事办案系统中去，并对收集程序、审查判断要点等明确规则，将散落在不同规定中的规则，进行统一化、系统化，确保侦查、审查起诉的案件事实证据经得起法律检验，同时也连通了公检法三机关的办案平台，这将极大地促进公检法三机关办案人员执行统一的证据标准，同时倒逼侦查、审查起诉、审判各个诉讼环节，严格按照法律的规定办理刑事案件。这套“刑事案件智能辅助办案系统”运用大数据、云计算、人工智能等现代科技手段，契合刑事办案流程实际和公检法三机关的办案需求，有效打破公检司刑事案件办理壁垒，系统自动对证据进行校验、把关、提示，使办案过程全程可视、全程监督，为办案人员提供全方位的智能化办案辅助。

四是顺畅协同，先行试点工作取得初步成效。在芜湖市委政法委的统一领导下，芜湖市公安、检察院、法院全力配合，各单位认真准备、积极行动，试点应用工作有序推进，先行试点应用工作取得了显著成效。芜湖全市公安录入案件7426件（含前期录入的历史案件，约占全省公安录入案件的20.1%，居全省第2位），流转至检察院1388件（约占安徽省移送检察院案件数的30.2%，居安徽省第2位），流转至法院542件（约占安徽省移送法院案件数的

41.1%，居安徽省第1位），移送司法行政26个（约占安徽省移送司法行政数的53%，居安徽省第1位），累计上传证据1094783页（约占安徽省上传证据数的26.4%，居安徽省第2位），批注8887个（约占安徽省批注数的29.3%，居安徽省第2位）。

二　智能化与社会治理深度融合的主要经验

从“解纷芜优”矛盾纠纷在线调解平台的上线，到“雪亮工程”建设的重点推进，再到“刑事案件智能辅助办案系统”的试点运行，芜湖市正在以大数据为引领，推进智慧政法建设，通过发挥智治的支撑作用，发展丰富着新时代“枫桥经验”的内涵，为平安芜湖建设提供无限空间和广阔前景。

（一）坚持统建统管，破除信息壁垒

芜湖市成立由书记、市长挂帅的信息化建设委员会，政法委书记兼办公室主任，并将数据共享情况纳入领导干部年度综合考核中，定期通报约谈，使工作思想迅速统一，有效打破行政壁垒。芜湖市设立全市统一的数据资源管理局，统筹全市信息化、大数据建设和智慧城市技术支撑，并制定《数据资源交换共享办法》，统一技术规范和数据标准，不仅节约成本，也从根本上打破了互联互通的技术壁垒，减少了推诿扯皮现象，使信息资源共享和大数据开发更为顺畅，为提供更多智慧应用奠定基础。此外，芜湖市坚持市级统筹规划、统一建设、分级分类应用，既有利于避免重复建设、根除信息孤岛，又有利于全市形成通盘设计、整体推进的顶层设计和实施路径，推动了数据资源的融合共享。

（二）坚持平台建设，强化技术合作

芜湖市积极利用已有的信息化项目管理平台、电子监察平台等，建立相关单位协同机制，围绕项目管理、数据共享、社会治理、信用体系等，出台一系列管理办法和制度，固化工作程序，建立长效机制。同时，芜湖市初步

建立了统筹全市信息化和大数据规划、建设、管理、发展的体制机制，按照“政府主导、部门应用、企业运营、全民参与”的思路，通过购买服务和有选择地开放资源，把技术和服务交给企业承担，把政府该做的事情做好。芜湖市政府相继与中国科学技术大学合作共建智慧城市研究院，与安徽电信、清华大学、科大讯飞组建安徽大数据工程研究中心等，注重加强与科大讯飞股份有限公司的协同合作，多次邀请科大讯飞技术人员开展集中培训与跟踪指导，并为智慧政法平台建设与升级优化提供技术支持，健全了数字芜湖长效推进的保障机制。

（三）坚持人民主体，创新惠民模式

芜湖市坚持以人民为主体，以综治信息化为支撑，加快推进“雪亮工程”建设步伐，挖掘公共安全视频监控资源深度应用，发动群众积极参与“雪亮工程”建设，不断完善“雪亮工程”在预防预警风险隐患、打击违法犯罪、线上便民服务等方面的应用。芜湖市“雪亮工程”现已新建1万路、整合1.2万路视频资源，完成了三级综治中心国标化建设，基本实现“全域覆盖、全网共享、全时可用”的要求，并入选2019年全国政法智能化建设十大创新案例。同时，芜湖市以满足人民需求为准绳，从注重源头治理出发，不断完善矛盾纠纷多元化解机制，创新惠民便民智能化服务新模式。聚焦推出“解纷芜优”矛盾纠纷在线调解平台，通过线上的方式满足了人民的多元化需求，是站在人民群众立场的一项重要的惠民举措，是人民多元化需求与社会治理智能化有效结合的生动体现。

三　推进智能化与社会治理深度融合的未来展望

芜湖智慧化建设正处于探索发展阶段，在开发与实际应用的过程中，各个部门还需要在实践检验中不断协调与沟通。从粗糙到精细化的过程中难免会有挫折，深化智能化建设，还需进一步实施“大数据”战略和“互联网+”“人工智能+”行动，不断推进智能化建设与社会治理深度融合。

(一)提高群众满意度,回应个性化需求

一方面,智能化为政法工作打造新动能,政法智能化建设大大提升了政法机关运用新技术防控风险的精准性、运用新技术打击犯罪的有效性、执法办案的公正性以及政法工作决策的科学性。利用人工智能,提高工作效率,让群众少跑路,实现“不见面就办理”,让群众在掌心、指尖就能办成事、办好事。另一方面,要以满足群众需求为准绳,结合城市特色,链接数字芜湖各类应用,积极回应群众的个性化需求,完善人性化服务管理体系。针对群众不同的问题,要实事求是具体分析,建立线上和线下双向互动,共同联通,协同高效,帮助群众解决问题,使广大群众对人工智能和芜湖智慧政法的认可度和接受度、满意度逐步提高。

(二)加强系统性培训,建设复合型队伍

芜湖智慧化建设需要相关专业队伍,目前是既缺少信息化和大数据专业人才,也缺少懂技术也懂业务的复合型人才。芜湖市11所院校均设立计算机、网络工程、大数据、信息管理等相关专业,科大讯飞主办的安徽信息工程学院每年培育专业人才数千人,360公司与芜湖职业技术学院共建网络安全学院,旷视科技加快人工智能人才培养,为芜湖培育“技术+业务”的复合型人才奠定了坚实基础。芜湖市委市政府应系统地研究制定专业人才引进、招考、选调、培养和培训等相关政策,并对相关人员展开“集中培训、应用培训、实地培训、深度学习”,健全长效管理及激励机制,推动智能化时代的复合型人才队伍建设。

(三)减少地区性差异,挖掘本地化特色

在推进智能化建设与社会治理深度融合方面,应挖掘本地化特色,建设智慧芜湖。数字技术可以让城市更智慧、让生活更美好。政府主动转型、精准服务,通过主动交换数据打破“信息孤岛”,不断优化“互联网+政务服务”,深化惠民便民服务;通过不断优化提升网格化治理,深化“全民社管”应用,突破了城市和企业各类问题处理的时间和空间限制,极大提升了市域

社会治理的现代化水平。此外，在“206”系统试点运行过程中，要注重搜集差异并建立信息及时反馈机制，增添芜湖市智慧政法系统运行使用中的本土化特色，挖掘更多芜湖特色经验。

（四）强化技术性支撑，推进智能化建设

为适应社会治理的新形式，完善系统化组织保障体系，着力打造“党委领导、政府负责、社会协同、公众参与、法治保障”的共建共治共享现代社会治理新格局，要推动大数据、人工智能等科技创新成果同社会治理的深度融合，创新社会治理实践的方式方法，积极推进智慧治理建设和深度应用，把数据资源整合共享作为基础工程来抓，依托数据共享平台，推进市域社会治理信息系统建设，针对不同的场景，搭建智辅决策、智能监管、智能服务等应用模块，推进智慧法院、智慧检务、智慧公安、智慧司法等建设，发挥智治支撑作用，提高社会治理智能化、现代化水平。

发挥协商民主优势　推进社区治理现代化

——基于蚌埠市蚌山区社区协商"六事"工作机制的分析①

郇旭东　王昆仑②

摘　要： 协商民主是我国社会主义民主政治的特有形式和独特优势。社区协商民主是基层群众自治的生动实践，也是基层社会治理的有效路径和提升社区治理水平的重要手段。蚌埠市蚌山区在开展社区协商试点工作中，为群众搭建有序参与社区事务决策、管理和监督的民主协商平台，调动了社区居民参与社区事务的积极性，提升居民对社区的认同感和归属感，较好地破解当前社区服务管理中遇到的难题，实现事务共商、难题共解、发展共促，构建社区协商"六事"工作机制，形成合力推进基层治理工作的新局面，为推进社区治理协商民主建设作出积极探索。

关键词： 社区治理　协商民主　协商治理　"六事"工作机制　蚌山区

习近平总书记指出："必须加强和创新社会治理，完善党委领导、政府负责、民主协商、社会协同、公众参与、法治保障、科技支撑的社会治理体系，建设人人有责、人人尽责、人人享有的社会治理共同体"。改革开放以来，在

① 本文系安徽省思政工作能力提升项目"郇旭东工作室"（sztsjh2019-2-37）和安徽省重大教学改革研究项目"把思想政治教育贯穿高水平本科教育教学全过程——蚌埠学院思政辅导员制度探索与实践"（2018jyxm0492）的阶段性成果。

② 郇旭东，毕业于安徽师范大学思想政治教育专业，现为蚌埠学院教授，马克思主义学院院长。王昆仑，蚌埠学院马克思主义学院讲师。

经济社会发展变迁的影响下，我国城市社会管理体制由“单位制”转向“社区制”。“社区制”模式开启了社区治理新阶段，被动的社区管理逐步为主动的社区自治所取代，社区协商治理应运而生。蚌埠市蚌山区在开展社区协商试点工作中，正是将“协商”与“治理”相结合，为群众搭建参与社区事务决策、管理和监督的民主协商平台，激发社区居民参与社区事务的主动性，共建社区协商“六事”工作机制，提升居民对社区的认同感和归属感，积极破解当前社区服务管理中遇到的难题，开创了基层治理工作的新局面。本文基于蚌埠市蚌山区社区协商“六事”工作的主要实践，就如何充分发挥协商民主优势，推进社区治理现代化作出分析与思考。

一　社区协商治理在社会治理体系中的地位和坚持的原则

党的十八大以来，党和国家高度重视推进国家治理体系和治理能力现代化。针对我国社会协商治理实际，中共中央有的放矢地提出了一系列重要理论和原则要求，并作出了相应的制度安排。2015年2月，中共中央在《关于加强社会主义协商民主建设的意见》中提出，要在国家政治生活的各个层面推进协商民主的展开。同年7月，中共中央办公厅、国务院办公厅印发《关于加强城乡社区协商的意见》中，进一步明确城乡社区协商的重要地位和作用，并首次在国家层面将城乡社区协商确立为基层民主制度的重要方式并加以推进。自此，城乡社区协商得以制度化，并确立了其在基层民主制度中的重要地位。社区协商的制度化及其重要地位的确立，为城乡人民群众表达利益诉求提供了稳定的制度化渠道；为城乡居民参与公共事务和公共决策搭建了规范的制度化平台；为稳步推进城乡社区协商明晰了发展方向。2017年，党的十九大报告提出，“加强协商民主制度建设，形成完整的制度程序和参与实践，保证人民在日常政治生活中有广泛持续深入参与的权利”①，在社区治理方面明确提出“打造共建共治共享的社会治理格局，推动社会治理重心向基

① 习近平.决胜全面建成小康社会 夺取新时代中国特色社会主义伟大胜利——在中国共产党第十九次全国代表大会上的报告[M].北京：人民出版社，2017:38.

层下移，发挥社会组织作用，实现政府治理和社会调节、居民自治良性互动”①。社区协商治理成为新时代社会治理的重心之一。

（一）社区协商治理在社会治理体系中的地位

1. 社区协商治理是联结多元社会治理主体的黏合剂

当前，“打造共建共治共享的社会治理格局”要求充分调动多方资源，发掘不同利益主体的利益诉求，使多方治理主体可以作为多元社会力量中的一元参与社区治理，共同推动社区事务的解决和社区建设的发展。社区协商治理作为一种社会治理的有效措施，其手段是协商共建，将多元治理主体整合进入协商体系，通过沟通、谈判的方式表达自身的利益诉求，参与社区事务的管理，取得社区治理的利益成果；其目的是协商共治，在协商基础上治理，通过多元治理主体的利益整合和权力结构调整，推动社区建设的发展；其动力是多元治理主体共享社区治理成果。所以，在联合多元社会治理主体，合力“打造共建共治共享的社会治理格局”的进程中，社区协商治理无疑是联合多元社会治理主体的黏合剂。

2. 社区协商治理是实现“国家—社会”良性互动的助推器

国家与社会良性互动的基本逻辑是“国家—社会”协调合作。一方面，在“国家—社会”的良性互动中，国家不再是唯一的权力和权威主体，而要引入社会力量和市场力量，“国家—社会”在良性互动中共同监督、共同承担责任。另一方面，在“国家—社会”的良性互动中，权力不是被互相解构，而是主体之间相互赋权，形成了主体增权与主体赋权的过程，在这一过程中，各个主体相互承认并相互依赖。因此，实现“国家—社会”良性互动的关键在于建构一个适合时代发展实际的“国家—社会”关系模型。在“国家—社会”关系模型中，国家与社会作为主要因素，其核心互动规则应是“主体多元，过程互动，方式多样”。

---

① 习近平.决胜全面建成小康社会 夺取新时代中国特色社会主义伟大胜利——在中国共产党第十九次全国代表大会上的报告[M].北京：人民出版社，2017：49.

社区协商治理的意义还在于调动多元治理主体参与社区治理，通过不同治理主体间的协商推动社会利益的整合。同时，社区协商治理理论将社区中不同的治理主体视为平等的政治主体，它们在社区治理中具有同等的权利和义务，它们既是单个的利益主体，又是社区治理过程中集体行动的推动者。在社区治理过程中，它们以协商的手段互相让渡自身的部分权利，以建构全新的社区治理权力结构，这一过程不仅实现了社区治理的相互赋权，也实现了社区治理的相互增权，从而打破了社会事务参与主体的权力来源于政府或者社会的单一赋权模式。可以说，社区治理中的协商治理，有效地整合了国家与社会的权力分歧，真正实现了社区治理过程中多元社会力量的协同参与，是国家与社会实现良性互动的助推器。

3. 社区协商治理是社会善治的试金石

从理论的角度而言，善治的基本要素包括合法性、法治、透明性、责任性、回应、有效性、参与、稳定性、廉洁和公正十个方面。社会善治能否实现，取决于社会治理能否克服国家或社会作为单一治理主体引发的政府失灵或社会失灵的问题，能否引入国家和市场之外的其他治理主体，赋予不同的治理主体以平等的地位，打造多元的社区治理权力结构。社区协商治理的内在要求是主体多元、参与平等、协同合作、共享成果。因此，社区协商治理首先要求在社区治理过程中有平等地位的多元治理主体参与。具体的过程链条是：依靠多元治理主体参与，形成治理合力，推动社区良善治理，平等分配治理成果。总体上，社区协商治理既符合协商治理的理念，又可以有效的通过协商的方式实现政府、市场、社会的良性互动，有利于建构多元治理主体相互增权赋权、相互依赖、相互协同的治理结构。与社会善治一样，社区协商治理能够有效推动社区公共领域和居民私人领域的相互渗透和融合，进一步模糊国家、社会、市场及其他治理主体之间的力量对比，厘清政府、社区、治理主体之间的权力边界和权利边界，引导不同治理主体向着良善的方向共同发力。因此，无论在手段上，还是在目的上，社区协商治理都能够有效推动社区治理的善治。而社区是社会的最小单元，是社会的有机组成部分，社区治理的好坏，直接彰显出社会治理效果的优劣。从这个角度而言，社区协商治理是社会善治实现与否的试金石。

（二）社区协商治理必须坚持的原则

1. 坚持党的领导

社区协商治理必须坚持党的领导，党的领导是社区协商治理机制完善发展的政治保证。第一，我国社区协商治理的指导思想在党的领导下提出。中国共产党是中国人民利益的代表，在社会发展方面既有强大的社会动员力，又能有效整合多元主体利益。因此，党在建立健全社区协商治理机制的工作中，能够发挥政治方向的引领作用，能够在公平、公正、广泛、合理地整合民意的基础上提出指导性意见。2015年，中共中央、国务院在《关于加强城乡社区协商的意见》中，明确提出城乡社区协商民主，是以城乡社区这一社会基本单元为基础，围绕基层群众共同关心的涉及群众切身利益的重大事项，以及存在显著分歧和冲突的公共决策问题，借助制度化、规范化、程序化的形式，通过广泛的参与、利益表达、对话沟通，最终形成共识的民主治理形式。这从国家层面为推动城乡社区协商提供了政策制度保障。

第二，我国社区协商治理的理论、实践和制度创新在党的领导下不断拓展深化。2017年，中共中央、国务院在《关于加强和完善城乡社区治理的意见》中，提出“积极推进城乡社区治理理论创新、实践创新、制度创新”。党的十九大再次对“加强和创新社会治理”作出重大战略部署，提出“打造共建共治共享的社会治理格局”。

第三，我国社区协商治理的具体举措是在党的领导下逐步落实。在国家治理体系中，无论是调动多元社会力量、提升社会治理能力还是平衡多元主体利益，党的领导始终发挥核心作用。在《关于加强和完善城乡社区治理的意见》中，党中央明确指出凡涉及城乡社区公共利益的重大决策事项、关乎居民群众切身利益的实际困难问题和矛盾纠纷，原则上由社区党组织、基层群众性自治组织牵头，组织居民群众协商解决。党的十九大也明确提出，要实现政府治理和社会调解、居民自治良性互动。党和政府的主导与参与，可以创造社区协商治理条件，组织多元协商，制定协商民主程序，保障协商结果的实现。所以，社区协商从意见征求、提案形成到组织落实、监督等都离不开党的领导。党的十九届四中全会进一步强调，要在国家治理体系中“坚持和完善党的领导制度”“坚持党的领导制度的统摄性地位”。这是根据中国社会发展的客观要求以及已有的社会治理历史经验作出的科学总结。

在社区协商治理中，坚持党的领导，必须发挥社区党组织在社区治理、基层群众自治中的领导核心作用。《关于加强城乡社区协商的意见》明确规定，社区协商民主要“坚持党的领导，充分发挥村（社区）党组织在基层协商中的领导核心作用”。蚌山区《社区工作委员会自治章程》则明确规定：“协商委员会必须在社区党组织的领导下有序进行。一方面，社区党组织发挥核心领导作用，可以运用组织优势，有效整合涉及社区治理的多方政治资源。例如，以社区基层党组织建设整合社区“两委”政治资源，可以提升社区两委的战斗力，促进社区协商民主，推动社区民生建设。另一方面，社区党组织发挥核心领导作用，可以将党的基层组织优势转化为治理优势。以社区党组织建设引领社区治理，可以在社区治理中明确基层党组织的权责，突出基层党组织的战斗堡垒作用，推动形成“共建共治共享”社会治理新格局。

2. 坚持人民主体地位

社区协商治理必须坚持人民主体地位，坚持人民主体地位是建立健全社区协商治理机制的重要保障。一方面，社区协商治理必须保障人民主体地位，维护人民群众的根本利益。社区协商民主是为了全方位满足社区居民利益诉求而进行的制度建设，是对民主选举的重要补充。社区治理则要求以行之有效的治理模式，维护人民群众的根本利益。无论协商民主还是社会治理，都是出于维护人民的根本利益的初衷。因此，蚌山区《社区工作委员会自治章程》明确规定：要把服务社区居民、增强居民对社区的认同感、归属感作为协商委员会工作的出发点和落脚点。另一方面，社区协商治理必须坚持人民主体地位，鼓励人民群众积极参与社区协商治理实践。具体而言，鼓励人民群众参与社区协商治理实践，一要对人民群众充分赋权，明确人民群众在社区共建共治共享中享有的监督权、参与权、决策权，了解社区协商治理的定位与权责；二要规范公共决策程序，让基层人民群众既有畅通的利益表达渠道，又能积极投身社区协商治理实践；三要营造多元参与、公共协商的氛围，让人民群众在共建共治共享过程中有获得感和幸福感。

3. 坚持基层群众自治

社区协商治理必须坚持基层群众自治，基层群众自治制度是社区协商治理机制完善发展的制度保障。基层群众自治是社区群众参与政治生活的基本途径。基层群众自治制度则是基层群众自我管理、自我教育、自我服务、自我监督的重要制度保障。传统社区管理模式由于缺少制度化安排，治理效能低下。党的十八大以来，我国城乡社区逐步建立健全基层群众自治制度。在基层群众自治制度建设的带动下，我国社区协商治理创新成效斐然，社区协商治理实践进展迅速，日益发展为基层群众自治的重要途径。正如习近平总书记所指出的："要按照协商于民、协商为民的要求，大力发展基层协商民主，重点在基层群众中开展协商。"[①]当前，我国社区协商治理要继续坚持基层群众自治原则，把社区协商治理实践嵌入基层群众自治的生动实践。

二　蚌山区协商"六事"工作机制的创新实践

社区协商是基层群众自治的生动实践，是提升社会治理水平的重要手段。近年来，蚌埠市蚌山区积极探索城乡社区协商机制，不断创新协商形式，努力扩大多方参与，推进社区协商制度化和常态化，打造共建共治共享的社会治理格局。

（一）"六事"工作机制的现实基础

党的十八以来，社会主义协商民主被确立为我国人民民主的重要形式，开启了"推进基层协商制度化"的新进程。中共中央印发《关于加强社会主义协商民主建设的意见》等一系列文件，是基层开展协商民主与推动社区协商治理的重要依据，也是推动基层协商民主实践的原则要求，为蚌山区创建

① 习近平谈治国理政(第2卷)[M].北京:外交出版社,2017:297.

社区“六事”工作机制提供了制度指导。

1.“六事”工作机制的制度基础

为更好地贯彻落实中共中央关于加强社会主义协商民主建设精神，推进基层协商民主建设进程，创新社区协商治理工作机制，蚌山区依据中央关于加强协商民主的一系列重要论述和文件精神，以及安徽省委印发的《关于加强社会主义协商民主建设的实施意见》《关于加强城乡社区协商的实施意见》，安徽省民政厅开展城乡社区协商示范区（市、县）、示范街道（乡镇）、示范社区建设活动要求，2016年以来，蚌山区先后制定了《2016—2018年蚌山区城乡社区协商三年行动计划》《关于全面推进城乡社区协商工作的通知》，组织开展社区协商试点工作。为保障社区协商治理有序推进，结合蚌山区实际情况，区委区政府先后出台了《关于在宏业村街道第一社区开展城乡社区协商试点的实施方案》《关于推行城乡社区协商“六事”工作机制的实施方案》。“六事”工作机制的正式提出，确立了“民事、民议、民决”的协商定位，明晰了社区协商基本原则、协商形式、协商主体和协商程序，解决了“谁来议”“议什么”“怎么议”的关键环节，初步形成了“两个实施方案、一套流程、一个规则”的机制体系，以社区协商的地方化、特色化来提升社区协商工作的针对性、实效性。

2.“六事”工作机制的组织基础

“六事”工作机制的组织基础是社区党组织对社区协商治理的领导。在社区协商治理中，基层党组织的核心领导作用与人民群众民主参与相得益彰，有利于把党组织的政治优势转化为民主协商共同治理的社会优势。蚌山区社区工作协商委员会（以下简称协商委员会）正是在社区党组织领导下的群众性议事自治组织。蚌山区《社区工作协会委员会自治章程》总则规定：协商委员会“坚持党的领导”，协商委员会工作必须在社区党组织的领导下有序进行。具体来说，蚌山区基层党组织既重视引领和规范社区治理，也重视引领和保障社区协商民主，能够把党的领导贯穿于社区协商治理的全过程和各方面。

3."六事"工作机制的客体基础

"六事"工作机制的客体基础是社区公共事务向治理转型并日益规范。其一，在国家政策指导下，社区由公共管理转向公共服务。尽管社区社会服务组织尚在完善，但是社会工作者队伍建设带动了专业化管理队伍的形成，社区志愿者带动的社区志愿组织兴起，社区党组织建设带动的社区党建和文娱活动增加等，都为社区公共事务服务提供了主体支持。其二，社区公共事务的权责明确，流程清晰。依托"六事"协商工作机制，蚌山区社区协商议事被分解为六个步骤：百姓点事，广收议题；"两委"提事，确定议题；居民议事，平等协商；与会决事，集体表决；多元办事，组织实施；公众评事，督促落实。"六事"工作机制及规范流程的确立，不仅为居民了解社区协商议题、参与社区公共事务提供了便利，还为基层各部门或机构掌握、操作社区公共事务提供了规范平台。

（二）"六事"工作机制的实践成效

蚌埠市蚌山区开展社区协商试点工作，经过近三年的努力基本达到全覆盖，完成了社区协商三年行动计划的任务目标。社区协商工作硕果累累，共建立了议事平台63个，完成议题137个，涌现出一批先进社区和案例。在蚌埠市民政局组织的2017年全市协商社区示范点评选中，蚌山区有13个社区入选，占全部入选社区的46%，入选优秀案例9个，占待选优秀案例总数30%。依靠群众定位工作方向，通过对话化解矛盾分歧，找到群众意愿和要求，以及政府施政的最大公约数；做到了"用社区干部的耐心、热心和诚心换得居民群众的开心"，进一步激活社区活力；加强基层民主建设，初步形成社区协商的工作机制，打破了"政府买单，群众不买账"的基层治理局面。通过三年来的社区协商实践，社区协商工作取得了一定成效。国家民政部和安徽省委、省政协、省民政厅等各级领导亲临社区调研指导，并予以了充分肯定；同时安徽省社区建设工作领导小组办公室也在全省范围内推广了蚌山区社区协商"六事工作法"。

1. 居民公共精神和公共意识得到激发

社区协商为基层群众搭建了平等参与社区管理的平台，通过社区协商议事会平台，一件件协商案例得到落实，居民也更愿意参与社区公共设施建设、公共环境保护、公共秩序维护等事务的讨论、决策、实施以及管理的各个环节，居民的主体地位进一步凸显，参与公共事务的主动性不断增强。比如，第一社区“整治楼道杂物”的议题不仅更新了《居民公约》，让居民成为了社区的“立法者”，同时该社区邀请居民组成了联合评定小组，对楼道进行定期巡查、抽查，使小区楼道内堆放杂物的问题得到了有效的治理。

2. 基层党组织引领作用和服务功能双提升

社区党组织加强对协商工作的政治领导、思想引领、组织保障，切实将“两学一做”落脚到加强服务型党组织建设和践行为民服务的宗旨上来，把党的领导贯穿于社区协商的全过程和各方面。蚌山区针对“毁绿种菜”这一屡禁不止的现象，采取邀请专业人员进行专业宣传、积极发挥党员先锋模范作用，推行“责任制”绿地养护模式等方式，有效解决了小区毁绿种菜的现象。此外，蚌山区还通过主动向居民征集意见建议，真正实现百姓“点题”，政府“解题”，并最终达到“政府买单、居民买账”的共赢局面。

3. 社区自治功能进一步回归

通过社区协商这一形式，蚌山区改变了以往由政府自上而下派发式来解决问题的工作方式，使居民获得了知情权、参与权、表达权和监督权，加快了基层党组织职能转变，提高了社区自治能力。同时，激发了社会有关团体参与共建社区的热情，扩大了社会力量发挥作用的空间，社会组织得以蓬勃发展，社区自治功能得到回归。

总之，蚌山区通过社区工作中搭建“六事”协商议事平台，推进基层协商民主，创新社区治理模式取得了积极成效。据最新统计，至2020年7月，该区已有37个室内议事平台，53个室外议事平台。1—6月份，社区协商工作完成群众密切关注的议题56个，新建、改建11个社区协商议事平台，为确保畅通村（社区）不同利益群体间的沟通渠道，吸引多元主体参与基层治理，为营造共建共治共享社会治理格局夯实基础。

三　社区协商治理实践中需要着手解决的问题

近年来，蚌山区“六事”工作机制在社区治理中发挥了良好的作用，但随着发展环境多样化、居民诉求多元化，基层治理背景也更加复杂，社区协商治理中也暴露了一些问题。

（一）社区居民协商参与度比较低

居民是社区的主体，是协商治理的主体。社区协商治理的一切都是为了居民，为了更好地推进社区自治和提高服务质量水平，所以，只有居民积极参与社区事务、参与协商，才能突出协商的本质，体现协商的价值，发挥社区自治的功能。然而，通过调查发现，居民参与积极性不高是社区协商民主面临的共性问题。

社区居民协商参与度不够高，具体表现在参与意识不足、参与主体不均衡、对社区协商认识不到位等方面。在参与意识方面，居民没有认识到自己才是社区的主人，参与积极性不够高，参与意识也较薄弱，对社区集体事件和公共事务的重视度不强，部分居民对居民议事会、公益活动、听证会持观望的态度。在参与主体上，年龄较大的离退休人员参与频率比较高，单位在职人员和中青年等具有较高参与能力的群体参与较少，社区单位和社会组织参与也不够高。在参与内容上，居民大都倾向于关系自身利益的事务，而对社区建设、社区整体发展规划等活动参与度较低，在民主评议、民主监督等权利的行使上也不彻底。部分居民对居委会认识不到位，依赖性较强，自主性较差。在参与能力上，居民由于缺乏政策、经验等方面的支持，缺少社区决策制定所必需的问题流程和政策流程，或出现决议偏差难以执行，打击了公众参与的热情。此外，当前社区人口流动性较强，社区尚未真正形成一种“精神共同体”或“文化共同体”，影响社区协商治理的顺利开展，居民参与效果不佳。

（二）社区治理行政化色彩浓厚

我国《城市居民委员会组织法》明确规定，居民委员会是居民自我管理、自我教育、自我服务的基层群众性自治组织。同时规定，不设区的市、市辖区的人民政府或者它的派出机构对居民委员会的工作给予指导、支持和帮助。居民委员会协助不设区的市、市辖区的人民政府或者它的派出机关开展工作。由此可见，政府及其相关机构与社区居委会和社区社会组织应是支持、指导、帮助的关系，而不是领导与被领导的关系。然而实际上，由于长期以来，受到行政因素的渗透，社区居委会在一定程度上是很难脱离上级政府行政命令式约束的，于是两者之间虽然在法律上来讲是指导与被指导的关系，然而在现实中街道党工委办事处与社区之间已经变成事实上的“领导”与“被领导”的关系，社区逐渐演变成政府职能机构的最低一级管理部门，社区治理也就被“行政化”了。这种“行政化”倾向不仅不利于社区治理的发展，还降低了社区服务的质量，也影响了居委会的形象。

在调研中发现，居委会现有工作人员的绝大部分工作，来源于上级街道办事处分派的事务性工作，“上面千条线，下面一根针”，社区基本承接了街道的各项下沉的公共服务，潜移默化地变成了最基层的政府，据统计，社区承担了大约20个大类近300个小项事务，居委会工作人员每天忙得团团转，周末节假日加班如家常便饭，日常负担“压力山大”，哪里还有充足的时间去登门入户。社区是个筐，什么都往里装，尤其是近年来城市拆违拆临、拆迁安置、老旧小区改造、文明城市创建、安全维稳排查、退役士兵登记等政府事项的完成都最终落脚在了社区。社区工作任务超负荷，社区工作者大量的时间忙于应付各种盖章、证明、登记等，这些复杂琐碎的社区事务致使社区这个基层协商民主的中坚力量，来组织开展多种形式的民主协商的精力不断减少。

（三）社区社会组织作用发挥不明显

社会组织在承接社区服务、组织居民、为居民提供参与协商平台等方面有重要作用，然而，社会组织当前无论数量还是质量都还未达到满足服务社区的要求。真正有能力承接公益性项目的社会组织毕竟只有少数，并且基本都是达到一定规模的或是通过政府扶持而建立的社会组织。很多社会组织目前仍存在组织零散、管理混乱、人员流动性大等问题，尚达不到政府扶持的标准。社会组织发育缓慢的原因有许多方面，在自身方面，存在资金、人才、制度等方面的限制；政府向社会组织购买服务还不太普遍，对社会组织的孵化培育力度不强，依靠社会组织服务社区的意识不够高；居民对社会组织的性质、功能认识不明确，参与其中的意愿不强，支持力度不大，这些都不利于社会组织的发展壮大。

通过调查发现，社会组织活动资金缺乏和能力不足在很大程度上制约了其发展和作用的发挥。此外，社会组织总体数量不足，质量参差不齐，规模偏小，公益不足，公信度不高，优惠政策较少且难以落实，现实情况下，很难完全独立有效开展社区建设和服务项目。社会组织成员中专业服务人员、全职服务、有扎实实践经验的人较少，且大多为退休老干部、老教师、老专家以及大学生志愿者。目前的社会组织多为公益慈善类组织，社会事务类和便民服务类组织比较缺乏，因此难以承接社区建设和服务项目。

（四）协商运行机制不完善

随着城市居民主体意识的增强，居民对社区治理中的协商民主机制要求也越来越高。社区协商治理中出现的居民参与度不够高等问题，最根本的原因就是协商运行机制不健全。因此，要健全社区协商治理的运行机制，必须解决制度不成体系、不健全等限制基层协商民主治理发展的问题。

协商民主的形式较为单一。目前蚌山区社区协商民主的形式主要是依靠民情议事会，虽然建有微信群、公众号平台等信息化协商议事终端，但利用率不高，同时限于社区议事会成员及社区居委会成员年龄偏大，对信息化议事平台的利用不充分，这显然在当下这个信息高速发展的时代，已然跟不上信息发展的脚步，在很大程度上无法满足年轻群体、流动群体的参与协商的需求，而且组织一次协商会议的成本高、过程透明性不够，还需要探索更多适应民众的协商民主新平台、新形式。

（五）监督保障机制不健全

为了保证社区协商民主真正发挥作用，协商民主的制度保障监督机制非常重要。如果一个协商方案得不到有效的执行，缺乏协商后期的保障机制，那么真正意义上的民主是不可能实现的。

社区在开展协商实践的过程中，原则上居民可以通过社区细则、制度规定中的民主评议会、社区事务公开制度以及居委会的定期报告工作来实行民主监督。但在实际的操作过程中，社区工作存在部分打“擦边球”和“投机取巧”的现象，“走过场”“做样子”的现象时有发生，大大降低了协商过程的价值与效果。此外，在民主评议会的过程中，有些居民为了“自保”，存在不敢说、不实言、不好讲的现象，趋于从众的心态，附和着别人走，导致民主监督“名存实亡”，很难落实到位，降低了社区协商民主所具有的强化社区监督的效果。

四　推进社区协商治理与治理现代化的对策建议

社区协商治理与治理现代化，指的是以社区成员自治为基础，社区利益相关者自觉以民主协商的方式合作供给社区公共品的基层社区治理体系。其核心是社区“民主选举、民主决策、民主管理、民主监督”的治理机制，社区居民通过直接或间接参与社区公共事务和公益事业，其目的是满足社区成员的公共需求，维护社区公共利益，实现社区“自我教育、自我管理、自我服务、自我约束”的目标。据此，推进社区协商治理与治理现代化既是真正满足社区居民群众公共需求和真正落实社区居民群众民主实践需要，也是真正保障居民群众民主权利的需要。结合蚌山区社区协商治理中的成功做法以及存在的问题，不断地创新社区治理工作机制，积极创建管理有序、服务完善、文明和谐的新型现代社区，提出以下几点思考与建议。

（一）创新理念 实现共建共治共享

党的十九大报告指出，打造共建共治共享的社会治理格局，是对“完善党委领导、政府负责、社会协同、公众参与、法治保障的社会治理体制”认识拓展和理念的进一步升华，蕴含着对人民日益增长的美好生活需要的满足、对全体人民民主参与意愿和参与权利的遵从、对人民当家作主的肯定，为新时代的社区治理提供了新思路、新方法和新方向。共建共治共享引领下的社区协商治理能够充分调动多元治理主体参与社区治理，使其平等地参与到社区治理之中，从而有效地整合社区多元利益，将不同的利益主体融入到社区的利益分配之中。

共建共治共享要求多方治理主体共同参与到社区的治理过程之中，共同推动社区事务的解决和社区建设的发展。在社区治理范畴内，共建指的是多元治理主体共同参与社区建设，从社区的利益分配、环境维护、经济发展、文化培育等方面推动社区的发展和完善。共治指的是多元主体共同参与社区的治理，不同的治理主体通过发挥自身的组织优势和资源优势，以协同合作的方式共同参与社区的治理。共享指的是共同享有社区治理的诸多成果，它是社区共建共治的结果，只有真正参与社区建设和社区治理的治理主体才能够具有参与利益分配的权利，共享实质上是一种利益分配的结果，它建构的是一个基于共建共治前提下的利益共享机制。社区治理中的共建共治共享回应了当前社区建设过程中的矛盾变化和现实需求，它要求多元治理主体共同参与和共享成果，其核心在于社区治理中的多元治理主体互动，不同的治理主体共同承担社区治理的责任和义务。其目的是推动社区建设，实现社区发展和稳定。

（二）优化协商主体结构 厘清政府和社区的权力责任

1. 优化协商主体结构

中共中央、国务院《关于加强和完善城乡社区治理的意见》提出了发挥“四个作用”，即基层党组织发挥领导核心作用、基层政府发挥主导作用、基层群众性自治组织发挥基础作用、社会力量发挥协同作用。在政策指导下，协商主体结构既要遵循政治方向，也要根据实践不断优化。社区楼院一级的协商主体应该包括党组织、居民、社会组织、辖区单位、居委会等，要厘清各主体责任义务以及相互之间的协商互动合作关系，认清不足之处，找到完善措施。

2. 克服和消除居委会行政化倾向

居委会作为群众性自治组织，是居民利益的代表，是居民反映问题、寻求帮助的对象，担负着建设社区、促进社区自治、服务居民自我管理的责任。社区楼院协商治理设立的楼院居民议事会，也需要居委会的帮助和指导。居委会必须从行政化倾向的事务中解脱出来，以居民需求为重。为此，居委会需要明确其功能定位，更要提高其自治能力。政府要把群众自治范围内的事交给群众自己管理，给予社区居民管理社区事务的权利，真正做到放权于民，使社区居民拥有管理与自身利益相关事务的权利，真正发挥社区协商民主的作用。

（三）加强队伍建设 提升协商民主主体素质

协商民主在社区开展的深度和实际运行的效果，很大程度上取决于参与主体的作用发挥。参与主体的素质能力和参与意识很大程度上决定着协商民主效果的实现。对社区参与协商的主体应根据客观实际情况，以提高道德素质为中心，以培养专业技能为重点，不断培育和养成他们的协商素质，既是社区治理现代化的客观要求，也是为社区的发展、建设献力献策的基础保障。

1. 提高居民民主意识和主体意识

增加社区协商居民参与度，居民强烈的参与意识是基础，居民有效参与的能力是促成协商、取得协商成果的关键。在社区展开的各项实践活动，社区协商民主不应只是一个空口号，而应真正落实到位，在居民心中“生根发芽”。社区的居委会作为一个基层群众性自治组织，践行的是直接民主，自己选举当家人，居民的民主权利原则上可以得到充分的实现。因此我们可以借助社区协商民主，不断改善和普及人们的民主意识。要消除居民传统的依附思想。在协商中平等看待自己与政府、居委会社区组织等其他参与主体的关系，将自己作为协商人员中的主体，理直气壮地表达自己的想法和建议。了解居委会的工作职责，遇事主动反映给居委会，主动寻求帮助。改变对社区协商的看法，关心社区的发展；关注社区协商成果的落实，发挥监督的权利和责任，把社区当作大家庭，将自身置于社区整体，追求社区整体利益。

同时，政府要通过各种形式提高居民参与能力，发挥人民主体地位和作用，真正将协商落到实处。政府应引导居民对参与效能的正确认识，提高居民对自我决策的认同和参与权的运用。通过营造氛围、搭建平台、吸纳意见和采用技术手段等多渠道，培育城市的公民精神。大力推动公益诉讼，鼓励居民表达利益诉求，发表意见和建议，提高居民参与协商议事的能力。加强宣传教育引导，使居民从内心认同参加社区事务协商的重要性，变被动为主动、变消极为积极。

还应充分发挥社会组织在带动居民参与上的重要作用。社会组织营造的自主服务、志愿奉献的氛围有利于提高居民参与社区协商的积极性；社会组织是居民重要的沟通桥梁，居民可通过加入社会组织进而参加社区协商，提高了参与协商的能力。因此，政府要支持鼓励社会组织发展壮大，培育社会组织，增强其联系居民、服务居民、凝聚人心、促成协商的作用。

2. 提升社区工作人员的素质

新时代社区协商民主有效开展，需要一支高素质的社区工作人员队伍。要实现对社区的事务进行管理和服务，必须提高社区工作人员的办事效率和业务能力，需要不断地努力学习掌握科学知识，提高内在素质，锤炼过硬本领，使自己的思维视野、思想观念、认识水平跟上越来越快的时代发展。出台和完善相关的社区工作规范、条例、制度和工作质量考核标准，严格负责好社区的工作责任。提高和保障社区工作人员的福利水平，根据当地经济的实际情况，与当地经济水平相适应的调整社区工作者的工资待遇和福利水平，重视发挥广大基层干部群众的首创精神，让他们的心热起来、行动起来。大力推进领导班子年轻化，逐步培养成经得起时代风浪的考验、社区居民信赖、勇于自我革新、朝气蓬勃的工作队伍。

（四）增强社区认同 培育社区精神

1. 提高居民对社区的认知和热爱

社区精神是指在居民组成的社区中形成的一系列包含民主、自由、平等、守法、合作和负责等以维护公共利益为取向的价值观念。它是居民对社区的认可、对公共规则的认同、对社区文化和社区价值的赞同。社区精神的形成需要社会资本的积累。社会资本中的信任和规范，是社区参与主体长期的累积而形成起来的，并且这一资本会随着时间和使用的增加而不断增加。社区协商的开展必须使参与的主体建立在信任的基础上，才能精诚合作，平等参与，建立共同的情感基础和认同前提，从而增加治理主体的心理认同基础。社会资本的网络是组织、个体等主体间纵横交错的社会网络，可以凝聚力量，促进形成公民品格，增强居民对其他人和公共事务的关心，主动参与集体活动，促进社区协商。通过组织居民积极主动学习《物权法》《物业管理条例》《楼院居民议事会议事制度》等，切实增强居民归属感，将自身的行为和社区整体利益联系在一起，感受对社区公共资产拥有参与和管理的权利与责任，增强对社区的认知和热爱。

2. 强化社区文化引领作用，培育心口相传的社区精神

通过社区心理服务体系建设、社区文化墙建设、社区道德评议机制、社区教育网络等，营造与邻为善、以邻为伴、守望相助的良好社区氛围，形成良好的邻里关系。对社区中优秀社会组织、优秀志愿者开展的服务活动进行宣传报道，让居民在精神感化中也形成自觉行动，加入社区服务队伍，形成社区互助友爱价值观。

3. 积极优化社区环境，使社区活动常态化

通过组织“社区文化体育节”“社区邻居节”“邻里守望”志愿者活动等群众性文化活动、开展优秀楼栋长等“身边的榜样”评选活动、鼓励居民自发举办包饺子等趣味活动，带动居民融入社区、乐于参与，有利于社区自治。构建居民互动网络平台，将平台上不同的服务分类，居民可以发布自己需要的服务也可以选择自己可以提供的服务。居民每一次提供服务都会有相应的

爱心积分，可凭积分兑换自己所需的服务。这种共享服务，使居民在提供服务和接受服务过程中培养了平等互信互助精神，形成社区归属感和共同的集体利益行动。

（五）推进项目化运作 打造多样化平台

1. 探索运用项目化运作方式

项目化运作方式是将社区治理工作转化为具体的项目，社会和市场申报、实施、完成认领的项目，可减轻政府工作负担，提高社区服务的效率，也使得居委会从繁重的任务中解放出来回归本职工作，履行好组织居民自治的责任。项目化运作方式的主要承担者是社区社会组织，不同种类的项目需要不同类型的社会组织，例如便民服务、环境卫生、体育文化、纠纷调解、公益慈善等。社会组织作为承接社区治理各项目的载体，在促进社区发展、提高居民生活水平方面发挥着重要作用，政府应采取有效措施，推行项目化运作方式并鼓励社会组织积极参与。

2. 打造多样化平台

居民参与的平台应多样化，要根据开展协商的地域、条件、性质的不同，建设“居民议事园”“居民之家”“社区党群服务中心”“社区文化广场”等固定场所。截至2019年6月，我国网民规模达8.54亿，互联网普及率为61.2%。我国手机网民规模达8.47亿，网民通过手机接入互联网的比例高达99.1%。协商平台必须结合“智慧社区”建设，发挥信息化网络的作用。政府应鼓励推动“互联网+社区协商”的实践和发展，支持社区积极发挥网络新媒体在居民参与协商中的作用，丰富线上协商平台，促进协商平台多样化。

3. 大力培育社会组织

社会组织是参与社区协商治理的重要主体，在协同治理社区、促进居民融合、集结居民意愿、调节社会矛盾、提供公共服务等方面发挥着重要作用。培育社区社会组织，要采取多种方式。首先，政府要为培育社会组织启动助力计划，除了简单的资金扶持，更重要的是实现社会组织的自我成长，提升专业能力。政府通过购买服务的方式，委托社会组织参与社区治理，为社会组织参与社区服务提供平台。其次，要改善社会组织的形象，增加居民对社会组织的信任，为社会组织营造良好的发展环境，降低准入门槛，通过设置相应的激励和奖励措施，使社会组织更加积极参与社区协商和服务。此外，借鉴国内社区治理经验，将对社区组织的培训纳入政府工作规划，出台相应的政策文件，成立社会组织专门管理机构，建立社会组织学院，为社会组织接受精准系统的培训提供长效机制。

（六）规范程序 健全监督保障

1. 规范协商议事程序

我国各地方积极探索创新社区治理方式，出现了很多行之有效的协商治理结构模式，但大都缺乏具体的程序性设计，缺乏制度的具体指导，在具体操作实践中具有主观性。在治理理论和协商民主理论指导下，社区协商应该使各参与主体在民主的形式下，经由科学合理的协商程序，理性参与，实现治理效益最大化。推进国家治理现代化，就是要运用现代治理的理论和方法，实现权利公平、机会公平和规则公平，维持国家和社会的长治久安，因此，社区协商治理要在保障公平的基础上采取措施，规范协商议事程序。

2. 加强社区协商保障体系建设

健全社区治理的规章制度，是社区协商保障体系重要内容。要根据不同的主体和内容做到多角度、全方位，明确界定各协商主体之间的职责权限，明确居民议事会的选举规定，对社区经费和场所来源问题作出明确规定。同时，要强化社区协商民主的组织保障，建立协商成果考核监督机制，从考核制度上推动协商民主开展，社区协商民主议题、程序、结果要主动公开，接受社区群众的监督，督促协商成果落地落实。

3. 重视和推进社区治理法治化

推进社区协商民主治理法治化，用法治精神引领社区治理，用法治思维谋划社区治理，用法治方式破解社区治理难题，坚持依法议事。坚持法治思维和运用法治方式开展民主协商，推动协商法治化、制度化、规范化，赋予协商共识合法性。

4. 健全监督机制

社区协商治理运行机制是一个从协商议题的选择到协商成果的落实的完整过程，各环节都是保障治理有效的不可缺少的环节，需要加强对协商后续环节的重视，做好监督工作，通过健全监督机制，充分调动协商主体的监督责任意识和监督积极性，为监督提高平台，保障协商结果得到有效执行。

总之，蚌埠市蚌山区在处理社区事务中，以协商议事来凝聚共识。社区群众广泛真切地参与到社区公共事务的民主决策、民主管理、民主监督中，让社区回归法律规定的自治本位，是探索协商民主的重要实践形式。但也要看到，我国社区协商治理推行时间还不长，还存在诸多问题，这些都需要认真学习贯彻习近平总书记关于协商民主的重要论述，真正做到“有事好商量，众人的事由众人商量”，真正让人民群众直接参与到社会治理中来，使人民群众的利益诉求和意见表达渠道得以畅通，凝聚全体人民的智慧和力量，努力推进社区治理现代化进程，构建起“共建共治共享”新时代基层社会治理的新格局。

参考文献

习近平.决胜全面建成小康社会 夺取新时代中国特色社会主义伟大胜利——在中国共产党第十九次全国代表大会上的报告[M].北京:人民出版社,2017.

俞可平.增量政治改革与社会主义政治文明建设[J].公共管理学报,2004(1):8-14.

夏锦文.深刻认识和有效克服能力不足危险[N].人民日报,2018-05-06(5).

高尚.以协商自治助推社区治理体系优化升级[J].国家治理,2019(3):68-71.

农村"六型社区"创新实践研究

——基于淮北市杜集区的案例分析

郭敬东[1]

摘　要： 不断提升农村居民生活质量和文明素养，努力构建新型乡村治理体制机制，是当前和今后长时期农村社区建设的重要目标和任务。杜集区结合当地实际积极创新工作方式，努力探索基层社会治理"六型社区"模式：打造"开放式"村部，构建"开放型"社区；提升服务功能，构建"服务型"社区；以经济发展与农民增收为重心，构建"富裕型社区"；加大人居环境的治理，构建"优美型"社区；健全法制，拓宽农村居民的参与渠道，构建"阳光型"社区；发挥社区协商的作用，构建"和谐型"社区。通过"六型社区"的创建，积累了初步经验，为有效推进农村社区治理和乡村发展提供一定的有益借鉴。

关键词： 农村社区　杜集区　"六型社区"　创新实践

农村社区是乡村治理中的最基本的单元，其治理的良善与否直接关乎着国家治理体系和国家治理能力现代化的实现。为了有效地推进农村社区治理，党和政府在农村社区治理方面制定和实施了一系列战略举措，意在构建产业兴旺、生态宜居的乡村社会。2015年，中共中央办公厅、国务院办公厅印发《关于深入推进农村社区建设试点工作的指导意见》，对农村社区治理的路径

① 郭敬东，博士，安徽师范大学法学院副教授，硕士生导师，安徽师范大学法治中国建设研究院研究员。

进行了明确要求，并强调“农村社区建设要在党和政府的领导下，在行政村范围内，依靠全体居民，整合各类资源，强化社区自治和服务功能，促进农村社区经济、政治、文化、社会、生态全面协调可持续发展。不断提升农村居民生活质量和文明素养，努力构建新型乡村治理体制机制”①。最近几年，安徽省在贯彻和落实国家制定的推动乡村发展的战略部署基础上，积极探索农村社区治理的新方法与新措施，各地相继开展了农村社区建设的试点工作，并取得了很大的成绩。其中，淮北市杜集区在农村社区创新实践方面积累了一些经验。在充分发挥基层党组织的政治动员与方向引领的基础上，杜集区以农村社区自治为抓手，不断强化农村社区的服务功能，发挥党员在基层社会治理中的模范带头作用，切实通过招商引资等措施发展当地特色产业，逐步提升民众生活水平，打造出了颇具地方特色的农村社区治理模式，2018年获得“首批全国农村幸福社区建设示范单位”称号，同年，农村“六型社区”创新实践获全省基层社会治理创新十大成果。通过对杜集区农村社区创新实践的调查，总结和分析其取得治理成效和治理经验，为农村社区治理提供一定的有益借鉴。

一　杜集区在农村社区治理创新前面临的问题

杜集区为淮北市属区，地处淮北市东北部，面积230.2平方千米，人口约34.2万人。辖区内有段园、石台和朔里三个镇，高岳和矿山集两个街道办事处，41个村（社区），南部与淮北市的相山区和烈山区相连，东部、西部和北部与宿州市的萧县接壤②。与淮北市其他行政区相比，这一地区属于城乡结合地带，农业人口众多，属于典型的农村社区聚集地。在杜集区政府进行农村社区创新实践之前，这一地区的农村社区治理存在着以下三方面的问题，这些问题也是当时大部分农村社区普遍存在的问题。

---

① 关于深入推进农村社区建设试点工作的指导意见[M].北京：人民出版社，2015：3.

②淮北市地方志编纂委员会.淮北年鉴2018[M].北京：方志出版社，2019：39.

（一）人居环境需要进一步改善

首先，由于杜集区辖内的多数农村社区与各个煤矿紧密相连，受此影响，许多农村社区的人居环境并不是非常理想。粉尘污染、工业废水污染等严重影响着当地农村社区居民的生活品质。其次，由于杜集区的农村社区地处郊区，政府在基础设施建设方面的投入相较于城市社区而言相对较少，这也导致了杜集区农村社区的居民所享有的医疗资源、教育资源等相对不足，许多农村社区居民出现了看病难，上学难的问题。最后，由于许多青壮年常年外出打工，家庭里往往只剩下老人和儿童，这导致了不少农村社区出现了"空巢老人"和"留守儿童"。一些犯罪分子将目光投向了农村，入室盗窃的现象时有发生，这对农村的社会治安形成了一定的威胁。

（二）农村社区居民的收入亟待进一步提高

首先，杜集区地处安徽北部，辖区内基本上是以平原为主。农村社区居民的收入主要是依靠传统的农业生产，收入方式较为单一。一些农村社区由于与煤矿接壤，其周边的田地因煤炭开采的原因而出现了坍塌等情况，这给当地的农业生产造成了一定的负面影响。其次，在传统的农业生产中，一些具有特色的产业没有做大做强，如本区内的段园镇，是葡萄生产基地，种植规模较为庞大，但因为缺乏品牌的影响力，其销售额一直没有得到大幅度提升，受此影响，农民的增收也受到了相应的限制。又如高岳地区的酥梨，也是当地特色水果，与砀山酥梨品质不相上下，但由于缺乏品牌塑造以及销售宣传，使这一地区的梨业发展还存在巨大的提升空间。这些问题都影响到了当地农村社区居民的收入。

（三）公共事务的参与意识较为薄弱

由于传统乡土文化的影响，农村社区居民对社区内公共事务的参与意识普遍不高。对于诸如社区内公共设施的修建，公共事务的表决以及公共环境的维护等方面，农村社区居民的积极性和主动性并不是很强。在推行农村社区创新实践之前，杜集区的农村社区治理也存在这方面的问题。对于一些农村社区中的公共事务，一部分社区居民将其视为基层领导的工作，并没有在自己内心中树立起社区主人翁的意识，且对于社区中的公共治理持有一种冷漠感，缺少行动的积极性和主动性。

二 杜集区创建农村“六型社区”的举措

近年来，为贯彻中央关于深入推进农村社区建设精神，杜集区政府在调研的基础上进行合理决策，对杜集农村社区治理进行了探索和创新。概括起来，其主要措施有六个方面。

（一）“开放型”社区的实施

2008年，为了突破农村社区治理中的瓶颈，推动农村居民积极地参与乡村管理事务，杜集区党委和政府在经济条件较好的双楼村进行了试点工作，并取得了良好的效果。双楼村隶属于杜集区高岳街道办事处，由8个自然村组成，人口5663人。村内共有党支部5个，党小组9个，党员138名。在杜集区党委和政府的领导和推动下，双楼村通过实践调研，率先在全区实施了“开放式村部”的打造计划。

首先，为了加强村部与农村社区之间的联系，树立以人民为中心的政治服务理念，双楼村主动拆掉了村部外边的围墙，每一个农村社区居民都可以在有需要的时候进入村部。与此同时，为了方便民众进入村部办事，双楼村全面取消了相关机构的专用办公室，将村部中的各个机构人员安排到大厅集中处理事情。这种做法事实上是将村部的权力运行置于广大人民的监督之下，增进了双楼村民众对村部的信任感和亲近感。

其次，围绕农村居民经常出现的社会治理方面的问题，双楼村在村部成立了党员活动室、图书阅览室、为民服务代理室、文体活动室、计生服务室、调解警务室。设立党员活动室的目的有两方面：一是通过集体活动加强党员之间的联系，并围绕相关主题展开活动，借此在基层党员心中树立以人民为中心的价值理念；二是在党员活动过程中，基层党委可以有效地将党的关于农村社会治理方面的政策及时地传递给广大党员，发挥他们在政策落实方面的积极推动作用。设立图书阅览室的目的主要有三个方面：一是使广大村民在闲暇时间可以阅读相关的报刊图书，提升他们的科学文化知识，为他们勤劳致富奠定知识基础；二是定期在图书阅览室进行相应的文化宣传和教育，提升乡村居民的道德认识水平，进一步推动淳朴乡风的形成；三是围绕图书阅览室打造立体化的农村公共文化服务体系，为良好家风、村风、乡风的形成和确立提供文化推动作用。为民服务代理室则主要是为了村两委在职权范围内帮助农村居民办理相关的简易事项，围绕美丽乡村建设的目标为广大农村居民提供致富增收方面的信息咨询，以及接受和调解群众的一些上访工作等。文体活动室则是通过开展村级的各项文体活动来培养和增强双楼村居民的幸福感等。如双楼村基层党委在与高岳街道联系并对接的情况下，经常开展一些文艺演出下乡活动。2013年重阳节，双楼村即开展了大型文艺演出，上演了《好日子》《山路十八弯》《红色娘子军》等节目，为广大民众特别是老年人增添了节日的快乐。计生服务室则主要是为了有效地推动基层农村社区的计生工作，增进双楼村居民对计生知识的了解。调解警务室则主要是为了解决双楼村居民之间发生的一些纠纷，以便更好地推动良好社会风气的形成。

最后，针对农村社区居民政治参与度较低的状况，在基层党委的引领下，双楼村设置了党务公开栏、村务公开栏、信息发布栏、政策宣传栏等，并及时地在相关的栏目中刊登民众所关心事情的处理状况。为了使每个双楼村居民能够及时了解本村的政务信息，基层党支部经常动员党员干部深入到基层，将相关的政务处理情况讲解给广大的民众。同时，为了强化农村社区居民政治参与度，发挥村民自治在推进乡村治理中的重要推动作用，双楼村还坚持通过升国旗仪式等方式来塑造双楼村居民对党和国家的认同意识，培养他们的主人翁意识和政治责任感。

从实施效果来看，双楼村推行的这些措施在推动农村社区治理方面起到了重大的作用。双楼村也被媒体誉为“全国开放式村部的发源地”。在双楼村试点取得效果的基础上，杜集区开始在全区推广双楼村的经验，努力构建“开放型”的农村社区。首先，杜集区在全区实行了“拆墙”行动，共拆除了四十多个村部的围墙。在“拆墙”的同时，杜集区实施了“8145”工程，即在村部及其附近建立党员活动室、图书阅览室等8个功能室，1个村级农村社区居民活动场所，4个村务、政务等方面的公开栏以及5个农村社区活动中心。这一措施的实施实际上是把村部变成连接人民和政府的纽扣。村部既是他们村级干部的办公场所，也是农村居民办事的场所，更是全村人民娱乐的场所。自2008年以来，杜集区先后共投入了6000余万元打造开放型村部打造，先后改建的村部达到200个，实现了全区村部改造的全面覆盖。

（二）“服务型”社区的打造

在“开放型”社区实施的基础上，杜集区积极尝试“服务型”社区的规划和构建。在农村社会治理过程中，由于行政程序问题，经常存在着民众无法一次性办完相关事宜的情况。为了一个相关的证明，不少民众往返于家庭与村部之间。为了避免这种情况的发生，杜集区在“以人民为中心”理念的指引下，依托村部开放式的平台，取消了各个机构的办公室，将相关的机构人员全部安排为民服务大厅中工作，实施“一站式”的服务模式，坚持和奉行“群众动嘴，干部跑腿”的服务理念，使广大民众可以在为民服务大厅中享受全程式的服务。

同时，杜集区还积极发挥党员在“服务型”社区打造过程中的积极作用，实施“联帮包”的机制。一个农村社区由一名区级干部交流联系，一个区的部门负责对其进行直接帮扶，解决其发展中遇到的问题，再由一个镇的领导对其进行相应的包保。根据杜集区的规定，区级领导一个月至少两次要深入到所联系指定的农村社区进行工作指导，负责帮扶的单位的主要负责人一周至少两次要到所联系指定的社区，处理和解决群众日常遇到的问题和困难。镇级干部要经常深入包保村了解其情况。在这种机制下，杜集区的农村社区治理逐渐往良性健康的状态发展。如在2018年7月3日，杜集区委副书记、区长周无事赴杜集区的任庄村展开“联帮包”工作，围绕任庄村的具体情况，在信访维稳、脱贫攻坚、环境治理等方面听取了村级负责人的汇报，并就任庄村下一步的工作展开给予了指导。2019年4月4日，杜集区直机关工委刘翠芝书记与工作人员深入到高岳镇的韩楼村进行工作指导，就农村社区中环境治理、脱贫攻坚、扫黑除恶等事宜与韩楼村的负责人进行了深入交流，并提出了切实可行的指导意见等。

（三）“富裕型”社区的推动

党的十八大以来，杜集区在深入贯彻和落实国家的乡村治理政策的基础上积极拓展思路。一方面，为了推动本区域经济的发展，杜集区通过实践探索，以农村社区转型为契机，积极发挥村支部、村委会和合作组织在乡村治理中的作用，给予他们一定的政策支持，使他们可以根据本地的具体情况进行招商引资或发展产业，这一做法极大地调动了农村各个主体的积极性。另一方面，杜集区围绕当前经济发展的趋势，根据本区域的特点，重点扶持和打造了一批特色产业。在杜集区的东部，因有著名的龙脊山风景区，节假日游览的游客众多，杜集区充分利用这里的山地和田园景观，大力发展农业观光产业，而本地农村社区居民则在沿山、沿河地区相应地建立了颇有地域色彩的农家乐。在杜集区北部的镇，因有大规模的葡萄生产基地，杜集区在做大做强葡萄品牌的基础上，多角度构建产销一体的经营模式。同时，针对假期采摘活动的兴起，杜集区积极构建多个采摘平台。这些做法一方面带动和活跃了当地的经济发展，另一方面也为农村社区居民的增收创造了相应的条件。

此外，为了推动当地农村居民就业，构建“富裕型”社区，杜集区采取了三大措施。首先，区人力资源和保障局大力推行“春风行动”，在每年的春节等时间段都会联系一些企业，在各个街道或镇上进行招聘，其中不乏一些大型企业，如大金矿山机械有限公司等。一些农村社区居民在这些招聘活动中获得了较为满意的工作。其次，杜集区积极实行“走出去”战略，经常到本市的各家企业进行走访、调研，了解他们最新的用工需求。在充分摸底的基础上，杜集区将这些用工需求通过各个社区传递到每一个有工作需求的人手中，并利用微信等方式加强与用工单位和各个社区负责人以及有用工需求的人之间的联系。再次，杜集区大力推进就业帮扶措施，在本辖区内的三个镇、两个街道办事处以及29个农村社区中均设置了“就业和劳动保障事务所”与“就业和劳动保障工作站”，并通过社区培训等方式，积极增进农村居民的劳动技能，为他们更好地就业创造基础。最后，杜集区还通过社区工作人员，指导农村社区居民学习网络技术，将自己的一些信息发布到网上，通过网络了解和应聘相关的工作。

（四）“优美型”社区的建立

杜集区地处淮北市东部和北部，是煤炭生产的重要区域。在“六型”社区构建之前，不少农村社区的自然环境和居住环境普遍较差。一方面，由于煤炭生产所导致的粉尘污染非常严重，大部分农村社区都呈现出灰蒙蒙的景色。另一方面，因煤炭开采也导致了农村不少农田塌陷，成为塌陷区。区内污水横流，这给农村居民的日常生活造成了极大的不便。构建“六型”社区以来，杜集区积极开展农村环境治理，打造“优美型”的农村社区，其具体措施主要有三个方面：一是在区党委的领导下，杜集区将环境治理的任务分配到每个社区，并充分发挥基层党员在推动和实施社区环境治理中的积极作用；二是开展农村环境集中整治活动，对之前环境治理中的漏角、死角等进行逐一排查，实行责任到人的制度；三是大力争取政府专项资金的支持，如在2019年，杜集区获得了国家的农村人居环境专项资金的支持，并对农村人居环境进行了集中治理。随着这些措施的实施和推进，杜集区内的农村社区环境发生了巨大变化，宜居性逐渐提高。

（五）“阳光型”社区的推进

为了积极推进农村社区居民的政治参与度，发挥他们在社区治理中的积极作用。2016年，杜集区在农村社区开始尝试开展社区协商的试点工作。在充分听取民意反馈的基础上，杜集区制定了《杜集区城乡社区协商实施意见》，并开始尝试实行“一商四议两公开”的做法。一商即在农村重大的决策问题上充分实施社区协商；四议即在社区重大事项上，实行由村党支部对重大事项的实施进行提议，村两委在党支部提议的基础上进行商议并形成初步方案，党员大会对其进行审议，最终由村民代表会议对方案进行议决；两公开即议决的方案公开，方案实施的结果公开。这些措施的实施，其目的都是为了使农村社区中的权力运行公开化，使广大农村社区居民都可以加入进来，发挥他们对权力的监督作用。

（六）“和谐型”社区的构建

从和谐社区构建的角度来看，在打造“六型”社区之前，杜集区的农村社区治理主要存在三个方面的问题。一是由于大量青壮年农民外出务工，导致农村社区中存在不少留守儿童。由于缺乏相应的管理，这些留守儿童往往得不到应有的教育和人文关爱，在社会一些不良风气的影响下，一些人会走上犯罪的道路。因此，留守儿童的管理问题已经成为和谐社区建设中急需要解决的问题。二是与留守儿童问题同样突出的问题就是空巢老人问题。因为外出打工，不少农村社区的青壮年往往在年终时候回到家里与父母老人短暂相聚，过完年后便会外出打工。有的青壮年由于工作环境问题，甚至常年不回家。大量的老人不得不在家乡独自生活，并承担家里的农业生产活动。这些老人由于年龄较大，经常出现生病无人照顾等问题。三是在过年期间大量的农民工会返乡，由于缺乏相应的疏导和管理，会出现聚众赌博和寻衅滋事等行为，这给农村社区的治安问题也带来了极大的挑战。

针对这些情况，杜集区在充分实践论证的基础上，以和谐社区建设为中心，推行了三个方面的措施。一是针对留守儿童问题，杜集区在农村社区大力建设“留守儿童之家”，通过建立一套稳定的管理制度，定时的给这些留守儿童送去关怀和温暖。在留守儿童的安全管理方面，杜集区积极发挥党员的作用，使他们深入到每一个留守儿童的家庭，对留守儿童进行安全方面的教育。如在2019年8月，杜集区在石台镇进行了留守儿童及其监护人安全的专项教育。此次活动邀请了大量留守儿童以及他们的监护人，对他们发放了安全手册，并通过通俗易懂的语言向他们说明了安全方面需要解决的问题。二是杜集区大力推进“空巢老人之家”的建设，通过社区人员在节假日等时间段给这些老人送去温暖，并在春节、重阳节等节假日组织相应的老年娱乐活动，使他们感受到社区的关爱。一些有条件的社区还选拔了志愿者，针对农村社区中的老人展开相应的志愿活动。此外，杜集区的一些社区组织了免费的医疗体检活动，及时地对他们的身体状况进行了解。针对一些家庭生活困难的老人家庭，杜集区还通过脱贫专项帮助他们解决日常生活问题。三是在春节等农民工大量返乡的时间段，杜集区通过社区，积极组织大量的针对农村社区居民的文娱活动或招聘活动，使农村社区居民可以通过文娱活动来丰富自己的精神生活，在闲暇时间可以参加招聘活动，选择自己喜欢的工作。从而避免一些农村社区居民由于外在的诱惑而进行聚众赌博等行为。这些措施的实施使得当前杜集区的农村社区的各种社会矛盾大为减少，人们之间的关系和感情也较以前大为加深，干部和民众的关系也得到了改善。

三　杜集区创建农村“六型社区”的经验

围绕“六型社区”的建设，杜集区积极创新工作方法，借鉴了相关地区的管理经验，并取得了一定的成绩。由于治理机制健全，服务功能突出，管理水平周到，实施效果良好，在2016年，杜集区就获得了“全国农村社区建设实验全覆盖示范单位”等称号，具体来说，淮北市杜集区在创建农村“六型社区”取得的经验主要有以下三个方面。

（一）坚持党委在农村社区治理的方向引导与推动作用

在农村社区治理过程中，杜集区非常重视和发挥党委的方向引领与推动作用。一方面，杜集区党委高度重视党建工作，积极在党员中贯彻和落实“两学一做”活动，提升基层党员干部的科学工作能力，发挥他们在农村社区治理中的推动作用。如在段园镇，在区委的领导下，镇党委每季度都会对村两委的干部进行知识培训，形成了一套制度化的培训机制。培训的内容涉及党的路线、方针、政策的学习，乡村治理中的法律法规学习，农村生产中的科学技术学习，以及农产品的市场销售方式与渠道的学习。这套培训机制提高了基层广大党员干部在农村社区治理中的能力。另一方面，杜集区党委经常围绕农村社区治理中的突出问题进行专项督查。如在2019年11月11日，区委副书记带领相关工作人员进行了“行走杜集”活动。他们深入杜集区徐暨村、任庄村、坡里村、徐楼村等，就农村社区的人居环境整治状况进行了调研和督查。通过这次行动，杜集区党委发现了当前杜集区人居环境治理过程中存在的三个问题：一是有的农村社区执行力度不够，工作需要进一步落实；二是农村社区人居环境整治缺乏群众的深度参与，基层党政干部在宣传和动员方面还需要进一步加强工作；三是一些人居环境整治措施没有到位。针对这些情况，杜集区党委通过督促各个街道办和农村社区，加大了对辖区内农村人居环境整治的力度和广度，并收到了良好的效果。

（二）以“三治结合”为抓手，构建共建共治共享的基层社会治理模式

杜集区积极借鉴“枫桥经验”，将自治、法治和德治有机地融合到农村社区治理中，打造了人人建设、人人参与、人人享有的基层社会治理模式。党的十九大提出了在乡村中构建自治、法治、德治相结合的战略方针。杜集区在贯彻落实这一政策的基础上，积极结合区内特点进行了相关的实践探索。首先，在农村社区居民自治方面，杜集区积极推进创新措施。2018年，淮北市政府制定了《关于以村民小组或自然村为基本单元的村民自治试点方案》。这一文件出台后，杜集区根据自身情况，开始以区内石台镇为试点，将自治权力由以前的行政村进一步下放到辖区内的村小组或自然村。这一政策的实施实际上进一步调动了广大农村社区居民的政治参与感和政治责任感，使他们可以在决策时就本小组或本自然村的具体情况展开充分讨论，集思广益，积极为村小组或自然村的发展建言献策，进行民主协商。其次，在农村社区法治建设方面，杜集区通过多种措施提升农村社区居民的法律意识，培养他们的法律观念。如2019年1月11日，杜集区人民检察院就开展了“美丽乡村检察行”活动，他们深入到区内的石台镇，向农村居民发放普法宣传手册，并就群众提出来的法律问题给予当场解答，针对石台镇外出务工农村居民较多的情况，他们特别宣讲了关于农民工权益保障方面的法律知识，取得了良好的社会效果。同时，杜集区政府在农村社区基层强化依法行政，实施开放式村部，将权力置于群众的监督之下。这些措施的实施对于杜集区农村社区的法治建制起到了重大的推动作用。最后，在农村社区德治建设方面，杜集

区积极围绕基层社会治理目标，通过宣传鼓励农村社区居民订立农村社区公约并按照农村社区公约的要求生活。同时，为了解决农村社区中经常发生的邻里纠纷问题，杜集区在淮北市的总体规划下，在每个农村社区设立了“说事室”。从制度设计来看，村“两委”的成员是主要负责人，每当出现群众纠纷时，村“两委”的成员就会要求当地的老党员、老干部等富有威望的人加入问题解决的过程中来。从解决机制来看，“说事室”的运作过程有四步：一是在说事室设立专门的工作人员，对一些能够当场解决的问题和事情进行当场解决；二是设立台账制度，对于一些不能及时解决的问题予以定期跟踪解决；三是村民委员会每周召开一次会议，对“说事室”提交的重要事项进行及时的讨论与解决；四是“说事室”定期对相关的事项进行分类，并制定制度化的解决方案。从实施效果来看，“说事室”有效地解决了杜集区农村社区中经常出现的社会问题。杜集区通过各种措施，积极在农村社区中贯彻和宣传社会主义核心价值观，培养他们的社会主义道德观念，并通过各种文艺活动形式如歌曲、舞蹈等强化他们对社会主义核心价值观的认同，这为农村社区中的公序良俗的形成奠定了基础。

（三）以人民为主体，加强社会多方的合作参与

在农村社区治理中，杜集区积极践行群众路线，无论是在政策的制定方面，还是在政策的实施方面，都本着以人民利益为中心的原则。这种做法获得广大农村社区居民的欢迎和认同，居民与干部的关系也获得进一步的发展。在各项基层社会治理活动中，广大民众的政治参与度都非常高，这为杜集区的农村社区治理的完善奠定了基础。此外，为了解决农民最为关心的收入问题，杜集区政府积极招商引资，吸收各方社会力量共同兴办本地特色产业，做大做强传统的农副业，如成立了高岳现代农业示范区，吸引种植企业入驻，这在一定程度上为农民的增收奠定了基础。在杜集区的大力推动下，区内的黄桃产业、葡萄产业以及酥梨产业等都获得了大发展，并形成了一定的品牌影响力，广大农民的收入也得到了大幅度提升。

四 进一步提升农村社区治理创新能力的思考

淮北市杜集区农村采用多措并举的方式加强对农村社区的创新性治理，取得了显著成效，为该区基层社会治理的完善和发展奠定了基础。党的十九大提出了实施乡村振兴这一重大战略部署，农村社区治理的良善与否，直接关系乡村振兴战略能否落到实处，同时关乎全面建成小康社会这一目标能否按时按质完成。农村社区治理是社会治理以及国家治理的基石，如何在地方党委的统一领导下，调动各方积极因素，挖掘各种治理资源，进一步提升农村社区治理的成效，并在此基础上推动基层社会治理体制的完善，为乡村振兴战略的实施奠定基础，还需要从理论和实践两个维度进行更深层次的思考。

（一）深入贯彻十九届四中全会精神，提升农村社区创新性治理能力

党的十九届四中全会指出：“必须加强和创新社会治理，完善党委领导、政府负责、民主协商、社会协同、公共参与、法治保障、科技支撑的社会治理体系。建设人人有责、人人尽责、人人享有的社会治理共同体。”这为当前农村社区治理指引了发展的方向。

第一，在农村社区治理中，党委的统一领导是前提，发挥着统揽全局，协调各方利益关系的作用。从当前农村社区治理的现状来看，必须要进一步发挥党委在社区公共事务决策中的积极作用，并通过政治引领、方向引领与机制引领等措施激活，基层党组织在农村社区治理中开展各项工作的活力，从细微处入手解决各种矛盾。

第二，政府负责是基础。在农村社区治理过程中，各项工作的有序和高效的开展都离不开基层政府的设计与推动。从纵向角度来看，中央以及地方政府关于完善农村社区治理的各种措施都必须经过基层政府来落实，而农村社区治理效果的反馈也必经由基层政府而传达至地方政府乃至中央政府。从这个角度来说，在农村社区治理活动中，基层政府发挥着“承上启下”作用。从横向角度来看，农村社区内部以及农村社区之间以及农村社区与其他基层单位之间的利益关系也必须经由基层政府进行协调。如在招商引资、发展地

方特色农业方面，基层政府在其中扮演着推动者与协调者的角色。因此，必须要打造廉洁高效的基层政府机构，完善具有联动性、融合性以及高效性的基层政府负责机制。

第三，民主协商是农村社区治理的重要方式。与城市社区相比，农村社区具有浓厚的乡土性和关系性，而民主协商则有利于理顺多方社会关系，推动农村社区的治理主体围绕治理目标而展开积极有效的活动，并在此基础上推动农村社区共同体的构建。当然，基层政府组织必须作为农村社区民主协商的“搭台人”与“组织人”。搭台是指基层政府就农村社区的重要议题提供协商的平台，使社区居民能够就共同关心的问题畅所欲言，集思广益，这既是农村社区创新性治理的重要内容，又是基层政府落实以人民为中心思想的重要表现。组织是指基层政府对农村社区的民主协商活动进行有序性和规范性的引导，及时了解农村社区居民的利益诉求，防止出现无序性的群体行为表达。当然，在农村社区的民主协商活动中，要充分发挥村“两委”的活动落实与反馈作用，将民主协商的结果及时地反馈给地方基层政府，以使基层政府在农村社区治理方面的政策更加科学化、制度化和规范化。

第四，社会协同是完善农村社区治理机制的重要因素。农村社区治理面临的问题很多，单一的治理主体是无法满足当前的治理需要的。因此，必须采用多元共治的模式，引入社会组织等参与农村社区治理活动，构建多元互动的治理平台，增强农村社区治理主体的活力，推动多元共治模式的发展与完善。

第五，公众参与可以有效地发挥农村社区居民在治理活动中的积极性，使他们在公共事务管理方面树立起主人翁意识。缺少社区居民参与的农村社区治理活动是不完整的，在当前的农村社区治理中，政府必须通过培养和组织基层民众有序地参与到公共事务的管理中来，才能构建基层社会治理的共同体，使每一个人能够认识到自己在共同体中的责任和义务并身体力行之。

第六，法治保障是农村社区治理规范化、法治化的重要助力。在当前的农村社区治理中，必须要践行自治、法治、德治相结合的战略方针。自治可以激发民众的政治热情，培养他们的政治参与感，推动基层社会治理机制的完善。德治有助于构建农村社区中的良序美俗，从道德层面规制社区居民的社会越轨行为。法治则为自治和德治提供法律保障，增强社区治理机制应对各种风险的能力。

第七，科技支撑是推动农村社区治理现代化的重要保障。社会治理现代化是国家治理现代化的重要组成部分，而农村社区治理现代化又直接关乎社会治理现代化的发展和完善。在当前，大数据和人工智能等科学技术高速发展，并为人们的生活带来了诸多便利，科技也逐渐渗透到社会治理活动中来。在当前农村社区治理中，必须要重视科技在提升治理能力和治理效能方面的重要性，大力培育建立在大数据基础上的基层治理平台，构建智慧社区，做到精准治理。

（二）抓好基层建设，构建农村社区治理的新格局

农村社区治理涉及地方治理的各个方面，需要处理和解决的问题非常多。李勇华曾指出，农村社区治理在十几年的实施过程中，存在的问题主要涉及三方面：“一是农村社区治理的特殊性质；二是农村社区治理与外部社会治理的关系及其衔接；三是农村社区的内部治理结构及其运作机制。”[①]解决这些问题必须打破传统的惯性思维，从创新性思维出发，构建符合当下时代发展的农村社会治理的新格局。

第一，必须落实和贯彻国家在基层社会治理方面制定的政策，并在此基础上结合各地的具体特点，进一步完善共建共治共享的治理格局。与城市社区相比，农村社区治理有其社区治理的普遍性特点，也有自身环境所形成的特殊性。在推进农村社区治理活动中，必须根据社区治理的普遍性特征制定宏观性的治理政策，并根据农村社区的特殊性特征展开微观性的具体治理实践。从目前农村社区治理活动来看，急需要的是激发农村居民在处理公共事务方面的积极性和主动性，因地制宜地完善政治参与机制。这是构建共建共治共享治理格局的基础。具体来说，在农村社区完善共建共治共享的治理格局过程中，一是要充分发挥党建对治理活动的引领作用，通过党建活动，激

①李勇华.农村社区治理研究[M].北京：人民出版社，2018：68.

活基层党组织，并在此基础上使基层党员发挥其牢固的表率和带动作用。在农村社区中，党员对于广大的社区居民而言具有很大的影响力，必须以精准治理为原则，以定点治理为指向，使广大党员深入到社区基层，了解治理需要，解决治理问题，总结治理经验，反馈治理结果。二是必须因地制宜地构建具有地方特色的农村社区治理机制。农村社区具有浓厚的乡土性，在不同地域文化的影响下，不同地域的农村社区在公共事务的处理方面不尽相同。这就要求基层政府在因势利导的原则下，充分挖掘能够促进农村社区治理活动的各种治理资源，并在此基础上创新社区治理机制，以进一步提升治理效能。三是必须要坚持以人民为中心的价值理念。基层政府和党组织在推进农村社区工作时，必须要以人民为中心，并在此基础上开展各项工作。一方面，在农村社区重大公共事务的处理方面，要听取和尊重绝大多数人的意见，以使各项治理活动的开展具有广泛的群众基础。另一方面，要使农村社区居民能够共同分享治理的成果，增强他们内心的幸福感，并在此基础上进一步增强他们参与公共事务活动的责任感和义务感。

第二，构建解决农村社区矛盾的长效机制。在农村社区中必然会存在各种矛盾。这就要求基层政府在充分认识民情的基础上创新工作方法，构建长效性的、制度化的问题解决机制。其一，必须充分发挥自治法治德治在农村社区治理中的积极作用，挖掘和构建符合本地区治理方式的新型乡规民约，构建多元性和综合性的矛盾预防与化解机制。农村社区治理属于乡村治理的一部分，自治是农村社区治理机制的核心，也是贯彻和落实以人民为中心思想的重要举措。基层政府必须通过各种方式确保农村社区治理中自治活动的运行，这是培育社区居民树立治理主体思想的重要途径，也是社区居民在自治活动中自我解决社区矛盾的重要推力。法治则是解决农村社区治理活动中社会越轨行为的保障，其内涵主要包含两个方面：一方面，农村社区的治理主体必须具有法律意识，依法开展治理活动，不能有触碰法律底线的行为；另一方面，自治和德治必须要与法治相契合，不能出现与法治相悖的情况。针对第一个方面，基层政府必须要通过各种措施在农村社区普及法律知识，并为治理主体的治理活动提供必要的法律资源和法律帮助。针对第二个方面，基层政府必须依法制定关于农村社区治理活动的政策，将政策制定与实施的基石建立在法治基础之上。其二，必须构建多维立体型的利益表达渠道，使农村社区居民能够通过这一渠道及时、顺畅地表达自己的利益诉求，反馈社区治理的效果与经验等。其三，必须要在基层落实人民调解、行政调解和司法调解三位一体的工作体系，切实以解决农村社区居民的矛盾为工作的主要目的。在此方面，地方政府要构建统一的问题调解平台，制定并实施相关的政策文件，实施程序化的矛盾调解机制，以使农村社区的矛盾调解工作制度化、规范化、体系化；要做到精准与精确调解，无缝对接农村社区的调解工作，并设立诸如人民调解室、综治工作站、驻村警务室等单位，切实将治理工作下沉到基层，做实并做好农村社区的矛盾调解工作；要引入社会多方力量参与，积极发挥农村中党员、调解志愿者和德高望重的老人在解决农村社区矛盾中的重要作用。当然，村“两委”在此方面要主动地承担起矛盾的排查和处理的职责，变被动处理为主动解决。一方面通过打造和构建具有良序美俗性质的农村社区公约来规范居民之间的行为关系，预防在前，另一方面通过多种方式来处理社区内的矛盾。

第三，必须完善农村社区的治安防控体系，增强农村社区的公共安全。从当前农村社区治理状况来看，创设立体型的治安防控体系尤为紧迫，这不仅是出于增进社区公共安全的需要，还是构建以人民为主体的社会治理体系的需要。具体来说，目前农村的社区治安防控主要存在三方面的问题：一是人口流动性大，外出务工者较多，除了春节前后的时间外，社区平时的人口主要以老人和儿童为主，一些犯罪分子瞅准时机后会对这些留守家庭下手，盗窃案件在一些社区时有发生；二是由于农村社区管理相对松散，一些地方管理的还不到位，因此，会出现一些打架斗殴的现象，特别是留守儿童群体，因为父母常年在外务工，有的留守儿童会成为农村社区中被其他留守儿童欺凌的对象；三是由于农村社区远离市区，治安防控体系还不完善，故有的农村社区成了犯罪分子的聚集地，社区居民的安全保障深受其影响。

这些问题的解决需要基层政府、社区管理机构和社区居民的共同努力，构建完善的社会治安防控体系，坚持专群结合、群防群治、提高社会治安立体化、法治化、专业化、职能化水平，形成问题联治、工作联动、平安联创的工作机制。就具体措施的实施而言，首先，基层政府要加大对农村社区治安防控建设的资金投入，充分发挥科技在治安防控中的积极作用，在条件允许的情况下，可以对农村治安防控的硬件设施进行改造升级，实现对社区全方位无死角的监控。其次，要进一步加强农村社区的治安队伍建设。一方面，村委会要重视和发挥治保主任在治安防控中的积极作用，应选择业务能力强，政治觉悟高，责任心重的人员担任治保主任，负责农村社区的具体的治安防控领导工作。另一方面，基层政府和村委会要通过政治宣传和责任引导，在农村社区组建义务巡逻队，使其配合治保主任的工作，并形成制度化的运行机制，充分发挥社区党组织在治安防控中的统筹规划与协调指导的作用。最后，农村社区的工作人员应该加大对社区居民进行法治宣传和治安防控讲解的力度。一方面，使得社区广大居民能够了解到治安防控关乎自己的切身利益，能够积极地配合社区的治安防控活动，并主动地加入社区治安防控活动；另一方面，通过宣传和讲解相关的法律知识和治安防控措施，可以进一步使社区居民增强自身的法律意识，在遇到相关的治安防控问题时，可以通过法律武器保护自己和他人。当然，在整个治安防控工作中，基层政府和党组织应切实主动地发挥自己在工作中的宏观指导和微观治理方面的作用。

参考文献

中共中央关于坚持和完善中国特色社会主义制度推进国家治理体系和治理能力现代化若干重大问题的决定[M].北京:人民出版社,2019.

关于深入推进农村社区建设试点工作的指导意见[M].北京:人民出版社,2015.

淮北市地方志编纂委员会.淮北年鉴2018[M].北京:方志出版社,2019.

李勇华.农村社区治理研究[M].北京:人民出版社,2018.

村规民约助推乡村治理研究

——以绩溪县瀛洲村、仁里村和孔灵村为研究对象

宋余波[①]　李宗楼

摘　要： 村规民约是我国传统乡村社会的产物，在中国的“乡治”传统中，占据重要的地位。作为现代乡村治理的重要要素，在维护和稳定乡村社会秩序，调节村民之间的纠纷，净化当地民风和优化乡村环境，重塑乡风文明和建设美好乡村中，发挥着积极作用。绩溪县的村规民约极具乡土文化气息，经一代又一代人的言传身教，在基层社会和乡村治理中扮演着相当重要的角色，维系着乡村社会的稳定和发展，增强了乡村社会的文化认同感，其效用不断显现。为进一步弘扬中华民族传统美德和时代新风，形成务实管用的村规民约，不断提升基层社会治理水平和文明程度，需要提高对村规民约重要作用的认识，不断完善村规民约，重塑乡村公共精神，培育村民的主动参与意识，坚持问题导向，注重实效，增加村规民约的约束力，以法律法规为依据，推进德治、自治与法治的结合，实现村规民约全覆盖，不断助推乡村治理现代化。

关键词： 村规民约　乡村治理　嵌入　家训　绩溪县

“治一国必自治一乡始”，乡村治，则国家安。党的十九大以来，乡村振兴被提升到国家战略层面，乡村的善治、乡风文明的培育得到人们更多的关

① 宋余波，安徽师范大学政治学理论2019届硕士毕业生，现为安徽医科大学政治辅导员。

注。2019年6月，中共中央办公厅、国务院办公厅印发《关于加强和改进乡村治理的指导意见》，突出强调村规民约在培育乡风文明中的作用，提出村规民约“全覆盖”，这是继党的十八届四中全会提出要“发挥市民公约、乡规民约、行业规章、团体章程等社会规范在社会治理中的积极作用”之后，明确提出在实施乡村振兴和乡村治理过程中，加强村规民约建设，充分发挥村规民约积极作用的重要文件。绩溪县较多乡村的村规民约具有乡土文化气息，又有一定的代表性，经一代又一代人的言传身教，在基层社会和乡村治理中扮演着相当重要的角色，产生积极的效用。本文在对该县代表性的几个村落传统乡规民约和现今村规民约的考察基础上，试图就进一步加强和完善村规民约建设，为乡村振兴和助推乡村治理提出路径思考。

一　村规民约及嵌入乡村治理的积极作用

村规民约的产生与演变，是有着它自身的生存土壤。无论是传统中国的统治者管控广大乡村地区的需要，还是古代乡村民众自身的需要，村规民约一直都发挥着重要的作用，并且这种治理手段和文化产物一直延续到当代，在现代乡村社会的治理过程中，能够或多或少地看到村规民约的影子。当下认识和发挥好村规民约对于现代乡村治理的作用，明晰它在新时代社会主义乡村社会的新价值，首先需要对村规民约的概念进行分析和辨别，探讨其真实的内涵。

（一）何谓村规民约

村规民约，也叫乡规民约。它们都是对同一概念的两种表达方式，都是说明一定区域的乡村，按照他们固有的传统习俗和规则，在面对某些问题和重大事件的时候，共同商讨和决定的一种参照物。正如学者卞利先生所说：“村规民约，也称“乡规民约”，是指在某一特定乡村地域范围内，按照当地的风土民情和社会经济与文化习惯，由一定组织、人群共同商议制定的某一共同地域组织或人群在一定时间内共同遵守的自我管理、自我服务、自我约束的共同规则或约定。严格地说，村规民约是由“村规”与“民约”两部分组成的。这是基于一种“默认”的规律来维持乡村的运转的，是自发形成的制订的共同行为规范。①

村规民约的实质是一种治理乡村社会的工具。纵观整个村规民约的发展历程，村规民约，特别是传统中国的村规民约都是围绕着“政府”“乡绅”“宗族”与“乡民”之间的关系而存在的。在封建社会，当政者受限于地域和行政可行性等多种因素，不能很好地使国家意志贯彻到底层民众，这就需要借助民间力量来实现利益共谋，而村规民约的出现，很好地满足了当政者的这一需求和愿望。这也是为什么村规民约在宋代的时候诞生，一直延续下去的根源，并且在清末民初这个时候发展到顶峰。村规民约虽非国法，但它广泛的民众基础及“软调整”功效，迎合了统治者制造“顺民”“愚民”的需要及“国泰民安、万世永昌”的愿望，被历代统治者认为是效法“大禹治水，疏而导之”，不需要大的代价便可收到显著实效的统治方式之一。②

作为统治工具的一种，相应的村规民约必然充当着一种“软法”“民间法”（或者称之为“习惯法”）的角色。习惯法与之对应的是国家的成文法，梁治平教授在《清代习惯法》说道：“习惯法乃是这样一套地方性规范，它在乡民长期的生活与劳作过程中逐渐形成；它被用来分配乡民之间的权利、义务，调整和解决了他们之间的利益冲突，并且主要在一套关系网络中被予以实施。就其性质而言，习惯法乃是不同于国家法的另一种知识传统，它在一定程度上受制于不同的原则。”村规民约被视为一种乡民之间的关系网络之中自发的权利与规则分配，并且这种习惯法是在长期生活和劳作过程中形成的，前提是在多种形态下，不是完全在特定的原则之内。所以，村规民约是基于村民自身面对乡村社会的一系列的问题，制定出来的行为规则，其目的是为了维持乡村社会本身的正常运转和更好的发展。

在多数的情况下，乡约（村约）与乡规民约（村规民约）是不区分的。一方面在日常交流中，从文字表面的意思理解，以为“乡规民约”简称“乡约”，所以在用语之处用“乡约”代替“乡规民约”；另一方面是没有对“乡

---

① 卞利.明清徽州乡(村)规民约论纲[J].中国农史,2004(4):98-105.

② 张广修.村规民约的历史演变[J].洛阳工学院学报(社会科学版),2000(2):25-29.

规民约”和“乡约”进行梳理与细致考究，虽然两者之间有很大的相关性，但是后来都有各自的发展路径。乡规民约与乡约都是产生于社会的发展需要，在一定程度上是具有相似性的。它们都能够对社会风气的教化和民风的改善具有很大的作用，但是他们的诞生时间有先后，“乡约是乡规民约发展到一定历史阶段的产物，它的出现比乡规民约要晚上千年”①。乡规民约本就是在特定区域内当地居民协商制定出来的规则，只要是人类诞生之后，开始了群居性的生活，就必然会出现这个群体的默认规则，这些没有成文的民约也属于乡规民约的一部分。正如张明新先生所说：“乡规民约起源于人类社会以地缘关系为纽带的乡村社区（以村落为主要形态）形成之后协调社区各家族、家庭之间乃至各村民之间的社会关系的社区公共规范的客观需要”②。在传统中国的乡村社会，乡规民约一直作为一种规范而存在。一般认为我国最早的一部成文的乡规民约是北宋神宗熙宁九年（公元1076年）陕西关中地带的吕氏发起并制定的《吕氏乡约》。它是由当地具有名望的乡绅主张制定出的用来教化百姓，赏善罚恶，婚丧嫁娶，扶贫救难，劝课农桑，等等，涉及的乡村社会面比较广，主要以德业相劝、过失相规、礼俗相交、患难相恤四大类为主。当然也有学者认为，最早诞生的乡规民约是在河南出土的《汉侍廷里父老们（亻单）买田约束石券》，它是东汉时期当地居民自发订立的一个规约。其中，这里面的“乡规民约”是围绕着“父老惮”这个特定称谓开展的，父老惮这样的惮则是专司某一特定事务的私人团体。③他们是居民自办的一个群体，用来沟通和辅助这个群体来达成他们的意志并执行下去。虽然乡规民约本身的诞生时间无法进行确定，但是它作为一种软性的约束规则或者是一种习俗也和其他习惯和风俗是一致的，从开始的习性慢慢演化为成文的制度。

乡约则不同，乡约类似一种组织形式，一种民间事务的决策执行和监督机构。如《吕氏乡约》，它不仅仅涉及上述所讲的内容，还设置了类似于督查人员去督促大家执行的“约正”“副正”等固定人员。这些都是为了确保所规

① 董建辉.“乡约”不等于“乡规民约”[J].厦门大学学报(哲学社会科学版)，2006(2)：51-58.
② 张明新.乡规民约存在形态刍论[J].南京大学学报(哲学.人文科学.社会科学版)，2004(5)：58-66.
③ 宁可.关于《汉侍廷里父老们(亻单)买田约束石券》[J].文物，1982(12):21-27.

划的内容得到贯彻实施，除此之外，还有专门的场地和相应的仪式进行补充，共同形成了一个完整的体系。这种现象的出现，说明此时的乡约已经不仅仅是教化宣传精神了，而是一种有领导人，有团体成员，有组织精神的一个社会组织了。特别是后来明清时期，统治者通过颁布圣谕的形式极大地促进了乡约的发展，如明朝朱元璋颁布的《圣谕六言》，清朝康熙雍正颁布的《圣谕十六条》《圣谕广训》。官方都是以这种官方宣传教化形式加以推广，在政权的影响下，到清朝中后期，随着保甲制度逐渐完善，乡约组织与保甲组织互为补充，“乡约月讲”慢慢成了社会的习惯，就有了定期的聚会。

所以说“乡约”和“乡规民约”确实存在了相关性，但是并不是相等的。“乡约”包括了“乡规民约”的部分内容。乡约的出现是因为乡规民约自身的发展和当时国家的需求，它本身在整个中国的乡村历史发展进程中并不是一直都存在的，两者不能一致看待。

随着中国社会的演变与发展，乡规民约内涵不断丰富，乡规民约概念一直被社会和学者高度认可及广泛使用。改革开放以来，直至党的十八大前后，有关中央文献涉及“乡规民约”内容时基本使用这一提法，如2014年10月，党的十八届四中全会《中共中央关于全面推进依法治国若干重大问题的决定》，中共中央、国务院印发《关于加大改革创新力度加快农业现代化建设的若干意见》（2015年2月）等，均使用“乡规民约”的表述，强调要从农村实际出发，善于发挥乡规民约的积极作用。2016年1月，中共中央、国务院《关于落实发展新理念加快农业现代化 实现全面小康目标的若干意见》（2016年中央一号文件）中使用“村规民约”提法之后，中央相关文献用“村规民约”替代之前“乡规民约”的表述，如《中共中央 国务院关于实施乡村振兴战略的意见》（2018年2月），中共中央办公厅、国务院办公厅印发《关于加强和改进乡村治理的指导意见》（2019年6月），以及2018年全国人大常委会通过的《村民委员会组织法（修订）》，均使用“村规民约”，2018年民政部、中央组织部等7部门联合出台了《关于做好村规民约和居民公约工作的指导意见》，对“村规民约”及相关内容作出具体规定，成为加强村规民约建设的指导性、权威性文件。

（二）村规民约的特征

对村规民约的认知，还要把握它所存在的特性。不同特性的村规民约，所发挥的作用也是不一样的。特别是在当下村规民约处于从传统乡村样式向现代乡村样式转变，需要从多维度分析其特性，把握其内涵。

1. 自发性和教化性

村规民约的形成是在一定的乡村社会的区域内，是居民自身自发形成的一种文化因子，它是村民基于自身考虑对所在群体的行为进行约束和管教，从而建立符合村民所期望的乡村社会状态。因为很多传统乡村地区属于政权控制薄弱地区，乡村社会秩序的稳定和发展主要依靠长期居住和生活在农村的人们（乡绅地主与普通民众）的自治，而村规民约刚好符合这种在一定地域内人们形成的小圈子社会状态，有利于他们自身进行自我管理和自我服务。当然，这类似一种俱乐部产品，只有拥有本村户籍的这个“会员”的人，才能享有参与这个规则去制定和服务。而这种自我订立和自我遵守恰好是村民自治的一个表现。

当然建立村规民约的一个最主要目的就是道德的教化和传统优秀文化的弘扬，正如杨开道教授在《中国乡约制度》中所说，乡规民约是“在道德方面、教化方面去制裁社会的行为，谋求大众的利益”，具有道德教化作用。乡规民约与国家法的本质不同之处在于在实施过程中是否具有强制性，当然这种强制性不是大共同体的普遍性强制，而是乡村社会的小共同体强制性。其实施主要是通过小共同体内部的思想灌输和道德的教化，使当地居民在伦理道德的束缚与舆论压力下遵守共同制定的规章制度，能够在思想上自觉地约束自己的行为。通过村规民约的教化和熏陶，他们能够明白遵循什么样的传统习俗，不去违反那些群体底线，尤其是道德底线。假若违背了这些底线，不仅会受到舆论的压迫，还可能会受到家族族规的惩处。通过潜移默化的影响，村民们会在无形当中遵循村规民约的精神的要求，最终达到村规民约教化的目的。

2. 区域性和局限性

皖南地区一般的村落都是相对分散的，人口分布不均衡，所属的姓氏不一，村落形成的年代不同和所处的地理位置的差别，所以出现了不同村落之间所制定出来的村规民约也就不一样，因为制定本村的村规民约就会考虑到本村的这些情况，将这些情况融入制订本村村规民约的过程。因为村规民约的存在一方面是依靠着家族长老的权威，另一方面依靠的是村规民约的实用性。一旦脱离了本村的实际，村规民约也就没有存在的必要。而这恰好弥补了国家大法刚性的不足，国家法属于“高高在上”的成文法，具有普遍性的约束力，适用于任何地方，任何村落，属于“普天之下，莫非王土；率土之滨，莫非王臣”的范畴。然而各个地方的情况不一样，势必与本地的某些因子产生冲突，造成行政无效率，这时候的村规民约很好地充当了缓解这一矛盾的关节点。

这一优势同时是村规民约的不足，因为村规民约具有区域性和个性的特点，造成了村规民约没办法做到像国家法一样具有普遍性，只能在一定区域内有效，脱离了这个区域，就成了无根之水，无本之木。在村规民约的执行过程中更多考虑到的是人情往来，在这个狭小的熟人社会之内，很多国家法律的解决思路与这个区域存在着矛盾与冲突，增加了基层治理的难度。

3. 责任性和义务性

社会关系主要是通过强制要求、相互订立契约和个人之间情感形成的，国家主要是通过权力的运转及法律这一媒介对社会关系进行强制性调整，而具有血缘关系的家庭成员或没有血缘关系，但相处关系较近的同学、好友等，则是以情感交流来维系他们之间的社会关系。而一个村落的村民社会关系的相处就变得更加的多样化，一方面可以因血缘和地缘关系形成的情感来维持他们之间的关系，另一方面可以通过相互帮助的形式形成他们之间独特的村民关系，而这种相互之间帮助，以另一种非正式形式的类似于订立某种精神上的契约的方式，当然这种契约性质在乡村具有特殊的意味，它是建立在人情的基础之上的。在这样的社会状态之下，村规民约就是村民调整乡村集体中人与人之间的社会关系的规则。村规民约在订立的过程当中都是大家协商的结果，并以公告或者是家规的形式表现出来。

正是这种约定的存在，乡村社会就必然存在着权利与义务之间的对等和交换，正如上文所述，村规民约存在的主要目的是为了维持乡村的秩序，教化民风，促进乡村社会的稳定和发展。为了乡村社会的公共利益，村规民约为大家创造了一个稳定合作的环境，必然也意味着村民必须要主动去为这个小共同体作出自己的贡献和努力，甚至是牺牲自己部分的利益。而这种类似于权利与义务的关系，一方面需要村民自身德行的遵守，另一方面是来自村落的德高望重的族长和亲友的劝诫和威望。当有村民不遵守这种规约而造成不好的影响的时候，村规民约的作用就会显露出来。这就是小共同体的强制性，当然这种强制性更多的是以情感的依赖和血缘关系为纽带在作支撑。

4. 渐进性和公开性

村规民约从一开始的口头相传到最后形成完整的成文法典，并在这一过程当中，印刻在当地的文化当中，具有深远的影响和现实价值。村规民约的起源时间没办法确切把握，但村规民约能够在一个地方形成并发展下去的很重要基础是村民生态圈的代系要久远，还要具有一定的文化程度。最初的存在于口语之间的神话传说，图腾崇拜，容易消散。随着社会生产力的提高，雕刻和纸质的书本的诞生，促进了社会的进一步发展，也促进了村规民约的发展，出现了一些石碑，文本上记录着这些村规民约的存在。在这一过程当中，村规民约的公开性也显露出来了。村规民约在制定程序、内容与实施过程当中是全体村民共同协商讨论制定的，商讨出的村规民约一般以公告的形式张贴出来，在全村公示通过，整个制定过程分工清楚、程序公开。村规民约中具体规定出乡民要怎么做、不能怎么做以及违反者会受到什么惩罚，有些甚至会写出其制定的目的和意义。这些村规民约目的明确、条理清楚。村规民约规定对作出贡献者给予奖励与违反规约者要遭受惩罚，这些奖励与惩罚都是本着公开、公正、公平的原则进行的，是全村人都能知道的事情，绝不是秘密地采取措施。

（三）村规民约嵌入乡村治理中的突出作用

村规民约在乡村治理过程中扮演着很重要的角色，无论是从民间法来说，还是从治理本身来谈，村规民约对于农村基层治理乃至整个乡村社会的研究都具有很大的价值。我们应从多种理论层面来审视，更加科学地看待村规民约嵌入乡村治理的过程，从而推动乡村治理能力现代化建设。

1. 维护和稳定乡村社会的秩序

稳定是基层治理的关键，稳定的乡村环境能够有效降低乡村社会在发展过程中出现的一系列不稳定的因素。现代乡村治理离不开乡村社会的稳定，维护乡村社会秩序稳定，是发展乡村社会的前提。如何使得乡村社会的村民们和谐相处、乡村生产生活能够有序地进行，除了法律法规的明确指示，还需要相应的民间规则进行约束。在一些民间规则的约束下，乡民之间的利益分配、社会关系才能得到更好地保障。村规民约能够结合本地的文化习俗和交往的默认规则，发展成一种软性约束，构成了乡村自发的一种秩序机制，在维护乡村社会的稳定和发展的方面发挥着积极作用。

自1987年11月，第六届全国人民代表大会常务委员会第二十三次会议通过《中华人民共和国村民委员会组织法（试行）》到2010年10月第十一届全国人民代表大会常务委员第十七次会议修订《中华人民共和国村民委员会组织法》，至今30多年的村民自治已经成了我国农村基层治理的最普遍、影响最大的民主实践。在经过一系列民主程序的基础之上，村民自我管理、自我教育和自我服务，解决本村内部的矛盾冲突，稳定乡村社会秩序。而村规民约正是对基层民主制度的一种回应，特别是在乡风文明浓厚的地区，包括绩溪县传统村规民约，充当一种缓冲减压的工具，降低了村民采取非法行动的可能性，进而维护乡村社会的稳定。

2. 调节村民之间的纠纷

乡村社会的秩序主要是由村民自治章程、传统的习俗以及乡民们熟悉的各种成文的、不成文的规矩等来制约的，法律往往无法很好地涉及乡村生活的方方面面，对于维护乡村社会秩序的效果无法达到最大化。村规民约作为村民们熟知并容易接受的行为规则，为解决各类矛盾纠纷提供了一个较为合理的处理平台，这种调解方式具有调解成本低、调解效果明显等优点，往往成为村民们解决矛盾的首选形式，对于解决矛盾纠纷发挥着良好的作用，成了解决问题的第一道堤坝。随着市场经济进一步发展，原本封闭的农村形态开始进一步瓦解，城乡的差距和追求物质的动力使得城乡人口之间的流动更加频繁。随之而来的是各种不稳定性因素逐渐增多，甚至一些如土地、山林等利益纠纷问题呈现不断上升的趋势。为了确保乡村社会的稳定发展，解决村民之间的各种矛盾纠纷，需要充分发挥村规民约在乡村社会中解决矛盾纠纷、协调村民关系的功能。矛盾纠纷的法律解决途径和伦理解决途径是不一样的。在乡土社会里，针对邻里矛盾、田地冲突与家庭纠纷等主要的纠纷问题，村民们通常会选择温和的、委婉的和不严重伤害彼此的感情、不破坏邻里关系的非诉讼方式来解决矛盾纠纷，选择村子里具有威望的人来调解矛盾的方式是大部分乡民的首选方式。

3. 利于整合乡村资源,优化资源配置

如何整合乡村资源，优化资源配置，实现乡村经济的发展进而促进乡村振兴，这对于乡村是一个长期的、关键性的问题。能够解决这一问题，事关全面建成小康社会和中华民族的伟大复兴。农村地区的资源比较分散，呈现不均衡的特点，而且在过去几十年的“剪刀差”政策的推动下，乡村资源缺乏了资源的积累。农村地区获取市场信息和获得资源的能力相对薄弱。怎样让农村地区剩余的资源和机会得到很好的利用，就需要把这些资源组织起来。而村规民约能够整合乡村经济、政治、文化等资源，利用共同的乡土文化和传统习俗这个突破口，发挥好链接作用，有助于乡村治理的发展。

4. 净化当地民风和优化乡村环境

村规民约的发展演变，内容上涉及广泛，不仅仅加入了环境保护的意识，还强调了对传统教育和乡风面貌的重视。基本上村规民约都提出戒奢从简，提倡读书与劳作，反对赌博、偷盗等行为，打击歪风邪气，引导乡民树立一种健康向上的价值观念和形成有益身心健康的生活方式，这对于革除村民陋习、淳化乡风民风具有良好的作用。此外，现代的村规民约都明确规定村民必须遵守不乱扔、乱倒垃圾，必须把自家垃圾倒在指定的垃圾点，方便保洁员上门收取；每天安排人清理定点垃圾桶的垃圾，每户交一定的垃圾费；管好自家的家禽家畜，不能让其破坏庄稼，践踏花草；不乱堆乱放杂物，保持村道通畅，积极主动地去探索，将乡村的环境卫生建设得更好，与国家的政策相呼应。

二 绩溪县三村村规民约的过往与传承

绩溪属宣城市辖县，位于安徽省南部，皖南山区东部，现辖8个镇、3个乡，总面积1126平方千米，18万人。绩溪县是古徽州六县之一，徽州文化的发源地之一，被称为“徽厨之乡”，素有“无徽不成镇，无绩不成街”之美誉。境内现有文化遗存300余处，其中祠堂130余幢，徽派古民居、古道、亭庙、古水口、古桥随处可见，尤其是传统的家规家训，数百年来谆谆教诲和一代又一代人的言传身教，一直影响着乡村社会生活，在乡村治理中扮演着相当重要的角色。历史文化底蕴深厚的瀛洲村、仁里村和孔灵村是绩溪县具有代表性的乡村，传承下了众多至今仍为社会传扬的典范美谈和丰富的文化遗存，《章氏家训》《程氏家训》就是其中的代表，正是这种家规家训的文化传承与村规民约的过往紧密联系，才成为许多学者考察与探讨的对象，也成为今日研究乡村治理乃至整个乡村社会不可或缺的现实案例。

（一）瀛洲村的《章氏家训》与村规民约

瀛洲村，是一个已有800多年历史的文化名村。该村拥有着丰富的文化遗产，现仍保留着明代吟泉街、千年古树、古桥，还有百余幢古民居、古门楼群、古祠堂等，是一座徽州建筑的博物馆。还有绝妙的三道天然水口，风水绝佳的帝王墓，绝奇的药丸石，地域绝活的秋千抬阁，绝技的徽派砖雕门楼群，堪称“五绝”，瀛洲村为安徽省历史文化重点保护区，也是世界非物质文化遗产重要传承区。对这样一个有着文化传承的村落的村规民约进行研究，具有重要的历史与现实意义。

村内拥有着保存完整的祠堂和族谱家规，《章氏家训》构成本村的传统村规民约,《章氏家训》原名《太傅仔钧公家训》。因为这个家训是由章仔钧(世称其太傅太公)起草的,后逐步完善。章氏一族原本不是本地人,祖传是为了守护胡氏一族在北宋宣和二年(1120)来绩溪,这个家训至今言传八百年,被族人奉为传家宝。《章氏家训》字数不多,具体如下:

传家两字,曰读与耕;兴家两字,曰俭与勤;
安家两字,曰让与忍;放家两字,曰盗与奸;
败家两字,曰嫖与赌;亡家两字,曰暴与凶。
休存猜忌之心,休听离间之语,休作生忿之事,休专公共之利。
吃紧在尽本求实,切要在潜消未形。子孙不患少而患不才。
产业不患贫而患喜张,门户不患衰而患无志,交游不患寡而患从邪。
不肖子孙,眼底无几句诗书,胸中无一段道理。
心昏如醉,体懈如瘫,意纵如狂,行卑如丐。
败祖宗之成业,辱父母之家声;乡党为之羞,妻子为之泣。
岂可入我祠而葬乎?戒后具左,朝夕诵思。

《章氏家训》简明扼要、通俗易懂而又主题集中、高度凝练。内容涉及家庭、农耕、读书、做人,既有正面倡导,又有戒除条规,方方面面,颇为系统,自成体系。其特别强调的是耕读和勤俭,教育子孙知书达理修身立命,遵守规矩为家族争光,也就是突显将修身立德当作"为人之本",把耕读和勤俭作为"传家兴家之本",耕读传家,泽及后代。正是传统的教育的深入人心,瀛洲村民风淳朴,特别是章氏宗祠正对面的壁画上画有一头"贪兽",其左下方立一碑,题为"禁贪",希望以此警告后人要遵训守规、忌贪忌恶、知足常乐,为商不奸、为官不贪,切不可贪心妄德。这些村规家训在当地起到了很大作用,历代瀛洲村人在这样的文化熏陶下走出去。"文革"时期瀛洲村章氏宗族谱被毁坏,2016年10月,在瀛洲村章氏族人的积极组织下,成立瀛洲村章氏宗族(重修)筹委会,进行家谱信息采集,全力修靖瀛洲村章氏宗族谱。

瀛洲村最新修订的村规民约更具有现代性，共十条，内容如下：

（1）热爱祖国，热爱中国共产党，热爱集体，学法知法。遵纪守法，同一切违法犯罪行为作斗争。增加了爱国和爱党的成分，强调的是一个法制社会。

（2）爱护公共财产，不得损坏水利、交通、通讯、供电、供水、生产、休闲场所等设施……强调的是对于公共财产的保护。

（3）倡议建立良好的邻里关系。

（4）提倡建立社会主义精神文明，特别提出来不搞宗族派性和家族主义，反对封建迷信和良好的社会风尚。

（5）提出注意乡村卫生和文明的措施，并要求每人用于农村生活垃圾自筹费用每人每年12元。

（6）依法使用宅基地，不得损害集体利益。

（7）做好麦秆综合利用。

（8）实行林长制，严禁损害庄稼。

（9）实行河长制，保护水资源。

（10）对于道路维护和畅通提出了要求。

章氏家训族规，是徽州绩溪崇文重教的体现和缩影。今天，瀛洲村人已经把传统的家规家训和传统村规民约加入现代社会的价值观念，并在日常生活当中体现，将社会主义核心价值观融入村规民约，并与国家的相关政策结合起来。比如村规民约的第一条、第三条、第四条和第五条分别对应着社会主义核心价值观中的爱国、和谐和文明。第七条、第八条和第九条包含着“绿水青山就是金山银山”国家生态文明的理念，同时对乡村地区的公共资源提出了保护的要求。

（二）仁里村的《程氏家训》与村规民约

仁里村是一个依山傍水、文化积淀深厚的古村落，建村已有1000多年历史。全村人大多姓程，为理学大师程颐、程颢后人，是古徽州名副其实的“程朱阙里”。仁里人以教育为本，自古以来人文气息浓厚，名人辈出。早在元代就有程燧创办翚阳书院，明清两朝又建多所。清末废除科举后，村中还建有徽州第一所洋学堂——思诚学堂（现名:思诚希望小学），还有绩溪最早的女子学校——端本女校。深厚的求学风貌，优良的民风学风来源于当地良好的风俗传统。

其中比较有影响力的是仁里村的程氏家训，程氏家训透露了传统的习俗和规定，主要是涉及家庭内部成员之间关系要和谐，为人处世要本分，尊重读书和农耕，同时对经商提出了自己的要求：诚信公道。他们的村规民约是非正式制度的形式，更多的是居民的口头相传，又融入了居民的日常生活当中。现存整理的程氏家训“三字经”内容涉及广泛，详情如下：

凡治家，宜其早。桌要擦，地要扫。粗布衣，菜饭饱。
孝父母，敬哥嫂。夫与妻，要和好。一家过，莫要吵。
亲良朋，敬师长。睦邻里，恤贫老。世间事，耕读好。
学贤圣，行正道。赌博场，莫去跑。种田地，勤锄草。
沙薄地，功要好。养猪羊，莫玩鸟。学技艺，手要巧。
做买卖，要公道。有良心，莫奸狡。忍耐些，省烦恼。
官钱粮，早安了。出人情，亲自到。闲是非，不可晓。
成家子，粪如宝。败家子，钱如草。胆要大，心要细。
戒骄傲，防倾倒。钱难赚，莫费了。减色欲，增寿老。
启青年，创家道。光阴快，人易老。盘心血，直到老。
但为人，要学好。依我劝，福大小。读一遍，好不少。

程氏家训创立之初就具备了西晋程延“九思立德，无望好善”的修身思想，又融入了北宋程颢“仁者明理”的精神境界，加上本地徽州家族耕读传家、仁善宽厚的家风追求，至今仍焕发着孕育良风美俗的生命力。最为可贵之处，是家训将充满了哲学思辨的思想转化成了日常生活要求，且朗朗上口便于传诵、俚词俗语浅显易懂，容易发挥出家训的教化治理作用。内容涉及广泛，各有侧重，自成系统，涵盖了治家、处世、为人、耕读、学艺、经商、修心、克己、睦邻等方面的生活行为，整合儒家的“修身、齐家、治国、平天下”的理念。程氏家训最核心的思想是规范族人行为，形成以尊祖、敬宗、睦族、友善为宗旨的家族制度，将深刻的人生道理和优良的家风体现在最普通的日常行为之中。

而现今，在结合社会主义核心价值观的基础上，经2018年9月15日召开的村民代表会议通过，仁里村制定了本村规民约，作为全体村民共同遵守的行为规范：

（1）热爱国，热爱党，热爱集体，热爱家，做新时代遵纪守法的好村民。

（2）保护古村落，保护古民居，保护古遗迹，做徽文化的传承人。

（3）保护青山，保护绿水，保护道路，爱护集体公共财物，做护林护水护路的模范带头人。

（4）尊老爱幼，团结友爱，相互尊重，相互理解，相互帮助，和睦相处，不打架斗殴，不诽谤他人，不造谣惑众，不拨弄是非，不仗势欺人，建立良好的邻里关系，户户争创五好家庭。

（5）提倡社会主义精神文明，移风易俗，喜事新办，不铺张浪费，积极推行殡葬改革，服从殡葬管理。提倡勤俭节约，不搞陈规旧俗，不搞宗族派性，不酒驾，不醉驾，不赌博，不搞封建迷信，不参加邪教组织及其他不文明行为，树立良好的社会风尚，户户争创文明户。

（6）晒家风，亮家训，尊法规，守规矩，尊师重教，诚实守信，堂堂正正做人，踏踏实实做事。

（7）搞好公共卫生和村容整洁，做到门前院内保持清洁，农具摆放有序，禽畜圈养，垃圾不乱倒，粪土不乱堆，污水不乱流，柴草不乱放，街道不乱占，不在公共场所乱吐乱扔，修房盖屋余下的垃圾碎片及时清理，养成良好的卫生习惯。

（8）依法使用宅基地，服从村镇建房规划，不乱播乱建，不损害整体规划和邻居利益.按照规定程序施工建房。

（9）提倡农作物秸秆返田，秸秆禁止燃烧，倾力营造碧水蓝天的美好环境。

（10）勤劳致富，科技致富，带头致富，共同致富。不制假造假，不参加非法传销，不搞非法借贷。

（11）如有违反村规民约所提到的内容，作出如下的惩处:

对其进行批评教育；在村公开栏上张贴该村民的悔过书；进行原价赔偿；按照要求和规定给予适当的经济处罚；取消或暂停该村民在村里的待遇。

（12）凡被依法处罚或违反村规民约的，本年度不得参评先进文明户、五好家庭户、遵纪守法户，外来人员在本村居住的参照本村规民的管理。

（13）本村规民约有与国家法律法规、政策相抵触的，按国家规定执行。

（14）本村规民约自村民代表大会通过之日起施行。

仁里村的村规民约相对成熟，能够把当地的村民所涉及的事务大多概括进来，而且更加详细。不仅仅包含了社会主义现代化的价值要求，还包含了传统的村规民约、家训的内容。最突出的一点是，明确提出了违反村规民约的惩戒性措施。

（三）孔灵村的“家风家训”与村规民约

千年古村孔灵，建于西晋，有着1800年历史。现为临溪镇的孔灵村，有11个自然村，2600多人，10省（区）19县的移民在此聚居，共计104个姓氏，是名副其实的“百姓”村。这里不仅有徽风徽韵浓烈的徽派民居建筑、宗祠儒林文化，而且有叹为观止的天目瓷窑遗址。移民文化和徽文化在此相融共生，打破了徽州宗族一姓独居村落的传统文化现象，创造出一种新的村落文化，也就是说，由于该村历史特殊，很多外来人口的迁入不拥有瀛洲村与仁里村传统意义上村规民约的文化基础，但家风家训仍成为“百姓”村的规矩。

为了“唤醒”“活化”古村家训，经村民议事会商定，孔灵村梳理并“复原”了“百姓”村家风家训16条，每家可以选择自己认同的“家训”牌挂在门前，以家风带民风、以民风助村风，让好家风焕发新光彩，释放传统文化“正能量”。如“国无国法国则乱、家无家规家则散”“长幼有序讲规矩，敬老爱幼合家欢”“父母恩情深似海、人生莫忘养育恩”……，这成为孔灵村“百姓”新家风家训，懿德流芳，成风化人，浸润心灵。为了让历史文化融入百姓生活，孔灵村组织文化名人，将古家训融入到村规民约中，形成“三句半”式村规民约：

爱国爱家睦邻里；学法用法守村规；纠纷矛盾不扩大；——村调理！
崇文重教树家风；以仁为本信是根；勤劳致富奔小康；——代代传！
父母不孝神无益；子女不教财无益；兄弟不和友无益；——要牢记！
黄赌毒邪起祸端；劝君终生莫要沾；红白喜事从俭办；——勤持家！
传统村落是个宝；青山绿水资源好；环境卫生靠大家；——保护好！
秸秆焚烧污空气；影响交通肇事多；变废为宝巧利用；——要禁烧！
党的政策春风暖；民生项目惠大家；干事有赖众心齐；——要支持！
民主自治秩序好；村庄规划不可少；五湖四海大家庭；——同奋进！

孔灵村的村规民约相对其他两村来说，虽直白简要，但以劝诫的口吻教导当地村民遵循村规，现已成为村民自觉遵守的行为规范，这其中包含了社会主义核心价值观、生态文明、乡村振兴、殡葬管理、家风家训等八项具有新时代气息的内容，注重自治、法治、德治相结合，并与传统的家规家训的风格和路径一致，崇文重教树家风，在督促自身的同时潜移默化教育下一代。

（四）三村村规民约的主要特点

从以上三个村的调查可以看出，在长期社会生活中形成的村规民约资源丰富，既有成文的村规民约，也有不成文的村规民约，其内容涉及爱家爱国爱集体、孝敬长辈、遵纪守法、和谐相处、家庭伦理关系、村庄风气习俗、保护公共资源等多方面，不论是在过去的乡土社会还是今天的乡村治理中，都发挥着它应有的作用，彰显其存在的价值。特别是改革开放以来，乡村振兴战略的深入推进，瀛洲、仁里和孔灵三村村规民约在传承中坚持建设和发展，在发展中形成自己的特点，其积极效用和影响不断显现。

一是明晰村规民约的功能定位。在乡村治理的进程中，村规民约具有汇集民意、聚集民智、化解民忧、维护民利的独特作用。同时，村规民约独特作用的充分发挥能够增强村庄民众的主体意识、责任意识等，成为解决乡村矛盾和乡村治理的有效途径。正因如此，村规民约在乡村治理现代化进程中的功能定位必须明确。党的十九大提出，要形成共建共治共享的治理格局，其目的是充分发挥和调动民众的主动性和主体性，保证基层民众的参与，实现村民的自我管理、自我教育、自我服务和自我约束。瀛洲村、仁里村和孔灵村在制定新村规民约过程中，吸取传统村规民约精华的同时，依据新时代乡村治理的目标和任务，制定涵盖村民日常行为规范、维护公共秩序、保障群众权益、调解群众纠纷、引导民风民俗等新村规民约，尽管各村的村规民约条目、内容各异，文字表述也不尽相同，但都明确了村规民约的功能定位，为完善新时代村民自治，恢复村规民约的本色，充分引导村民参与治理。

二是突显家规家训文化的传承。村规民约是中国传统文化的重要组成部分，起着维护乡村文化传承和秩序的“习惯法”的作用。好的家规家训是经济发展到一定程度后道德建设的回归，强化了道德建设的“知行合一”，也是中国传统文化的组成部分，它在中国历史上对家族和个人的行为规范、人生观、价值观发挥着重要的引领作用，深刻地影响着家风、族风。因此，提炼良好的家风家训，将其写入村规民约，并使其成为每位村民自觉遵守的准则，就能够带动乡风民风的转变，真正实现乡村“美丽”，达到乡风文明。瀛洲、仁里和孔灵三村在制定村规民约过程中，将家训内容进行梳理，取其精华、去其糟粕，将符合新时代要求的内容吸取到村规民约之中。瀛洲村新制订的十条村规民约，不仅将社会主义核心价值观融入其中，也较多地体现了章氏家训精华的传承。仁里村新制订的村规民约，既包含了社会主义核心价值要求，同时继承了程氏家训中的内容，尤其是将程氏家训从修身处世、孝悌婚恋、励志勉学、为商为政、勤俭节约等传统引入其中教育和引导村民。孔灵村的村规民约包含了对家训的传承，更注重自治、法治、德治相结合，既重视普法教育，又开展道德模范、身边好人评选，收到了“三治融合”的效应，让好家风焕发新光彩，释放传统文化“正能量”。

三是提升村规民约的权威性。在乡村财物流动性增加、多元利益和多元价值并存的背景中，村庄良好的内生秩序的形成与村规民约的权威性有着密切的关联。在实践中凡是纠纷少、秩序良好的村庄，村规民约的权威性就充足；而纠纷多、上访多的村庄，村规民约即使制订出来，也很少发挥引导和约束性功用。因此，提升村规民约的权威性，让所有村民内心认同村规民约，以实现教化引导作用显得尤为重要，是推进乡村治理进程的重要要素和保证。瀛洲、仁里和孔灵三村制订和实施的村规民约，重视村规民约权威性的提升。首先从制订程序入手，包括征集民意、拟定草案、提请审核、审议表决等步骤，同时将村规民约的主要内容、组织领导和实施等提出要求，让村民参与讨论，再通过村民代表会议方式讨论，会议通过后作为全体村民共同设守的行为规范。在村规民约未来的修订问题上，也明确规定村两委要组织村民反复讨论，不能操之过急，以避免将“合议”等同于“合意”。有的村创新村规民约的执行方式，对违反村规民约的情形作出相应惩戒性措施，试图提高村规民约的违约成本，使村规民约的权威性不断树立起来，促进村民自觉将村规民约内化于心、外化于行。

四是注重村规民约效用的发挥。村规民约已成为维护现代乡村社会治理和秩序的重要手段。如何使好的村规民约不成为沉默的制度、墙上的摆设，而形成务实管用和村民内心真正的制度遵循，在乡村治理中发挥更大效用，展现乡风文明，助推乡村振兴，需要采取多种措施不断推进。瀛洲、仁里和孔灵三村为发挥好村规民约的效用，首先要求村“两委”和党员干部以身作则，带头践行村规民约，发挥模范作用，并将此成为村规民约有效执行的先决条件。同时，采取多种形式加强宣传教育，提高广大村民遵守和执行村规民约的积极性、主动性、自觉性，使村规民约真正起到“规村”“约民”的治理作用。近些年来，三村在乡村治理的实践中，村规民约的效用得到较好发挥，促进了乡村经济社会、文化、生态文明等各方面的建设和发展，成绩斐然。瀛洲村入选2019年安徽省第二批美丽乡村示范村；仁里村先后被评为全市“乡风文明、村容整洁”示范村、全省村庄治理先进村、中国特色村、中国传统村落，2020年，荣获“国家森林乡村”称号；孔灵村成为全省新农村建设试点村、省“一村一品”示范村、省级生态示范村，2018年，被列入第五批中国传统村落名录，并荣获“宣城市第二届十大美丽乡村”荣誉称号。

三　完善村规民约助推乡村治理需要坚持和深化认识的几个问题

乡村治理的最终目标是实现乡村振兴，促进乡村地区发展，提升乡村文明程度。农村地区的复杂性程度远比其他地区高，治理主体的多元性和治理过程的复杂性要求治理的工具应该具有多样性。而村规民约作为一种传统的自治工具和手段，是推行村民自治、创新乡村治理机制、基层治理法治化的有效载体，在继承传统的道德的基础之上，需要不断地与社会主义法治精神融合，推动自身的进步与完善，显现其存在的价值与功能作用的发挥。瀛洲、仁里和孔灵三村在实施乡村振兴大背景下日渐开始更新和完善村规民约的内容以适应乡村发展之需要，发挥了积极的作用。为深入贯彻落实党的十九大精神和习近平新时代中国特色社会主义思想，确保村规民约体现党的意志主张，保证其正确政治方向，精准把握并克服实际工作中存在的问题和不足，发挥好村规民约在乡村治理实践中的特殊作用，需要坚持和深化几方面问题的认识。

（一）加强党组织对村规民约工作的领导与规范

坚持党对一切工作的领导，是中国特色社会主义最本质特征，是中国特色社会主义制度的最大优势，是打造基层社会治理新格局、推进乡村社会治理新进程的根本要求和保证。2018年，首次以中央和国家机关有关部门名义联合出台的《关于做好村规民约和居民公约工作的指导意见》，明确提出村规民约工作要坚持党的领导，党组织全程主持制定或修订，加强领导和把关，保证正确方向。这是坚持党对农村基层工作领导的重要体现和加强村规民约工作的重要部署，是对村规民约制定的引导、规范责任，也是保证把党的方针政策落实到农村基层，使其成为贯彻党的方针政策的乡村脉络，成为实施乡村振兴战略的一个切入点，提升农村基层社会治理水平和文明程度。

坚持党对村规民约工作的领导，首先，农村基层党委和村党组织坚持对村规民约制定和实施全过程的领导和把关。农村基层党委和村党组织是党执政的组织基础，担负着组织群众、宣传群众、凝聚群众、服务群众等重要职责。通过基层党组织对群众的宣传教育，提高村民对村规民约功能、作用的认识，引导村民把一些规矩立起来并按规矩办事，规范群众言行、维护公序良俗、倡导文明新风。这就要求通过党组织的工作，把党的方针政策落实到村规民约中，实现村规民约在制订、组织实施、执行监督全过程中党组织的领导，确保村规民约体现党的意志主张，体现社会主义核心价值观，保证村民自治的正确政治方向，把村规民约制定或修订好、落实好。

其次，通过党的工作，积极引导并保证村规民约更好地体现村民的意愿。所谓村民的意愿，就是村民的普遍的愿望，是村规民约的发挥作用和影响力所在，是村规民约的根基。这个根基牢固，村民的愿望就能在村规民约中得到充分反映和体现，就能很好地激发村民遵守村规民约的自觉性，相反，就会影响村规民约实施中的效果。因此，在不违背村民自治原则的前提下，基层党委和村党组织需要深入实际了解村民所想，反映村民所愿，公平公正地集中村民意见，保障制定出来的村规民约既有社会主义价值导向，又能更好地体现村民的意愿，厚植村规民约的根基。也就是说，在公权力适度地介入之下，增加村规民约在村民心中的合法性和地位，增强村规民约的影响力。

（二）坚持发扬民主，提升认同度，深化村民自治

发展基层民主，保障人民享有更多更切实的民主权利，是我国发展社会主义民主政治的重要内容。根据我国《村民委员会组织法》的规定，农村村民实行自治，村民可以通过村民会议等形式，发表意见，参与本村公共事务和公益事业的决策与管理。凡涉及全村村民利益的事，都由村民会议按照少数服从多数的原则讨论决定。这就是说，村民依法直接行使民主权利、参与公共事务的决策与管理，既是我国社会主义民主政治的重要内容，也是村民

参与民主管理的主要途径和村民自治的重要形式，包括村规民约的制定，是村民进行自我管理、自我服务、自我教育、自我监督的行为规范，是运用民主的办法来管理村里的日常事务，实现自己的事情自己办，从而发挥村民的自主性和创造性，提升村民的认同度，激发村民的参与活力，促进和深化村民自治。

近年来，瀛洲、仁里和孔灵三村等一些地方在探索村规民约制定和实施中发扬民主，引导村民有序参与，弘扬公序良俗，起到了积极作用。同时也要看到，一些地方村规民约存在内容空泛、千规一面、流于形式等问题，这与村民在自治中认同度不高或参与度较低有很大关联。为保障村规民约的执行和深化村民自治，首先，要充分发扬民主，充分体现村民在村规民约制定和实施中的主体地位。也就是说，制定村规民约，应从村民最关心、最直接、最现实的利益问题出发，以补短板、解难题为突破口，广集民意、汇聚民智，提升村民的参与度和认同感。其次，村规民约草案拟定和审议都要在村党组织、村民委员会组织下由村民共同协商讨论，即把村规民约的制定纳入乡村社区协商的框架体系，有效衔接有机推进，使协商成为重要环节，引导村民广泛参与，保障村民在自治中广泛、持续、深入参与的权利，激发村民自治的内在活力。再次，村规民约在制订程序上要坚持村民会议的法定形式。村民会议是村民实现直接民主的基本形式，通过村民会议形式有利于增加村规民约的权威性。另外，监督村规民约落实也应充分发挥村民的作用，让群众代表和群众组织参与到村规民约的宣传、落实、监督工作中，使之内化为村民自觉遵守的行为准则，形成互相监督、共同遵守的良好氛围，打造共建共治共享的乡村社会治理格局。

（三）有效推进“三自”结合，促进法治，完善德治

村规民约是推行村民自治、创新乡村治理机制、基层治理法治化的有效载体，既需要以加强自治建设，还需要法律和道德共同发挥作用。以自治为核心，需要以法治划定有限政府的权力界限，确保乡村自治在法治轨道上顺利实现；也需要在德治提供的情感基础上主动维护良好的自治秩序。也就是

说，自治、法治、德治相结合是一种普遍性要求，适用于乡村治理的各个领域和环节。制定合理、作用积极的村规民约，能凝聚着村民的共同价值观，反映村民的意愿，引导村民认真履行村规民约，弘扬契约精神、贯彻契约理念，促进基层法治实践，营造良好社会风尚的有效载体，从而引导村规民约向法治有序、德治有效、自治有利的方向发展，推动形成多维度依法治理，充分发挥村规民约的积极作用。正如民政部等7部门联合出台的《关于做好村规民约和居民公约工作的指导意见》所要求的，全国所有村、社区普遍制定或修订形成务实管用的村规民约，要推动健全党组织领导下自治、法治、德治相结合的现代基层社会治理机制建设，规范和完善村规民约的制定程序、主要内容，为实现乡村善治提供制度保障。

为有效推进自治、法治、德治结合，村规民约在制定程序、制定内容要合法。这是村规民约法治的首要问题，也是最需要把关的地方。制定村规民约的主体要合法。村民会议是制定和修改村规民约的主体，村委会不能替代村民会议。村规民约的内容要遵守宪法和法律的相关规定，不得侵犯国家、集体利益和群众合法权益。一些地方的村规民约还存在违法违规的问题，应当予以清理和修订，确立起合理合法的村民日常行为规范，从而增强村民法治意识，推动乡村社会形成办事依法、遇事找法、解决问题用法、化解矛盾靠法的良好法治环境。村规民约的制定过程要严把法律关。应完善村规民约审查备案程序，聘请法律工作者对村规民约进行合法性审查，增强村规民约的权威性和规范性。村规民约必须与德治结合，要以规立德。把村规民约中的道德要求具体化，强化约束，避免泛泛而谈、流于形式。例如，针对大操大办红白喜事现象，应提出明确的操办规格，确立具体的参照标准，增强相关规定的可操作性。村规民约应坚持以社会主义核心价值观为引领，弘扬中华优秀传统美德，包括传承优良家风家训，注重以文育人、以文化人，引导村民讲道德、尊道德、守道德。同时，探索道德评议激励机制，对遵规守约的村民给予表彰奖励，发挥道德模范的感召作用，让村民在潜移默化的熏陶中增强行为自觉，推动乡村移风易俗，涵养守望相助、崇德向善的文明风尚。

(四)建立执行和监督机制,提升村规民约的执行力

监督,顾名思义是对工作执行过程和结果的一种检验,目的是使其执行结果能够达到预期目标。如在规章制度制定或决策前实施监督,就可以防止规章制度制定或决策的错误,在规章制度或决策实施过程中实行监督,可以提前排除问题和杜绝潜在隐患,以防止在实施过程中出现偏离目标的现象。所以,为了达到一项工作的预期目标,建立监督机制成为监督的最重要环节,也是任何一个组织制度都不可或缺的环节,作为村民自治的重要载体村规民约也是如此,需要建立监督机制加强对村规民约制定、执行与实施过程的监督。再从村规民约的特性看,村规民约不具有国家法律的强制力,基本上依赖于村民的自觉遵守。而在现实社会中,有些地方村规民约制定后即被束之高阁,成为摆设,变为一纸空文;有些村规民约虽设置了违反情形时罚款、减少福利待遇、通报批评等直接或间接影响村民利益的制裁措施,但在实际实施过程中却难以执行;甚至有些村民在日常的村务处理中村规民约常常被忽略,并没有被自觉贯彻执行。因此,建立村规民约的执行和监督机制,是形成务实管用的村规民约的必然要求和提升村规民约执行力的保障。

如何建立村规民约的执行和监督机制,是近年来理论工作者和实际工作者都在不断探讨的一个问题,并提出多种建设思路。依据绩溪县瀛洲、仁里和孔灵三村村规民约的实施情况,笔者认为要结合不同村庄的实际,建立管用的监督机制。从村规民约的制定者和执行者来说,村民是最容易发现村规民约在执行与实施中存在的问题,是监督的主体,也是最直接最有效的监督,应充分发挥村民的监督责任,包括德高望重、办事公道的群众代表共同参与监督。同时,要重视村民议事会,村民理事会、人民调解委员会、道德评议会、红白理事会、禁毒禁赌会等群众组织的作用,通过这些群众性组织强化村规民约的遵守和落实。加强村党组织和村委会及委员的监督,通过村党组织和村委会做群众的工作,引导村民提高对村规民约重要性的认识,发挥组织监督的作用,有利于强化村规民约的执行力。还要健全完善奖惩机制,可通过开展模范村民评选、文明家庭创建等活动,促进村规民约的遵守和落实。

对违反村规民约的情形，要加强批评教育，对可能构成违法犯罪的事件，应及时提请司法机关认定处理，防止以村规民约代替法律制裁。此外，有学者提出建立由村“两委”成员、社区工作协商委员等成员组成道德评议委员会，发挥规劝、引导作用，提升村民对村规民约的监督执行。还有学者认为，有必要设置村规民约的监管机构，比如，可以依托各级民政部门，培育社会各方面的积极力量参与村规民约的实施监督。总之，需要通过建立和不断完善监督机制，增强村规民约的执行力，发挥好村规民约的积极作用，促进乡村治理水平的提升。

四 结 语

乡村治理是社会主义乡村建设的关键部分，而村规民约是社会主义乡村治理中的重要内容和形式。一个好的村规民约，不仅极大助力于乡村本身建设，对于国家的治理也起到不可忽视的作用。制定村规民约的主要目的是发挥和调动民众的主动性和主体性，保证基层民众的参与，实现村民的自我管理、自我服务、自我教育和自我约束，使得村民在既定的框架之内活动，村庄环境得以改善，形成淳朴的民风，乡村社会秩序稳定，从而促进乡村政治、经济、文化、社会生态良性发展。

本文通过绩溪县三个村村规民约实地调查和初步分析，试图进一步提升对村规民约本身价值的认识，探寻一条以村规民约为契机的思路以促进当地乡村治理和社会发展。这几个村在积极挖掘村规民约的优秀传统和制定新的村规民约过程中，特别是制定关于环保、乡风文明的清洁乡村类的村规民约后，村容村貌、村庄环境在一定程度上都有了很大的改变，乡村治安状况不断向好，乡村社会稳定发展，充分说明了村规民约具有很强的实用性和现实价值。

在新时代中国特色社会主义背景下的农村，社会变革依旧在持续深远的发生作用，村规民约在传统文化和治理的方式中不断汲取营养，同时又把眼光放到了当下的国家治理体系中来，试图能够看出一些端倪，正因为如此，对村规民约的探讨也显得格外的重要。我们一定要以习近平新时代中国特色社会主义思想为指导，深入贯彻党的十九大精神和党中央有关部署要求，加强对村规民约工作的指导规范，推动健全党组织领导下德治、自治、法治相结合的现代基层社会治理机制。通过对引导村民转变思想观念、增强村民主体意识，规范村规民约的制定程序，结合当地的特点与实际状况完善村规民约内容，制定出既与时俱进又切实可行的村规民约，使得村规民约更合乎村情、顺从民意，这对乡村治理具有重要的实践意义。

参考文献

牛铭实.中国历代乡规民约[M].北京:中国社会出版社,2014.

周家明.乡村治理中村规民约的作用机制研究:基于非正式制度的视角[M].重庆:重庆大学出版社,2016.

刘志奇,李俊奎.中国乡规民约研究80年[J].北京师范大学学报(社会科学版),2016(2):140-146.

张明新.从乡规民约到村民自治章程——乡规民约的嬗变[J].江苏社会科学,2006(4):169-175.

“新乡贤文化”助力农村基层社会治理与路径探析

——以肥东县为研究对象[①]

毕权胜[②]

摘　要： 乡村振兴，恰逢其时；治理有效，不可或缺；乡风文明，势在必行。我国农村范围广、人口多，基层社会治理的重点在农村，难点在农村。肥东县立足于乡村振兴战略的时代视角和文化自信的历史背景，在创新乡村德治、聚焦模范效应、培育乡风文明中，以“乡贤馆”为平台，以“乡贤会”为依托，着力打造“新乡贤文化”，作为乡村文化建设中固本培元的有力抓手，乡村治理能力建设的有效举措，进而实现“乡风文明、治理有效”。

关键词： 基层治理　乡风文明　新乡贤文化　乡贤馆　肥东县

基层治理是国家治理体系和治理能力现代化的构成要素和重要基石，乡村治理是这一构成要素和基石的重要组成部分，是实现乡村振兴的重要根基，也是提升国家治理体系和治理能力建设的一项战略任务。习近平总书记在党的十九大报告中关于实施乡村振兴战略总要求明确提出，加强农村基层基础工作，健全自治、法治、德治相结合的乡村治理体系，这是新时代对农村基层治理提出的新要求，也是加强乡村治理的思路创新，更加凸显培育乡风文明、弘扬时代新风。关于加强农村基层基础工作，构建乡村治理新体系，

---

① 本文系合肥市哲学社会科学规划项目《合肥地区乡村治理研究》(HFSKYY201841)的阶段性成果。

② 毕权胜，硕士，安徽合肥人，任职于中共肥东县委办公室，研究方向为基层党建、县域经济、社会建设、乡村文化等。

2018年中央一号文件强调要“积极发挥新乡贤作用”，培育富有地方特色和时代精神的“新乡贤文化”，积极引导发挥新乡贤在乡村振兴，特别是在乡村治理中的积极作用，在基层“三治”体系中，自治为基，法治为本，德治为先。从社会治理的实践来看，以基层德治强化乡村治理，协同于自治和法治，正是着眼我国深厚的优秀传统文化底蕴，促进广大乡村走向“乡风文明”、实现“治理有效”，为“产业兴旺”“生态宜居”“生活富裕”提供坚实支撑。

中国社会是乡土性的。习近平总书记曾多次指出：“中华文明经历了5000多年的历史变迁，但始终一脉相承，积淀着中华民族最深层的精神追求，代表着中华民族独特的精神标识，为中华民族生生不息、发展壮大提供了丰厚滋养。”① 中华优秀传统文化强调“与人为善”“仁者爱人”“德不孤，必有邻”“出入相友，守望相助”等内涵，与社会主义核心价值体系相契合，正如习近平总书记在北京大学师生座谈会上所说：“像这样的思想和理念，不论过去还是现在，都有其鲜明的民族特色，都有其永不褪色的时代价值。这些思想和理念，既随着时间推移和时代变迁而不断与时俱进，又有其自身的连续性和稳定性。”古代乡村地区的社会治理、文化繁荣，很大程度上得益于大批有文化、有实力、有资源的乡贤的存在。传统乡贤文化中蕴含的见贤思齐、崇德向善等属性，用乡情、乡风、乡约教化乡民、泽被乡里的做法，依然有其现实价值，仍值得今天乡村治理、发展乡村所借鉴。

“乡贤”即乡里贤能，是中国历史进程中的一种产物，每个地方、每片区域都有本土的乡贤资源，担当着治理乡村、风习教化、公共事务的重任，填补着乡村公共治理空间的部分空白。放眼当前，有德行、有才华，成长于乡土，奉献于乡里，在乡民邻里间威望高、口碑好的人，可谓之“新乡贤”；再宽泛一点说，只要有才能、有善念、有行动，愿意为农村建设出力的人，都可以称作“新乡贤”。他们可以利用其自身的人格魅力和本土威望，引导舆论、凝聚人心、端正风气，实现农村基层治理的和谐发展；或凭借自身的经验、学识、专长、技艺和资源，传播新文化、新思想、新技能，更好地服务于乡村振兴。

---

① 习近平．文明交流互鉴是推动人类文明进步和世界和平发展的重要动力［J/OL］.2019(9)［2020-09-02］http://www.qstheory.cn/dukan/qs/2019-05/01/c_1124440781.htm.

一　乡村振兴背景下乡贤文化的理念发展

（一）理论原点

追溯起源，乡贤文化始终扎根于广大乡村的母土文化之中，具备中华优秀传统文化的特征，被视为涵育乡风文明、参与乡村治理的重要力量，地位不可小觑，作用不可替代。

首先，乡村治理是乡村振兴的重要立足点。乡村振兴战略，是国家层面上的综合性战略，追求的是乡村的全面振兴。在“二十字”总要求中，“治理有效”是乡村振兴的目标之一，也是乡村振兴的先决条件。“三治合一”乡村治理体系的提出，为推动社会治理重心向基层下移指明了方向，为乡村由“管理民主”向“治理有效”升级找到了路径。需要正视的是，当前乡村治理体系存在一些亟待深化完善的问题，主要有：乡村治理的顶层设计和体制机制不完善，缺乏治理的针对性和有效性；各治理主体间的利益冲突和矛盾难以短时间消除，影响着乡村的和谐稳定，等等。长此以往，农村这块短板不可避免地会越来越短，也将影响到乡村的整体振兴，进而将在一定程度上“拖”现代化建设的“后腿”。“振兴者”们势必要直面艰巨任务，在乡村治理中找短板、补不足，创新乡村治理体系，走乡村“善治”之路，推进治理体系和治理能力现代化。

其次，乡村德治是乡村治理的重要支撑点。“健全自治、法治、德治相结合的乡村治理体系”意义深远，这“三治合一”“多元共治”的体系，旨在实现以自治为核心、以法治为保障、以德治为引领的差异化治理。其中，德治以伦理道德规范为准则，是社会舆论与自觉修养相结合的“软治理”。无论是法治还是自治，通过德治来体现和引导，才能有效破解在乡村治理中法律手段太硬、说服教育太软、行政措施太难等长期存在的难题。所谓“道之以德，齐之以礼，有耻且格”，意思是指用道德来引导民众，用礼节来规范行为，以此培育树立社会的知耻之心和规矩之行。在我国，乡村是人情社会、熟人社会，维系着道德规范和民风习俗，善加利用引导便可形成与自治、法治相辅相成的德治。长期以来，德治多见于我国基层治理，可资借鉴的“无讼”，便是依靠乡土社会的礼治秩序对人形成规范。因此，可以把基层德治作为培育社会主义核心价值观的有力抓手，传播真善美、激发正能量，引向“乡风文明”，走向“治理有效”。

再次，乡贤文化是乡村德治的重要切入点。2014年，习近平在中共中央政治局第十三次集体学习时讲话指出，培育和弘扬社会主义核心价值观必须立足中华优秀传统文化。乡村振兴离不开资源的投入，也离不开要素的集聚；同理乡村治理现代化离不开人才的担当，乡贤文化回归正当其时。所谓“乡贤”，即本乡本土有德行、有才能、有声望而深为当地民众所尊重的贤人。由此而来的“乡贤文化”，是一个地区的具有当地精神文化标记的中华优秀传统文化，根植乡土，呈现出独特的地域性、人文性、亲善性。特别是蕴含着见贤思齐、崇德向善等优秀文化基因，其文化道德力量可教化乡民、泽被乡里，对于培育文明乡风、良好家风、淳朴民风大有裨益。显而易见，乡贤的影响不是来自行政力，而是来自感染力，春风化雨，润物无声。从现实情况看，农村优秀基层干部、道德模范、身边好人等先进典型，成长于乡土、奉献于乡里，在乡民邻里间威望高、口碑好，正日益成为“新乡贤”的主体。

（二）实践困境

乡村作为传统道德积淀的深厚土壤，也面临着诸多现实困境，这既是强化新时期乡村德治的形势所需，也是构建新乡贤文化的实践所向。

一是市场化的变革给乡村德治带来挑战。改革开放以来，市场经济的改革和发展带动农村与城市同步共振，乡村地区的社会阶层和利益格局在“三农”体系深刻变革中，不得不随之调整。市场经济本身自带的趋利性，在充分调动农民积极性的同时，也使得农民的日常生产活动更加市场化、商品化，促使农村道德水平出现分化。部分农民的人生价值取向产生偏离，利益观念和功利意识有所倾向，个人主义思想“占据”着社会责任感“上风”，拜金主义、享乐主义和利己主义显现，产生了唯利是图、急功近利、见利忘义等负面效应。许多乡村的“沦陷”，不仅仅表现在农村生存的自然条件和社会环境的恶化，更是一种温情的生活样式、行为准则和生存价值的消失。以功利取向为主导的市场经济，对农村道德文明风尚提出了很大的挑战。

二是城镇化的转型让乡村德治加大难度。在社会道德领域，人伦常理作为一种长期稳定的价值观念而存在，尤其是传统的中国农村有着浓厚的血亲血缘观念，农民具备强烈的伦理意识，这让"伦理本位"的乡村状态由来已久。但伴随城镇化的大趋势、大背景，农村大多数青壮年劳动力向城镇流动，出现了大量的"空心村"，乡村现状堪忧，凋敝、失根现象日趋严重，乡风悄然发生变化。其同步产生的还有"三留守"家庭，即家中只有老人、妇女、儿童。家庭成员长期不在一起居住，血亲血缘出现"断档"，成员间的维系把控出现"真空"，良好的伦理道德在彼此间得不到"无缝"传承，家庭自律逐渐减弱。因此在乡村人群的净流失的背景下，其价值观念、行为习惯、精神面貌在这个变迁中发生诸多变化并持续变化，进而导致伦理道德的约束减弱，愚昧与文明相互"冲刷"。

三是现代化的进程使乡村德治更加多元。在解构主义盛行的文化背景下，农村的传统价值观念同新时期的价值理念相互碰撞。特别是社会工业化和互联网时代，重构了长期以来的农耕文明，改变了乡村原有的生产方式和联结方式，带动了其社会结构和社会关系的变化，身处其中的农民不自觉地产生认同危机，进而影响着农民心态与人格的形成。与之相伴，各种思维观念、道德评价"名目繁多"，农民的价值取向更加多元化。在新的道德体系尚未建立的情况下，原本的道德规则向边缘化和碎片化方向发展，乡村文明道德风尚自然出现各种差异、显示多样状态。特别是改革开放以来，乡村社会逐步由相对封闭的静态转型到流动加剧的动态，农业生产方式日益变革、农村社会结构日益分化、农民思想观念日益多元，传统的乡村治理模式越来越难以适应新形势不断变化的要求。

（三）发展趋势

提炼乡贤文化的品质内涵，就是要传颂好古贤，汇聚好今贤，培育好新贤。在新的历史条件下，挖掘更多的新乡贤，让他们积极参与乡村治理，对于“多元”治理主体的构建以及实现乡村的“善治”意义重大。

首先，从政策导向来看。2015年，中共中央、国务院印发《关于加大改革创新力度加快农业现代化建设的若干意见》，提出创新乡贤文化，弘扬善行义举，以乡情乡愁为纽带吸引和凝聚各方人士支持家乡建设，传承乡村文明。中央领导也在多个场合、多次讲话中提到，建设新农村、弘扬社会主义核心价值观要发挥“新乡贤”的作用。早在2014年召开的培育和践行社会主义核心价值观工作经验交流会上，时任中宣部部长刘奇葆强调，要继承和弘扬有益于当代的乡贤文化，发挥“新乡贤”的示范引领作用。“新乡贤文化”这个名词，首次出现于2016年全国“两会”讨论的《十三五规划纲要（草案）》中，其解释“新乡贤文化的核心是文明的进步，是一种凝聚力”；并在“加快建设美丽宜居乡村”章节中提出“培育文明乡风、优良家风、新乡贤文化”。2017年中央一号文件《关于深入推进农业供给侧结构性改革 加快培育农业农村发展新动能的若干意见》再次明确要求，“培育与社会主义核心价值观相契合、与社会主义新农村建设相适应的优良家风、文明乡风和新乡贤文化。”“新乡贤”概念于2017年底在第十三届中国农村发展论坛上得以定义。中办国办印发《关于进一步加强和改进离退休干部工作的意见》中鼓励发挥离退休干部的优势，随之湖南湖北等地涌现出不少退休官员成为“新乡贤”。

其次，从探索经验来看。近年来，全国各地纷纷响应，积极继承和弘扬本地优秀乡贤文化，创建新乡贤文化，助推当地的各项建设。2015年中宣部在浙江召开创新发展乡贤文化现场交流会，指出乡贤文化植根乡土、贴近性强，蕴含见贤思齐、崇德向善的精神力量，是中华优秀传统文化的重要组成部分。2016年《光明日报》推出“新乡贤·新农村”系列报道，挖掘“新乡贤”和“乡贤文化”与新农村建设的人物故事和经验做法。浙江省绍兴市上虞区是创建工作起步较早的地区，整个创建工作的成果呈现系统化、规模化。作为中国乡贤之乡，上虞不断发展适应时代精神需求的新乡贤文化，成立乡贤研究会，并先后推出了乡贤文化广场、乡贤馆建设和新乡贤培育“青蓝工程”等一系列举措，有力推动乡贤文化由研究挖掘向培育传承深化。安徽省宿松县大力倡导乡贤文化，印发《创新发展“乡贤文化”的实施意见》，着力培养造就乡土文化人才。

再次，从落实举措来看。当前正值乡村振兴战略起步阶段，顶层设计已然敲定，基层探索正在跟进。《中共中央 国务院关于实施乡村振兴战略的意见》作出“提升农民精神风貌，培育文明乡风、良好家风、淳朴民风”的重要部署；安徽省着眼于“满足人民群众对美好生活的向往”这一目标，2018年初召开“开展移风易俗、弘扬时代新风”动员大会。合肥市启动“推动移风易俗、树立文明乡风”系列活动，发布了《合肥市移风易俗八项行动标准》。肥东县启动“推动移风易俗、树立文明新风”活动，党员干部带头示范厉行勤俭节约，反对铺张浪费，特别是在实施乡村振兴战略进程中，把弘扬时代新风摆在突出位置，主动作为、创新施为，创设农村宣传新阵地，因地制宜建立“乡贤馆”、成立“乡贤会”，着力打造“新乡贤文化”，赋予农村基层治理新视角、新思路。当前，就是要认清、摸准基层德治的内在逻辑和乡贤文化的潜在特质，有效涵育、合理运用，充分激发新乡贤文化在教化乡民、反哺乡里、涵养乡风方面的“德育”功能，在新时代服务于乡村振兴战略，推进基层治理现代化。

二　肥东县打造“新乡贤文化”的实践与成效

肥东属合肥市辖县，位于合肥市东部，江淮分水岭南侧，现辖12个镇、6个乡以及肥东经济开发区（合肥上海产业园、合肥循环经济示范园），总面积2182平方千米，人口108万人。改革开放特别是党的十八大以来，全县经济社会发展成绩斐然，综合实力保持在安徽县域第一方阵，先后荣获全国综合实力百强县、全国投资潜力百强县、全国科技创新百强县、全国社会治理创新示范县等称号，2019年地区生产总值656亿元，固定资产投资315亿元，财政收入72亿元，城镇和农村常住居民人均可支配收入分别达到38 346元、23 594元。近年来在实施乡村振兴战略中，该县积极深化乡村治理、打造新乡贤文化，不断探索并稳步推进基层社会治理新实践。

(一)特色做法

作为新尝试、新探索，肥东县各地纷纷“试水”，着力打造新乡贤文化，以“乡贤馆”为平台，以“乡贤会”为依托，创新乡村德治、培育乡风文明，推动乡村治理体系和治理能力现代化。

一是立足于“评”。肥东县突出群众评、评群众，广泛征求评选意见，形成“遵纪守法、品德良好、为人正派、处事公正、群众公认”20字为遴选标准，并听取各方建议推选，注重把“有威望、能带头、起作用”的榜样人物、先进人物、精英人物选树出来。从时空分布来看，囊括了古代乡贤、红色乡贤、现代乡贤各阶段。现代乡贤人物中，既有德高望重的还乡官员、推陈出新的科技人才，又有反哺桑梓的企业家、发家致富的带头人；还有结合“道德模范”“身边好人”评选活动而广泛挖掘的草根群体、民间力量，有一心为民的老党员老干部，有扶危济困的热心人好心人。在解决“乡贤何在”难题的基础上，整合全县资源，编撰形成肥东的《历代人物》《现代人物》《当代人物》乡贤系列丛书、《优秀家风家训集锦》乡贤文化书籍以及《天南地北肥东人》大型电视纪录片。石塘镇四合村以“革命英烈”“科苑精英”“故乡赤子”“杏坛师表”“乡贤名流”和“十星好人”为类别，评选出本村范围的27位英烈和36位新乡贤，典型鲜明、清晰明了。

二是着眼于“展”。源于但不囿于初始的乡贤评选，肥东县注重对乡贤的展示宣传，让模范选树工作“长期奏效”。实践中，以“乡贤馆”为概念模式，开发室内场地、开辟德育阵地、开放实体展馆，系统有序罗列乡贤人物，集中展示其嘉言懿行、成就贡献。众兴乡因地制宜，有效利用闲置资源，将乡贤馆布展于乡综合文化站，建筑面积达120平方，布展面积近300平方，按序设置了“淮军将领抵御侵略”“革命火种最早点燃”“抗美援朝保家卫国”“对越战争自卫还击”“市场经济最初萌芽”“人文荟萃道德高地”“众兴精神熠熠生辉”七个主题版块，精心展现各个时期的典型代表人物共38名。特别是运用了“声、光、电”现代科技，融入“视屏+音频”手段，以播放屏提升视觉冲击，以触摸屏提升互动体验，图文并茂、声情并茂，让乡贤文化变得可视可触可摸（见表1）。长临河镇四顶社区乡贤馆，以“印象四顶”为主题，划分“村史民情”“乡贤人文”“美丽四顶”“乡村振兴”“红土清风”五个部分，通过过去老照片和如今新景象的展示对比，全面阐述四顶社区在乡风习俗、产业发展等方面的发展成果。

表1　众兴乡贤馆来访情况一览表

来访者共1351位	按来访身份	群众	357人	26.4%
		学生	513人	37.9%
		机关单位人员	88人	6.5%
		企事业单位人员	238人	17.6%
		乡贤本人及家人	15人	11.1%
		其他	140人	10.4%
	按来访形式	团体组织	839人	62.1%
		个人前来	512人	37.9%
	按来访缘由	慕名而来	884人	65.4%
		办事途经	255人	18.9%
		其他	212人	15.7%
	按来访距离	0—1km	337人	24.9%
		1km—5km	505人	37.4%
		5km以上	509人	37.7%

根据乡贤馆《来访接待登记表》统计整理，起讫时间：2019年9月1日—9月30日。

三是致力于“用”。作为先进典型，乡贤资源既追求“选得出”，也讲究“用得好”。肥东县再延伸、再深化，充分发挥乡贤在“修身、立业、齐家”方面的示范带动作用。以四合村为例，依托新乡贤的威信力和影响力，四合村组建“乡贤会”，制定出村规民约“三字经”，评选出示范家训“二十例”，引导村民闲暇之余“学思践悟”，引领培育文明乡风、良好家风、淳朴民风。值得一提的是，四合村以“乡贤会”为主体，组建了村民自治体系“四厅四会”，即：百姓说事厅、便民办事厅、普法明事厅、阳光监事厅以及村民议事会、红白理事会、道德评事会、调解和事会。其中，便民办事厅采用“村企一体”为民服务模式，将全程代理服务网络和邮政服务网络进行“并网”，提档升级农村基本公共服务，打通为民服务“最后一公里”；红白理事会系全县首个发起成立，重在引导移风易俗，破除陈规陋习，倡导“喜事廉办、婚事新办、丧事简办、小事不办”，并推出“包公家宴”简餐菜谱，党员干部带头做起，厉行勤俭节约，“大操大办”之风得以有效遏制。

（二）主要成效

肥东县以“乡贤馆+乡贤会”模式为突破，坚持价值引领、文化熏陶、实践养成为原则，以发挥模范效应、释放道德张力为理念，深化“软约束”“软治理”，已然成为助推乡村治理、乡村振兴尤其是文化振兴的特色品牌，受到广大群众以及各领域社会人士的推崇和认可。

其一，实现了“精神高地”和“文化标识”有机结合。放眼更高站位，肥东各地在谋划实施中，着眼乡、村两级，以“乡贤馆”为突破点，构筑了精神“新高地”、树立了文化“新地标”。目前已建成的有众兴乡乡贤馆（乡镇级），以及石塘镇四合村、长临河镇四顶社区（村社级）。作为一种实体平台，乡贤馆展示人物、讲述事迹，从功能上看，既是道德礼堂，又是文化展厅；既是名人馆，也是文化馆。比如，众兴乡的乡贤馆围绕社会主义核心价值观，提炼出“爱国、忠诚、团结、向上”，作为新时期的众兴精神，在地域认同上“画出最大同心圆”，以“润物细无声”的方式维系乡情、乡恋、乡愁。同时，结合乡情沿革、资源禀赋，全面展示众兴的人文历史和社会发展，促使“淮军摇篮”“花样小乡”“天然氧吧”“生态众兴”区域文化品牌广泛传播、深入人心，进而助推了当地经济健康发展、社会和谐稳定、公益事业进步、区域文化繁荣。

其二，实现了“乡村自治”和“乡村法治”有效融入。乡贤作为先进典型，其示范引领作用不言而喻。基于此，肥东县推动“新乡贤”群体从“室内”走向“室外”，从“静态”变为“动态”，投身于乡村社会建设、风习教化、公共事务中，引导群众自我教育、自我管理、自我服务。在基层自治方面，村级党组织领导的村民自治机制不断健全、充满活力，以村民小组（自然村）为基本单元的村民自治试点启动实施，村级集体资产股份制改革全县铺开；在基层法治方面，尊法学法守法用法成为农民群众的自觉行动，其获得感、幸福感、安全感更加充实、更有保障、更可持续。四合村原本基础设施落后、集体经济负债，"民声一片怨"，是有名的"空壳村""后进村"。四年来，通过建立"乡贤馆"、成立"乡贤会"，"四厅四会"发挥功能，"党建+乡贤"模式卓有成效，四合村实现了"大变样"，全村上下如今是党风正、清风扬、家风树、民风淳，成功入选合肥市"廉政文化进农村示范点"。长临河镇四顶社区也"全面开花"，各项工作均走在全县前列，近四年便获得国家级荣誉1项以及省级荣誉5项、市级荣誉7项。

其三，实现了"以德育人"和"以文化人"有力彰显。新乡贤文化以"知贤、颂贤、学贤"有效引导群众崇德向善、见贤思齐，使"仁义礼智信"回归民众共识，更多"新乡贤"得以涌现、更多正能量得以凝聚。肥东县以乡贤之名，评选了先进，选树了典型，"身边人、身边事"让群众易懂易记、对标对表、入脑入心。全县已当选市级以上道德模范和身边好人共93人，其中有4人获得全国道德模范提名，11人入选"中国好人"，新乡贤文化成为培育和践行社会主义核心价值观的原动力。乡、村两级"乡贤馆"扎根乡村本土，建立起"敬"和"畏"的道德体系，融入德孝文化、桑梓文化等文化内涵。"乡贤+"多元化实践发挥其道德指引和示范引领作用，树立新风正气，培育文明风尚，农民精神风貌和乡村社会文明程度不断提升，和美家风、醇美乡风、尚美村风"随风而来"，初步构建起传统乡土社会与现代社会的有效衔接机制，实现了乡土文化的延续、公序良俗的形成。

（三）存在不足

从多地的"乡贤馆""乡贤会"的建设运营来看，一些问题在所难免，主要有三个方面：一是认识上不重视。乡贤工作是系统工作，不论是资料的积累还是乡贤作用的发挥，需要各地各部门各领域的重视和配合。目前，多地主要是依靠少数人的"一腔热血"，各方面的主动性和积极性尚未有效激发起来。二是建设上不平衡。乡贤馆厅的硬件建设不平衡，尚未纳入公共文化服务体系，缺乏财政预算的长效支撑，其中少数列为典型示范的馆厅，得以"挤占"场地，但大多数在人、财、物等要素投入可谓是"捉襟见肘"。三是运行上不长效。存在“建而不管”的问题，缺乏长效机制和制度保障，加之乡贤组织不规范，其参事议事“名不正、言不顺”，成果应用不充分，促发展的效能不明显。

三 “新乡贤文化”建设的提升路径

肥东县坚持问题导向和目标导向相统一，在乡村两级率先打造的乡贤“馆+会”模式，摸索了“乡村德治”新路径，体系更完备，特色更鲜明，可挖掘、可借鉴、可推广，未来可期“众星拱月、星月同辉”。

（一）以一体化平台，强化统筹统管

宣传思想文化工作，特别是基层，需要有实际的场所、设施作保障，有必要的平台、阵地作支撑，才能规避“空对空”现象和“悬浮”状态。从硬件建设入手，充分利用政府投入、社会筹资、群众募捐等来源，整合既有房屋，盘活闲置资源，通过修缮、改造和提升，建成功能多、设施全、辐射广的文化阵地——“乡贤馆”。把乡贤文化阵地建设作为完善乡村公共文化服务体系的民生实事工程，统一部署、分批推进，个性化设计、差异化建设一批以乡贤文化为主题的文化馆、文化街、文化墙、文化公园、文化长廊，同时做好示范场所的创建示范工作。比如乡贤馆的创建可坚持“一馆多用”，结合文化站、农家书屋、阅读空间、道德讲堂、乡村舞台、党员活动室、乡村少年宫等建设，把多个功能相似、成效协同的阵地纳入一个大平台，最终实现“一村一平台”。如此一来，既整合资源又集约空间，可相融、可共享，变“单兵作战”为“联合作战”，破除单个文化场馆形式单一、内容单薄的诟病。

（二）以一整套机制，夯实基石基础

阵地建设是基础，长效运行是关键。在实际工作中，按照“找出来、请回来、展出来、传开来、礼起来”的要求，建立健全乡贤文化研究机制、乡贤联谊机制、乡贤参事机制、乡贤服务机制、乡贤礼遇机制。深度挖掘、广泛选树新时代的“新乡贤”，结合道德模范、身边好人的评选，定期更新、补

充、完善，把“人物库”建成“精英名录”“好人榜单”。特别是在管理和利用中，依托乡贤馆，组建乡贤会，汇聚本乡本土的榜样、精英，发挥其在社会治理、公共服务中的作用，担当公共事务的主持者、公益事业的组织者，以此填补乡村公共治理体系中的空白，逐渐形成以基层党组织为核心、村委自治为基础、乡贤会为补充、村民广泛参与的现代乡村治理新局面。具体实践中坚持“党建+”，充分发挥党组织的战斗堡垒作用和党员的先锋模范作用，以基层党建的“聚合工程”“酵母工程”为抓手，注重吸纳“五老”队伍（老干部、老战士、老专家、老教师、老模范），逐渐形成“土生土长”的“新乡贤”群体。

（三）以一系列活动，激发潜力活力

探索建立决策建议“智囊团”、创业致富“导师团”、纠纷处理“调解员”、乡风文明“督导组”、慈善公益“志愿队”等，统筹组织开展各类活动，为其发挥作用提供平台和载体。乡贤会、乡贤馆“软硬兼施”，深入实施乡村道德建设工程，开列德育活动清单，完善基层德治模式，推进社会公德、职业道德、家庭美德、个人品德建设。有组织地开展身边好人的事迹宣讲，播放道德模范的视频短片，编排乐善好施的德育节目，弘扬真善美、传播正能量，让群众在潜移默化中受到熏陶，涵育积淀本土的爱国文化、德孝文化、桑梓文化等，把社会主义核心价值观落实落细。在乡村振兴战略实施背景下，围绕增强乡村多元参与、协商共治能力，乡贤会提供决策咨询、民情反馈、监督评议，以及开展帮扶互助、推行村规民约、调解矛盾纠纷等，全力助推乡村的全面振兴。

总之，乡贤是本乡本土的榜样、精英，其亲缘、人缘、地缘优势显著，自身的引擎力和凝聚力不得小觑。新时代内涵赋予下形成的新乡贤文化，实现乡贤“先进先行”、群众“紧跟紧随”，有利于培育乡风文明，提升乡村德治水平，也有利于优秀传统文化创造性转化、创新性发展。从肥东县的探索实践和取得成效来看，深入贯彻党的十九大精神，全面实施乡村振兴战略，可资探索的是，推出以“乡贤馆”“乡贤会”为主体的系列措施，把新乡贤

文化培育成为倡导文明乡风的精神力量和传承地域文化的方向坐标，推动社会主义核心价值观建设任务落细落小落实，不断催生其在乡村治理中独特的人文道德价值和经济社会效益，进而形成共建共治共享的乡村社会治理新格局。

参考文献

习近平.决胜全面建成小康社会 夺取新时代中国特色社会主义伟大胜利——在中国共产党第十九次全国代表大会上的报告[M].北京:人民出版社,2017.

中共中央 国务院关于实施乡村振兴战略的意见[M].北京:人民出版社,2018.

健全自治、法治、德治相结合的乡村治理体系——八论认真学习贯彻党的十九大精神[N].农民日报,2017-11-10(2).

赵慧.乡贤传统再展时代魅力[J].民生周刊,2016(27):20-21.

邓坚.乡村振兴战略背景下新乡贤文化建设的困境与途径[J].学术论坛,2018(3):175-179.

城市社区协商民主机制研究

——基于芜湖市清苑社区的调查

鲍　操[1]

摘　要： 协商民主是我国社会主义民主政治的特有形式和独特优势，也是中国共产党执政和决策的重要方式。城市社区协商民主建设是基层社会治理的有效路径，对于打造共建共治共享的社会治理格局具有重要意义。芜湖市鸠江区清苑社区通过加强党对基层治理工作的领导、推动协商民主实践程序和机制建设、因地制宜创新协商形式、发挥社会组织作用等方式在城市社区协商民主建设过程中取得了积极成效。本文以协商民主理论和治理理论为指导，将案例的独特性和一般性知识建立关联，对清苑社区的协商治理经验进行了探讨，并为进一步推动基层社会治理创新提供了政策建议。

关键词： 协商民主　基层治理　协商机制　社会组织协商

协商民主是我国社会主义民主政治的特有形式和独特优势，也是中国共产党执政和决策的重要方式。党的十八大报告提出要推进协商民主广泛多层制度化发展。在我国，基层是社会生活最基础的层级，是政治与民众联系最密切的地方，也是各种利益关系最直接显现的地方，因此在协商民主的各种具体形式和渠道中，基层协商民主具有基础性的地位和功能。城市社区是城

[1] 鲍操，安徽师范大学政治学理论2019届硕士毕业生，现为东北大学文法学院行政管理专业博士研究生。

市社会的基本单元，社区协商是基层协商的核心组成部分。2015年2月，中共中央印发《关于加强社会主义协商民主建设的意见》，提出要坚持制度创新，规范议事规程，稳步推进社区协商。一方面，推进城市社区协商民主建设有利于加强党对城市基层工作的领导。协商民主是实现和改进党的领导的重要方式，协商的过程既是广泛听取各种不同声音、充分吸收有益意见建议、不断改进领导和执政方式的过程，同时也是让社会各方面了解和接受党的政治主张和路线方针政策的过程。另一方面，推进城市社区协商民主建设有利于将社会矛盾化解在最基层。基层的协商民主可以创造平等对话与沟通交流的平台，对不同利益主体间的利益关系进行协调和整合，引导其参与公共事务的管理和讨论，理性地表达自己的意见与建议，最终达成理解和共识，从而化解纠纷和矛盾。另外，推进城市社区协商民主建设还有利于打造共建共治共享的社会治理格局。社区协商民主建设是社区治理体系建设的重要组成部分，它通过推动社会治理重心下移，发挥社会组织作用，实现政府治理和社会调节、居民自治良性互动。

当前，城市社区协商民主建设取得一定成效，但仍面临人们对协商民主的认知度不足、社区协商具有形式化倾向、协商制度建设滞后等问题。因此，如何在理论指导下对城市社区协商民主的运行逻辑及其制度建构有待进一步研究。清苑社区为本文的研究提供了理想的案例。

芜湖市鸠江区的清苑社区是民政部确立的第三批全国社区治理和服务创新实验区，安徽省确立的首批城乡社区协商示范点。几年来，该社区的协商民主建设从协商参与、协商内容、协商程序和协商形式四个方面展开积极探索，取得了显著成效。

一　清苑社区协商民主的基本实践

经过十多年的发展，协商民主在中国的实践取得了巨大成就。这些成就最先在诞生于乡村领域，如浙江温岭的民主恳谈会成为了中国乡村协商民主的一张名片。它围绕着乡镇和村级预算、乡村环境治理、基础设施建设等议题开展了广泛的协商民主活动，取得了很多经验。这些经验包括如何让更多的人参与到协商民主中来，如何让参与者在协商民主过程中得到平等的对待，如何推动协商成果的执行和对执行结果的评估和监督，乡村的协商民主无疑可以给城市地区的协商民主带来经验分享。

十八届三中全会提出了国家治理体系和治理能力现代化的总目标，从中央到地方对城市社区治理工作愈加重视，地方政府在近些年加大了对城市社区协商民主建设的支持力度。例如，中央将协商民主纳入社区治理体系，地方政府设立城市社区协商民主示范点。在中央和地方大力支持的情况下，城市社区协商民主建设的情况究竟取得了什么样的成果？笔者以芜湖市清苑社区为例加以介绍和分析。

浙江大学郎友兴教授认为，健全乡村议事协商制度首先要确定协商的对象，这是一个谁来参加的问题；其次是议事协商的内容，即要协商什么的问题；再次是议事协商的程序，即议事协商如何进行的问题；最后是协商的形式。[①] 本文将这四个方面概括为协商机制，并以此为分析框架，从协商参与、协商内容、协商程序和协商形式四个方面探讨清苑社区的协商民主建设实例。

（一）协商参与

根据协商民主理论，参与者具有广泛性和平等性特征，协商民主参与者应该既包括民众，也包括官员、政府、社会组织等。在我国，协商参与不同于邻避运动、上访等形式，而是通过官方组织开展协商，以官民对话、讨论、协商的形式吸纳利益相关方参与进来，实质上是一种有序公民参与。本文通过描述清苑社区协商参与的现状，试图了解当前我国基层协商参与的基本情况。

1. 社区两委：协商民主活动的主要组织者

本文通过整理清苑社区成立协商委员会以来的11个协商案例[②]，发现这些协商民主活动的组织者都是社区的党总支和居民委员会。从理论上看，由社区两委负责组织并不是说所有的协商要素、机制等都由社区包揽，而是社

① 郎友兴.议事协商与乡镇治理机制的创新[N]. 学习时报，2009-08-10(5).

② 实际上清苑社区有协商案例50余例，本文使用的资料是清苑社区作为协商试点报送省民政厅的6个典型的案例和笔者在社区调研实习期间亲身经历并事后整理记录的5个协商案例。

区两委只是作为协调者的角色或提供一个协商的平台，使协商民主活动可以顺利开展。国外和我国台湾地区协商民主的组织者一般是社会组织，即使是行政部门发起，也会委托社会机构来具体执行。但在中国大陆，协商民主的发起者一般是政府或者说官方组织，例如浙江温岭多次召开的民主恳谈会都是在当地乡镇党委和政府的组织下进行的，清苑社区也是如此。景跃进认为，民主恳谈会之类的协商民主是行政民主的一种形式，其要旨是通过行政方式来体现民意、反映民意和满足民意。①笔者也认为，由社区两委组织发起协商民主，不仅体现和巩固了基层党组织的领导核心地位，还激活了处于不断趋于行政化的社区居委会，提升了社区治理能力。

清苑社区这种行政民主的形式也存在一定问题。一是组织者往往不仅仅是负责组织，还控制着其他的协商要素，如协商议题的确定等，一定程度上影响了居民政治参与的积极性。例如芜湖市2015年某小吃街发生了爆炸事件，清苑社区根据上级安监消防部门的部署，对存在安全隐患的农贸市场进行整改，但社区在整改过程中遇到较大的阻力，如经营户对整改方案的不满，社区才决定用协商民主的方法解决问题。在这个案例中，农贸市场整改这个议题的来源是上级政府部门的工作部署，并不是根据居民的提议确定的。二是挤压了社区社会组织参与协商民主的空间。实际上清苑社区有二十多个社会组织，但它们仅仅是社区协商民主的参与者，不是组织者。一个可能的原因是清苑社区社会组织大多还处在成长阶段，暂时还不能充当组织发起协商民主的角色，更多的是通过参与来逐步发挥自身的治理功能。

2. 以人民群众为主体的社区协商民主

从雅典的直接民主、卢梭的人民主权思想到林肯提出的“民有、民治、民享”，公民都是民主制度的主体。协商民主也不例外，协商民主的提出者约瑟夫·毕塞特和哈贝马斯都认为，公民参与是协商民主的核心内涵，协商民主的主体是公民。实际上，公民参与反过来也促进了协商、增强了民主。正是因为有公民的参与才使得多方协商成为可能，公民通过参与协商使得公民的意愿得以通过对话、协商的形式表达出来。在公民主体论上，治理理论与

---

① 景跃进.行政民主：意义与局限——温岭“民主恳谈会”的启示[J]. 浙江社会科学，2003(2):15-18.

协商民主理论一样，强调应强化公民在公共治理中的主体意识。当前，在我国建设社会主义协商民主的背景下，人民群众无疑是协商民主的主体，习近平总书记在庆祝中国人民政治协商会议成立65周年大会上指出："人民群众是社会主义协商民主的重点。让人民监督权力，让权力在阳光下运行。"

在居民参与社区协商民主的实践中，有两个问题需要解决。一是如何选出参与协商民主的居民。二是参与居民是否具有代表性。由于社区居民较多（清苑社区居民近万人），不可能所有居民都参加同一次协商民主活动，因此，必须选出一定数量的居民代表参加。清苑社区的做法是召集各方共同参与协商，包括社区两委、协商议题的利益相关方、社区居民代表等。实际上这也是治理理论要求的多元治理主体共同增进公共利益的体现。其中，社区两委作为官方的代表参与协商民主是我国特有的情况，也是由我国现实的国情、社情和民情决定的。清苑社区党总支书记T书记在与笔者闲聊时也谈道："什么事都离不开我们社区，老百姓他有事就找我们社区，有一次有个居民他家自来水管坏了也找我们，你没办法，基层工作就是这样。"

清苑社区居民代表的构成主要是老党员代表和普通居民代表。以老党员老同志为代表，是根据社区实际情况作出的决定。清苑社区是所在街道的政治经济中心，社区退休干部较多，他们有充足的闲暇时间参与协商活动，更重要的是这些老党员老同志平时在社区的口碑不错，为人正派，处事公道，居民对其较为信任。以老党员作为居民代表的做法，不仅符合协商民主的公共理性特征，达到工具性理性和沟通性理性之间的平衡，同时也是清苑社区遵守因地制宜原则，充分利用社区优势协商资源的体现。

3."亲情网格"模式解决"弱参与"问题

从理论上看，协商民主的广泛性特征要求协商参与者具有广泛的代表性。清苑社区以老党员为代表固然是一种因地制宜的做法，但也是一种"不得已而为之"。因为社区居民大部分对社区协商民主不感兴趣，对参与协商较为冷漠，社区协商民主存在有学者所称的"弱参与"问题或"主体性困境"。实际上，这是当前我国社区政治参与的普遍现象。原因一般是"居民自身协商能力的欠缺""社区活动的议题太单调或居民没有时间"等。

面对“弱参与”问题，清苑社区充分发挥社区网格化治理机制的优势，创建“亲情网格”模式。社区通过社区——一级网格——二级网格——楼栋长的关系网络，依靠网格员带动楼栋长，楼栋长带动亲戚邻里的方法，深入居民日常活动网络的内部，将居民日常遇到的困难纳入社区协商民主的议题。通过层层形成的网格收集协商议题，实际上是改变了协商议题收集的机制，由过去的社区两委确定议题，再召集居民进行协商的自上而下的模式，变成了“协商什么由居民说了算”的自下而上的方式，激发了居民参与社区协商民主的热情。笔者在一次协商民主会议结束后和参加会议的居民H先生进行了简单交流。当提及为什么来参加社区协商，H先生直言：“以前有事都是生产队长找我们，叫怎么干就怎么干，现在来社区讨论事情多了，这是好事。”

“亲情网格”模式下的协商参与也存在一些问题。在这一模式下，作为利益相关方的居民代表参加往往积极性较高，但作为利益无关方，仅仅是居民代表参加协商实际上还是少数。他们一般是社区的一些老党员、退休职工等。笔者在一次社区协商民主会议结束后，和一位居民代表Z先生进行了交流。当问及怎么被选出来参加协商会议，Z先生直言：“我年龄大了，在家也闲着没事，社区需要我就来，一次有50块钱呢!”对参加协商民主的居民代表给予适当的误工补贴是清苑社区的一直以来的做法，这种做法一定程度上提高了居民代表参与协商的积极性，但由于社区经费有限，这种方法也只能在小范围内使用，对于大规模的社区居民参与协商，必须探索出更为有效的方法。

（二）协商内容

协商民主理论认为，协商民主既是一种治理机制，也是一种决策机制。作为治理机制，它需要及时回应社会关切；作为决策机制，它需要参与公共政策的制定。在基层协商民主建设过程中，如何做到以上两点，协商议题的收集、界定和落实是三个重要方面。

1. 创新协商议题收集机制

社区协商议题的收集指协商议题来源机制，进一步讲是通过自上而下的指定，还是自下而上的收集。前者往往通过行政命令，由基层政府及其派出机构向社区摊派协商任务，协商议题往往没有反映社区居民的偏好，容易导致“弱参与”的问题。后者以社区居民的偏好为导向，通过机制创新，收集的议题具有实践性和可操作性。如前所述，清苑社区通过三级网格、“亲情化”的做法，向社区居民收集协商议题，这一方法不仅确保了收集的议题具有现实性、亲民性的特征，还有效提升了居民参与协商的意愿。

此外，清苑社区针对社区协商民主专门设置了老党员工作室。老党员工作室目前由6名社区退休老党员组成，办公地点在社区办公楼一楼，每天有1名老党员同志值班，其工作职责主要是负责组织协商社区老党员参与社区协商民主。收集协商议题也是工作室的职责之一，工作室通过接待并认真记录居民来电来访，然后将收集到的议题交给社区协商委员会。目前，老党员工作室接待居民500余次，收集到来自居民的协商议题200余个，取得了积极的成效。老党员工作室取得积极成效的原因：一是老党员自身具有丰富的经验，对居民反映的问题能迅速理解和给予反馈，这基于他们在社区多年的工作和生活积累。二是基于机制的创新。老党员工作室成立之前，居民向社区反映诉求只能通过所谓的“熟人”，现场向社区反映也由于信息不对称等原因，往往找不到社区两委负责人或者其他相关工作人员。通过机制创新成立老党员工作室，居民可以随时到社区老党员工作室反映诉求。

清苑社区通过三级网格和老党员工作室的机制创新，打通了居民利益诉求的通道，一定程度上解决了社区居民反映问题难情况，加强了社区协商民主建设，使社区工作更加接地气，得到了居民的认可。但从协商民主的角度看，这种机制创新也带来了一些新的问题。协商民主的公共性要求协商内容具有公共性，是社区公共事务。但清苑社区存在收集的居民诉求不符合协商议题公共性要求的情况，例如收集的议题有一部分是居民私人事务或两个居民之间存在的私人矛盾纠纷等，这些都不适合使用协商民主的方法进行运作处理。实际上，还有部分居民反映的利益诉求很难界定能否摆在社区协商议事的日程，这就是本文接下来要展开分析的内容。

2. 合理界定协商内容

对协商内容的界定存在两个方面问题：一是如何界定区分收集的协商议

题是公共事务还是私人事务的问题；二是已经界定属于公共事务的协商议题是否都适合协商的问题。

协商民主理论认为，协商的目标是作出公共决策，协商的过程实际上是公共政策形成的过程。这说明协商内容具有公共性特征，任何公共性的话题都可以拿来讨论。但实践过程中，由于各种各样的限制性的条件，不是所有的公共性的话题都可以讨论，如国家层面的国家体制、外交政策，社区层面的公共安全等。再者，协商事务界定不清问题一直是基层协商民主建设的难题。在城市社区，经济和社会发展规划以及学校、道路、水利、电力、自来水等社区公益事业的兴修等都属于公共事务的范畴，但城市社区的公共事务远不止于此。此外，居民间的矛盾纠纷、协商主体提出的协商需求事项，是否需要协商没有一定的度可以掌握，不容易去辨别哪些事务需要去进行协商。

2015年，中共中央办公厅、国务院办公厅印发《关于加强城乡社区协商的意见》（以下简称《意见》）明确提出：在社区协商民主的实践过程中，应根据当地经济社会发展实际，坚持广泛协商，针对不同渠道、不同层次、不同地域特点，合理确定协商内容，主要包括：城乡经济社会发展中涉及当地居民切身利益的公共事务、公益事业；当地居民反应强烈、迫切要求解决的实际困难问题和矛盾纠纷；党和政府的方针政策、重点工作部署在城乡社区的落实；法律法规和政策明确要求协商的事项；各类协商主体提出协商需求的事项。

清苑社区根据文件要求，制定了协商议题选取的原则。这些原则包括：议题属于公共事务；议题要是社区居民强烈关注的问题；议题易引起利益冲突、价值冲突或认知层次上的冲突，因而具有较大的争议性；议题需要通过公开讨论，目的是让居民对该问题有更深入了解，以便得到居民的支持。社区通过三级亲情网格和老党员工作室收集的议题汇总，由社区两委和老党员代表根据这些原则，确定适合协商的议题。除协商主体提出的协商需求外，根据《意见》，党和政府的方针政策、重点工作部署也属于社区协商议题，清苑社区在社区党组织领导下，及时通过协商民主的方式，积极贯彻落实上级党委和政府的部署。如前所述，社区对辖区农贸市场的整改的议题就是芜湖市政府的部署。

3. 协商内容的落实

协商内容的落实是指协商议题是如何被落实到具体的协商过程中。协商内容的落实是何包钢教授提出的学术论点，在他看来，有两种方法落实协商议题：一是结构化的，把大的议题分为多个时间段，每段讨论规定好小话题，有序讨论；二是非结构化，不规定时间段，有一定随意性，参与者可以畅谈。

清苑社区采用的是第二种方法，原因是非结构化的方法没有时间限制，只要围绕协商议题的讨论都被允许，限制性条件较少。这种方法不仅有利于充分调动协商参与者的积极性，还可以让协商参与者通过协商将未经反思的意见转化为深思熟虑的判断，有助于参与者以更加理性的态度进行深入讨论。

（三）协商程序

协商程序指协商民主的步骤或运作过程。在协商过程中，优良的协商流程设计对协商民主的实践效果有着至关重要的作用。清苑社区根据中央文件精神，充分利用芜湖高校资源，在专家学者的帮助指导下，规范了社区协商民主流程设计，充分发挥协商的作用，调动了居民的积极性，取得了积极效果。

1. 成立协商工作委员会，探索“五题”工作法

2016年4月清苑社区被确定为安徽省首批城乡社区协商示范点单位。实际上，在2015年中共安徽省委出台《关于加强社会主义协商民主建设的实施意见》后，清苑社区就积极响应，开始了社区协商民主建设工作，率先成立了社区协商工作委员会。协商工作委员会由1名主任、1名副主任和7名委员组成（均为兼职）。主任和副主任分别是社区党总支书记和居委会主任，7名委员分别是社区居委会代表、社会组织代表、妇女代表、居务监督代表、居民代表、乡贤代表（老党员代表）、专业社工。协商工作委员会的职责是社区协商民主建设，具体包括建立社区协商目录内容、设计协商民主流程、制定协商民主制度、创新协商民主形式等。协商工作委员会以社区老党员工作室为载体，每月例行召开问题梳理会议，对居民反映比较集中的重点、热点、

难点问题，以及居民反应强烈、迫切要求解决的实际困难问题和矛盾纠纷，落实上级重点工作落实方案进行协商。

社区协商民主建设是一件新鲜的事物，清苑社区在协商工作委员会成立之初也面临一些困难，例如协商程序的规范、协商制度的设计等。社区T书记也跟笔者坦言："社区协商民主建设以前没搞过，不知道从哪里下手"，"要搞就要搞得正式，要有一个规范的流程，随便找几个人来开会那样的不搞"。

《意见》对协商程序进行了一般性的解释，主要包括：在征求居民意见的基础上提出议题，确定协商参与者；组织开展协商，形成意见；实施协商成果，并及时反馈等。郎友兴教授也提出协商程序至少包括：议题的提出、选择和确定；协商会议主持人宣布会议议题，并作情况介绍；会议参加者围绕议题有秩序地发言，提出意见和建议；与会的村（社区）干部就有关问题解释说明；总结，对形成一致意见的问题宣布结论并公告，没有取得一致意见的不作结论；交给相关部门进行决策或执行，或进一步讨论协商。

清苑社区通过邀请安徽师范大学和安徽财经大学协商民主领域的专家学者参与社区协商，将中央文件、协商民主理论和社区实践相结合，探索出了"五题"工作法，即出题、定题、议题、解题和评题。五题分别是协商过程的五个阶段：出题是协商议题的收集阶段；定题是社区两委和老党员工作室确定哪些议题需要协商的阶段；议题和解题阶段是各利益相关方针对设定的问题进行讨论、协商，最终达成共识，形成协商成果。这两个阶段最关键也是最难操作的两个阶段，协商形式的运用和协商制度的设计是这两个阶段的核心内容，直接关系到协商的效度和民主的程度，本文将在接下来的部分具体介绍清苑社区在议题和解题阶段的具体做法和成效；评题是最后一个阶段，由社区两委和老党员工作室组织居民代表对协商成果的执行进行监督和评估。

2. 多轮次协商:确保结果的最大公约认可

以埃尔斯特和费什金为代表的协商民主理论被称为"以偏好为基础的协商民主模式"，这一模式十分关注协商过程中个体的意见和偏好，注重的是让协商参与者通过协商将未经反思的意见转化为"深思熟虑的判断"。在协商民主实践过程中，个体的意见和偏好往往差别很大，甚至是处于对立的态势

（否则就不需要协商了），且随着协商的深入可能会出现新的问题，而协商的目的之一就是尽可能缩小协商各方的利益分歧，既包括原本存在的问题，也包括新出现的问题。因此，在协商过程中，必须注重协商的次数和时间，多轮次协商，确保个体的意见和偏好的转换最终达成共识有充足的时间。

清苑社区的大多协商结果不是召开一次协商会议达成的，往往要通过召开多次协商会议才能达成协商共识，实际上是一种多轮次协商。这种多轮次的协商实现了协商参与者（个体）的意见和偏好转换，确保协商结果得到协商参与者尤其是利益相关方的最大公约认可。

清苑社区运用多轮次协商的方式解决了辖区X道路改造遇到的困难。X道路始建于20世纪80年代，建造年代较远，又缺少管理，原本并不宽敞的马路，显得凌乱不堪，也带来了很大的安全隐患。商业街的业主和部分商户经常到社区反映，希望社区出面帮助对该道路进行提升改造。社区通过多方协调，争取到了小桥商业街提升改造的项目，但项目的规划在社区公示栏公示后，道路两侧的居民意见不一。于是社区及时召开了所有相关利益人的会议，商讨提升改造方案，充分听取业主和商户的意见。然而协商过程并不是一帆风顺，部分道路两侧的居民对规划的方案甚至持对立的态度，社区不得不组织多次协商。经过三轮协商，原先持强硬态度的居民听取其他协商参与者提出的意见后，对规划方案有了更加细致深入的了解，偏好渐渐发生了变化，经过深思熟虑形成了新的思考。经过各方主体的共同努力，最终达成提升改造一致意见，这项看起来很难的提升改造项目，不到三个月如期完工。清苑社区的实践表明，一次协商可能不能解决问题，多轮次协商显得很必要。

3. 追求协商过程的政治平等

平等是协商民主的特征之一。协商民主需要一种具体的、相对复杂的平等。考虑到我们对民主安排产生结果的不确定性，这种不确定性就无法要求结果的平等。因此，民主需要机会平等，具体地说，民主协商需要获得政治影响力的平等机会。何包钢也认为，平等是协商的前提，只有在平等的条件下，人们才能理性地对话和讨论，否则，就不称为协商，只是咨询而已，而协商需要提出有说服力的观点的平等能力。同时他认为，协商过程的不平等的表现主要包括四个方面：一是不同社会地位和阶层的人有着不同的行动能力；二是不同地位的人获得信息机会也很不相同，这影响到他们在协商过程中的影响力和作用；三是强势阶层的“强大”和弱势阶层的“无助”和“自我谦卑”；四是社会不平等对村民日常生活的持续影响。①这些不平等的现象是基层协商民主建设的“绊脚石”，必须予以清除。

清苑社区在协商民主建设过程中，始终根据中央和省委文件要求，注重协商制度的设计和创新，多措并举，尽可能确保协商过程的平等。首先，针对参与者协商信息不对称问题，社区将“互联网+”“网格化管理”“信息化传递”等深度融合，通过网格员、“社管通”终端、“一站通”服务平台、“易户网”等把社区协商的议题及其相关信息向协商参与者充分披露，让参与者有充足的时间查阅资料，形成自己的观点。其次，针对协商参与者身份地位不对等可能导致的权力寻租问题，社区通过接受社区居务监督委员会的监督、公开协商台账（包括协商参与者的身份背景信息、协商议题的确立依据等居民不易获取的信息）的方法，杜绝金钱、权力在协商过程中的寻租行为。根据沃尔泽的“堵塞交换”理论，这些方法有利于减少协商过程中的不平等现象。最后，针对参与协商的部分居民自身协商能力欠缺问题，社区邀请专家学者参与协商。专家学者的职责是向居民提供协商民主知识的讲解和公共政策的解读服务。这一方法一定程度上加强了社区居民对协商民主的理解，提高了社区居民参与协商的能力。在协商过程中，专家学者作为第三方中立参与且具较为专业的协商知识得到了居民的认可。

（四）协商形式

协商形式指以什么样的方法进行协商的问题，是协商民主的载体。协商民主理想必须通过各种方法来落实，而且各种方法在落实协商民主原则时各自有其特征和优缺点。国外的协商民主形式主要有协商民意调查、公民陪审团、21世纪城镇会议等。在中国基层协商民主的实践过程中，形成了民主恳谈会、居民议事会、社区理事会等一批具有中国特色的协商民主形式。

① [澳]何包钢.协商民主：理论、方法和实践[M]. 北京：中国社会科学出版社，2008:58-60.

《意见》要求坚持居民会议、居民代表会议制度的前提下，结合参与主体情况和具体协商事项，开展灵活多样的协商活动。清苑社区根据《意见》要求，依据因地制宜的原则，尊重群众首创，不断探索和创新适合自身的协商形式。

1. 充分发挥业主委员会的协商作用

小区协商、业主协商是《意见》提出城市社区协商民主建设的重要组成部分。商品房小区的业主委员会对社区的治理作用不容忽视。业主委员会是作为代表业主利益，维护业主权益成立的居民自治组织。如果把业主委员会看作一种协商组织形式，则很好地契合了《意见》中所规定的协商形式。

业主委员会是清苑社区协商民主的协商形式之一。清苑社区所属的S小区物业自管的协商民主案例取得了积极成效。2015年底，辖区内的S小区的居民向老党员工作室反映小区目前无人管理，环境脏、乱、差现象严重，急需社区紧急介入。12月17日，在社区协商委员会推动下召集了各利益相关方进行协商，召开了第一次部分业主协商民主活动大会。参加大会的业主共来自小区80余户业主，参与率达到90%。会议打破原有“一言堂”的座位模式，以六人为组落座，每人的发言以小组为单位记录在册。经协商达成了共识，即首先解决小区保洁和门卫问题，并商讨出解决方案，最后推选出了六位居民代表，初步形成了居民自管小组，负责小区的物业管理。同时，商定了小区物业自管的服务内容、收费标准。协商民主工作初见成效。

随着时间的推移，自管小组模式也渐渐出现了一些问题，居民认为物业经费的账目不透明，要求对其进行监督。自管小组的成员也认为自己志愿奉献的时间已近超出了志愿服务的工作量。居民与自管小组间矛盾日益突出，也爆发了一些冲突，S小区需要进行再次组织协商民主活动。但大规模的协商会议需要较高的成本，这是社区难以承受的。社区根据《意见》的要求，因地制宜，在物业管理接下来的协商中，协助S小区成立了业主委员会。业主委员会不仅负责组织小区居民之间进行协商，还代表小区业主与物业公司进行协商。在第二次协商过程中，业主委员会组织小区业主就物业自管进行讨论，经大家多次协商，最终达成了一致的共识，通过引进一家正规化物业管理公司对小区进行管理，通过专业服务加志愿服务的形式，推动社区物业管理规范化、志愿服务常态化。在物业公司的引进过程中，业主委员会根据小区实际情况，与一家物业公司就物业费、治安管理、环境治理等议题进行了协商，最终达成了一致。

业主委员会具有自身特殊优势。第一，业主委员会有效解决了基层协商民主“主体性困境”“弱参与”问题。这里涉及一个关乎居民利益的问题，单纯行政性、指派性的协商，居民固然没有参与积极性。但在商品房小区情况则不同，业主更关心小区的公共事务。一方面，业主定期缴纳物业管理费，其自然要对物业公司的运作进行监督；另一方面，小区治理的成效会影响小区的房价，且业主自然不愿意生活在环境差的小区。第二，业主委员会开拓了居民自治的空间。注重发挥基层群众性自治组织基础作用，赋予居民更多自治权是《关于加强和完善城乡社区治理的意见》明确要求的，业主委员会对由全体小区居民组成的小区业主大会负责，接受小区居民的监督，具有群众性自治组织的特征。它和社区两委只是业务上的往来关系，街道和社区都无权向业主委员会摊派行政任务。

2. 积极探索社会组织协商

社会组织协商是中共中央《关于加强社会主义协商民主建设的意见》的新提法，目前学界对其研究较少。谈火生等认为，社会组织协商是社会组织在党的领导和政府依法管理的前提下发起、组织或参与的协商民主活动。由此可知，社会组织协商发起或参与协商民主，前提条件必须是在党的领导、政府依法管理之下。同时，他还认为，社会组织协商的类型包括公共议题协商、组织内部公共事务协商和参与其他渠道协商。①本文的对象是社会组织参与社区公共议题的协商。清苑社区社会组织在近些年得到蓬勃发展，社区成立了芜湖市第一家社会组织联合会，负责协调社区20个社会组织开展工作。社区现有社区工作者11人，取得社会工作师职称的1人、助理社工师5人。

社区在协商民主建设过程中十分重视发挥社会组织的作用，通过融合社会组织协商和基层协商，取得了积极的成效。首先，如前所述，在协商议题

① 谈火生，于晓虹. 社会组织协商的内涵、特点和类型[J]. 学海，2016(2)：71-77.

收集确定和正式展开协商阶段，社会组织老党员工作室发挥了重要的作用。其次，业主委员会参与社区协商的作用在S小区的实践中得到了充分发挥。业主委员会实际上也是社会组织，它对社区拓展协商形式起到了重要作用。再次，在协商结果的执行阶段，社区通过项目化管理的方式将协商结果以项目申报的方式获取民政部门的资金支持。X路改造的资金就是通过社区社会联合会以项目申报的方式从芜湖市民政部门获取。

从清苑社区社会组织参与社区协商民主的实践看，社会组织协商具有协商范围广泛性和协商参与的较高积极性等特征。清苑社区社会组织协商遍布于社区的每个角落，沿着不同的组织脉络，社会组织协商可以将不同的人群组织起来，有序开展协商活动。此外，基层协商和社会组织协商相融合，可以弥补行政民主带来的不足。因为与具有行政化倾向的居民委员会相比，业主委员会是一个真正的居民自治组织，更具有民间性，社会性。同时，谈火生等认为，业主委员会作为协商组织形式，是将基层协商和社会组织协商合二为一，是社会组织协商的合理延伸。①清苑社区社会组织参与协商民主也存在一些问题，例如社会组织大多数情况下，仅仅是参与而不是组织发起协商民主；社会组织的培育孵化更多的是靠社区两委提供资金支持；社会组织自身的人才队伍建设滞后等。

二　追求治理效度与民主程度：城市社区协商治理的进一步思考

善治和民主是城市社区协商民主建设的两大目标。基层民主建设是一个不断探索的过程，协商民主是与选举民主互不可缺的基层民主的形式之一，它更多地强调了民主的治理作用。治理的目标则是善治，“善治就是使公共利益最大化的社会管理过程。”基层社会善治的过程也是治理体系和治理能力现代化的过程。没有基层民主，尤其是基层协商民主，不可能实现基层社会的善治。

清苑社区协商民主建设取得了较大成效，显现出了重要的实践价值，但

① 谈火生，于晓虹．社会组织协商的内涵、特点和类型[J].学海，2016(2)：71-77.

同时也存在一些问题或不足之处。这些不足之处总体而言是缺乏较强的专业性，离科学的协商民主还有一定差距。如何缩小差距，是清苑社区协商民主建设接下来要做的主要工作。为进一步加强清苑社区协商民主建设，发挥协商民主的治理作用，推动基层民主的健康发展，笔者从协商参与、协商内容、协商程序和协商形式四个方面对城市社区协商治理进行进一步探讨。

（一）加强城市社区协商民主的主体建设

协商民主的广泛性决定了协商民主是一个多方共同参与的过程。城市基层社会特有的异质性特征也决定了城市社区协商民主是一个多元参与、多元协商的过程。如前所述，“主体性困境”的存在带来了城市社区协商民主的困境。社区协商民主的参与主体是居民，居民参与社区协商民主问题主要存在三个方面：一是居民参与的积极性问题；二是居民与其他参与主体的关系问题；三是居民自身的协商参与能力提升问题。因此，必须多管齐下，“对症下药”，逐步解决“弱参与”问题。

1. 理顺社区内各利益主体间关系

城市社区协商民主的利益主体包括社区党组织、社区居委会、居民、社区社会组织、企业等。居民被放在社区协商民主的什么位置上，决定了居民参与的积极性，实际上是居民与社区两委的关系问题。

阿斯汀根据公民参与中权力分享的结构与程度及其在参与中的主导性和自主性状况，将公民参与形式分为八个阶梯，分别是政府操纵、宣传教育、公民知情、向公民咨询、安抚公民、合作伙伴、委托授予权力和公民控制。其中政府操纵和宣传教育表示公民的无参与性；公民知情、向公民咨询和安抚公民是一种象征性的公民参与；合作伙伴、委托授予权力和公民控制才是真正意义上的公民参与。孙柏瑛等在阿斯汀阶梯理论的基础上，进一步将公民参与分为政府主导型参与、象征型参与和完全型参与三个阶段。在完全型参与阶段，具有政府授权公民、社区自主治理、公民资格意识成熟、参与的知识和能力大大提高等特征。政府和居民是合作伙伴关系。①

① 孙柏瑛，杜英歌．地方治理中的有序公民参与[M]．北京：中国人民大学出版社，2013:93

笔者认为，在城市社区协商民主建设过程中，社区两委和居民的关系一定程度上决定了居民参与社区协商民主的积极性，因此需要理顺居民与社区两委的关系。清苑社区当前的社区两委和居民的关系更多的是社区两委处于强势，居民处于弱势地位，居民参与协商更多的是社区主导型参与和象征型参与，实际上是几乎无参与或中度参与状态。例如作为居民代表参与协商的居民就非常少，且社区还要给他们一定的误工补贴，加大了社区的经费支出。因此，首先要从改变社区两委和居民的关系着手，将社区两委主导居民参与变为两委和居民的合作伙伴关系，可以充分发挥社区党组织的领导核心地位，由社区党组织负责协调社区居委会和居民的关系，充分授权居民及其自治组织和社区社会组织，让他们在面对社区居委会时不再是处于所谓的弱势地位，提升他们参与社区协商民主的积极性。

2. 提升居民协商参与能力

如前所述，公民资格意识成熟、参与的知识和能力大大提高是公民完全型参与的特征。因此，解决社区协商的“主体性困境”，必须既要提升社区居民的协商能力，也要培育居民的公民意识。

清苑社区通过专家学者对协商参与者进行专业训练，一定程度上起到了作用，应进一步发挥专家学者对协商过程的引导作用，但前提是专家学者必须持中立的态度。何包钢、王春光通过实证研究发现，通过正确对参会人员加以适当的帮助和引导，他们的协商和讨论能力会有明显的提高。在温岭民主恳谈会上，他们做了实验性观察，通过对比控制组（有引导）和非控制组（没有引导，与会者自由发挥），以意见指数、说理指数、回应指数和综合指数四个指数来评价参与者的发言和讨论水平，结果发现控制组的意见指数、说理指数和综合指数高于非控制组，回应指数低于非控制组。结论是控制组的参与者由于受到了正确的引导，协商能力有了明显的提升，但缺乏一定的回应性或灵活性。总之，他们认为，经过一定的指导和训练，村民的民主参政潜力很大，可以进行深入挖掘。在城市社区也是这样，居民的参政潜力十分巨大。从长远看，居民协商能力的提升是一个过程，不仅需要外界的帮助，更多是需要居民自身在实践中的锻炼和社会发展、教育水平的提高。

随着经济社会的发展和政治体制改革进程的加速，居民的公民意识也呈现出一个不断增强的趋势，权利和责任意识正在不断加强。清华大学刘瑜在《观念的水位》一书中也认为，随着人们观念的变化，公民的民主意识越来越强。政治制度的变革源于公众政治观念的变化，而政治观念的变化又植根于人们生活观念的变化。……观念水位变化的一个重要标志就是：以前在人们眼中不是问题的问题，开始变成问题了。……民主的观念基础无非是两点：问责意识和权利意识……变化的政治伦理，生长于转变中的生活伦理。可见，公民意识的形成是一个长期漫长的过程，也是一个“水涨船高”的过程。

3. 提高参与居民的合法性与代表性

协商民主能够提高公共政策的合法性，前提是协商参与者的来源具有合法性。这种合法性很大程度上取决于协商参与者的代表性。协商民主理论认为，所有受到公共政策影响的人都应该参与其中。但在社区协商民主的实践中，每个人都参与并不现实，也不是每个人都有意愿来参与。因此，必须按照一定的制度方法选出一定的代表，使之既具有可操作性，又具有代表性。

如前所述，目前清苑社区的协商参与者除了包括与议题有关的利益相关方外，还有部分居民代表，包括老党员代表和普通居民代表。这里的老党员代表虽然是根据清苑社区退休老党员多这一特点，因地制宜作出的选择，但其合法性和代表性并不是很高。此外，给予居民代表误工补贴也不是长久之计，因为居民政治参与更多应该靠自发性，而不是经济上的激励，后者会导致居民代表更多的是“服从”而不是中立的立场。

在充分发挥清苑社区老党员代表的基础上，要创新居民参与协商的合法性和代表性机制，使更多的普通居民参与进来。确定协商参与者的方法一般有三种：随机抽样、自愿参与、主办方指定。三者都有各自的优点，最理想的方法是将三者进行混合。从清苑社区的实践看，老党员代表可以看作混合型方式中的主办方指定，具有成本低、操作方法简单，参与率较高的特点。自愿参与是清苑社区需要进一步提升的地方，如前所述，需要改变居民和社区两委的不对等关系，更多地激发居民参与的积极性。随机抽样则是清苑社区需要进一步探索的方法。随机抽样就是从所有受决策影响的人中随机抽取，方式包括从身份证号码、电话号码以及通过编号等方式抽取。随机抽样成本较高，操作过程较为复杂，但通过随机抽样选出的居民代表合法性和代表性都很高。清苑社区应充分利用三种方法的优点，通过将三种方法有机融合，真正提升居民参与的合法性与代表性。

（二）提高协商内容公共性和合法性

协商民主的特征之一是公共性，这一特征更多地体现在协商内容。它是指要进行协商的话题必须是公共事务，不是私人事务。协商内容的合法性是指来源的合法性，是指通过民主和公开的方式确定协商议题，而不是“暗箱操作”，闭门决策。提升协商内容的公共性和合法性需要完善协商议题来源机制、创新议题确定方法和合理界定协商事务。

1. 完善议题来源机制

清苑社区当前的协商议题来源机制主要是上级党委和政府的部署、社区网格收集、老党员工作室收集相结合，既贯彻了上级党委政府的大政方针，又及时回应了社区居民的关切。进一步完善议题来源机制，需要在原有的基础上寻求新的收集机制。

首先，应该认真贯彻落实上级党委和政府的决策和部署。根据《意见》内容，社区要及时做好党和政府的方针政策、重点工作部署在城乡社区的落实工作。此外，法律法规和政策明确要求协商的事项，社区必须通过协商民主的方法进行决策。其次，要完善社区网格和老党员工作室的议题收集功能。做好社区网格化工作，关键在网格员和楼栋长。网格员要随时和楼栋长以及网格内的居民保持联系，及时将居民的利益诉求反映到社区，因此必须对网格员和楼栋长进行专业的培训和指导。最后，要进一步创新议题收集机制。“掌上社区”不失为议题收集的一个良方。“掌上社区”是南京栖霞区一新型在线治理模式，通过依托微信群、微信公众号等移动互联网平台，在线治理社区事务，并与线下网格融合，共同应对社区公共事务的模式。闵学勤、贺海蓉深入栖霞区调研后认为，“掌上社区”为社区居委会提供了快速链接、整合社区内资源的通道，便于推进社区治理扁平化，提高社区居委会的工作效率，也增大了为居民提供超值服务的可能。①

清苑社区可以通过建立“掌上社区”，通过微信群收集协商议题。“掌上社区”并不意味着要设计发布社区App，而是通过建立微信群的形式。社区可以建立微信群，命名为“社区协商议题收集群”，通过居民之间的朋友圈关系，可以将身边的亲朋好友拉进微信群。居民通过微信群，将自身的利益诉求在群内发布，社区能及时掌握民情动态。此外，一个居民的利益诉求还可以在微信群得到更多居民的支持，形成民意，成为“居民强烈要求解决的公共事务”。微信群可以将协商议题收集机制变得更加扁平化，改变了网格化带来的信息层层传递失真情况。但也要制定群规，文明发言，避免出现居民之间相互辱骂、出现商业广告等不良行为。

2. 合理界定协商事务

如前所述，《意见》要求，基层协商的内容主要是基层公共事务、公益事业、矛盾纠纷、党和政府的方针政策和工作部署等。清苑社区也制定了一些议题选取或协商事务界定的原则。但在实践中，公共事务的多样性和公共政策的复杂性往往导致协商事务界定不清。

对协商事务的界定分为两个部分：协商民主开始前的议题确定阶段和协商过程中出现的新的议题。对确定的协商议题进行协商的过程中极有可能产生子问题。这些子问题是否需要进行协商呢？这就涉及议题的范围问题，议题的范围一般包括核心议题和若干子问题。对这些问题的协商，应该控制在合适的范围内，同时保持充分的弹性。这样可以使协商参与者拥有一定的发挥空间，但子问题必须是核心议题的合理延伸。

清苑社区以社区两委和老党员工作室来界定协商事务，显然是一种控制的做法。这种控制是行政吸纳社会现象的核心机制，不利于社会力量的发展，是一种社会力量的损伤。在当前实践过程中，由社会力量或居民界定协商事务在技术上已不是难题。如前所述的“掌上社区”的建立，居民和社会组织可以通过微信群对协商议题进行讨论和辨别。或者可以通过投票的方式确定

① 闵学勤，贺海蓉. 掌上社区：在线社会治理的可能及其可为——以南京栖霞区为例[J]. 江苏社会科学，2017(3).

协商议题，很多自由主义协商民主理论家认为，协商民主绝不是选举民主的代替，只是对选举民主的一种补充，二者完全可以相互融合。以投票的方式确定协商议题，更多地发挥了基层民主的作用，激活了基层民众政治参与的热情。

3. 创新议题形成流程

基层协商民主首先要做的事情是形成议题。协商议题的形成从最初的议题收集到最终的议题确定，需要经过一个流程。如前所述，清苑社区目前的做法是收集议题后，由社区和老党员工作室确定议题。这是一种比较简化的议题形成过程。真正的协商民主议题确定是经过一个流程，严格规范每个步骤的。

谈火生等认为，一般而言，议题形成的过程包括五个步骤：确定大致的方向，收集相关资讯，与专家沟通，与相关部门或团体沟通，确定议题。在确定大致方向阶段，往往是行政部门遇到了某个有争议的核心问题，或者公民社会对某个问题的关注。这时需要行政部门将问题的情况一步步清晰化，形成特定的议题。议题确定后需要收集相关的资讯，需要将跟议题有关的新闻报道、政策取向、学术研究成果等收集起来，以备在协商过程中提取作为讨论的依据。为了达到协商民主的规范性，收集资讯后需要与专家学者沟通。此外，还需要与相关部门沟通，了解他们在实际工作中碰到的问题和困惑。最后，确定协商议题。

进一步提升清苑社区议题形成的质量，需要规范议题形成流程。当前清苑社区需要进一步完善的地方有三个方面。一是社区两委需要将收集的议题进一步清晰化。清晰化是指把居民提出的利益诉求转换成一般的、公共的、适合协商的议题。例如，某个居民反映家中漏水，可能是自来水管道质量问题，那么社区则需要通过上门调查，了解是否整栋楼的管道质量有问题，如果是这样，那就不是私人事务，而是牵涉到整栋楼的公共事务，需要协商解决。二是社区需要在正式协商之前收集好相关的资讯。这是清苑社区当前所欠缺的工作，但也是现实条件所制约的，因为不可能每次协商都邀请专家学者参与。下一步应加大邀请专家学者的频次，逐步解决资讯收集带来的困难。

三是社区应就相关的议题与相关部门加强沟通。社区的很多公共事务与上级政府部门有关，如社区对治安问题的协商，需要提前与公安分局的派出所沟通，涉及基础设施的维护，还要与街道财政所联系，以获取资金支持。

（三）规范和优化协商程序

协商民主的协商过程是协商民主的核心组成部分。协商过程主要包括协商程序如何设计、协商制度如何嵌入、协商结果如何执行。清苑社区应在“五题”工作法的基础上，进一步创新协商制度，优化协商程序的设计，加强对协商结果执行过程的监督和评估。

1. 创新协商民主制度

协商制度贯彻于整个协商民主。优良的制度设计，不仅能提升协商民主的治理效力，更能体现出协商民主的制度取向、价值取向，让协商民主更深入人心。如何在协商民主各个阶段嵌入合适的制度是协商民主建设的重要工作。如前所述，清苑社区当前的协商制度主要有老党员工作室制度、专家学者参与制度、多轮次协商制度、网格化收集议题制度等。这些制度是清苑社区在协商民主建设过程中逐步探索出来的，具有实践性的特征。但与协商民主的要求有一定的差距。如何进一步加强制度建设，引进正确的协商民主制度不失为一剂良方。

协商民主的最根本特征是平等，在协商过程中最难做到的也是平等。平等主要体现在正式开始协商的过程中，表现在：跟议题有关的所有利益相关方能否参与协商；在讨论协商过程中是否有平等的发言机会；跟议题有关的信息是否所有参与者都能够充分掌握。清苑社区召集相关方坐在一起讨论协商的方式，显得协商过程相对较为简单，离协商民主有一定差距，因此需要充实协商过程。

根据清苑社区的实际，笔者认为，主持人制度和平等讨论制度可以被嵌入社区协商民主。它们是何包钢在温岭民主恳谈会时设计的，目的是尽可能确保恳谈会的参加人员都有同等的发言机会且发言不受干扰。主持人制度是指在协商的过程中设立一个主持人来掌控协商的节奏。通过节奏的掌控，将过去那种不正式的商谈转化为正式的符合协商民主的协商过程。对主持人的要求一般是：不能来自本社区、具有一定文化水平、具有较强的现场讨论掌控能力。清苑社区在实践过程中，在发挥原有的专家学者参与的优势条件下，可以通过邀请专家学者充当主持人的角色掌控全局。这是基于专家学者不仅有较高的文化水平，而且持有参与协商的中立态度。平等讨论制度是指在分组讨论时，每个小组都实现发言和讨论平等进行，不受权力和其他因素的干扰。平等讨论制度具体执行过程中，要求社区干部不能参加分组讨论，每个协商主体参与发言的时间要大致相等。在这两个要求之下，还要与主持人相互配合，可以通过主持人的引导和监督，实现小组讨论过程中的平等。

2. 优化协商民主程序设计

清苑社区在探索“五题”工作法、多轮次协商的基础上，应进一步优化协商民主程序设计，打造协商过程的精细化。如果说协商制度是一个个零件的话，那么协商程序则是这些零件组成的大机器，如何将这些零件正确的安装好是关键。安装好零件的标准是：协商是包容的、公开的，是信息相互交换的过程，不会削弱参与者的平等地位，鼓励理性思考和辩论。清苑社区的协商程序总体来说符合协商民主的要求，“五题”工作法包括协商议题确定机制、协商过程阶段和对协商结果的执行和监督机制等。如何进一步优化流程，使之更加规范、高效是接下来要做的工作。

在正式协商之前还有一项重要的工作即组织工作或会务工作。组织工作通常要召开预备会议，对接下来要正式进行的协商进行准备。这个准备十分重要，包括协商材料的准备和日程安排。协商材料包括官方对协商议题的政策要求、需要进行的调查问卷设计、专家学者对协商议题的准备材料、目前各方的大致利益取向等。日程安排包括专家和参与居民的接待、协商时间和地点的选定、协商内容和主持人的选取等。如果有小组讨论，还需要考虑每个小组的成员如何分配、每个小组的议题如何分配，一般是将相互意见有偏差的成员分在同一组。

为了了解协商参与者参加协商后的态度是否发生变化，通常在协商结束后对参与者进行深度访谈。访谈的内容包括参与者态度或偏好的改变、政治效能感的转化、参与者对议题和与会的感想，访谈的形式一般是一对一访谈，时间在1个小时左右，访谈前应做好充分的准备工作。会后访谈有很多好处，首先是及时了解协商参与者的态度是否发生了变化，找到变或不变的理由；其次是听取参与者对协商过程的意见和建议，在对比多个访谈记录的基础上改进协商过程；最后是有利于拉近参与者与组织者的距离，让参与者感觉受到了尊重。

3. 加强对协商结果执行的监督和评估

清苑社区对协商结果执行的监督和评估力度不够。作为监督和评估者的老党员代表和居民代表往往不够专业，尤其是涉及具有一定技术的协商内容，既缺乏专业性也难免会出现“既当裁判员又当运动员”的现象。

韩福国在讨论基层人大参与协商民主时指出，许多社会问题的产生和积累，在很大程度上恰恰是因为人大制度没有被激活，政府就承担了所有的问题解决功能。实际上基层人大可以参与对协商结果执行的监督和评估。基层人大参与基层协商民主在浙江温岭开了先河，温岭市泽国镇通过将协商结果交由乡镇人大，作为审议财政预算的依据，由镇人大代表组成的监督小组将进行过程跟踪。①这实际上是基层人大对协商成果执行的监督和评估。笔者认为，清苑社区可以根据协商议题的特性，通过邀请所在行政区的相关方面的人大代表对协商结果的执行进行监督和评估。这样既可以充分发挥民意监督的作用，还可以避免不专业带来的无效监督和评估，使之切实有效。

发挥人大参与基层协商作用更重要的目的在于可以将协商结果纳入地方政府决策。我国县级以上地方各级人民代表大会有立法权、重大事项的审议、决定权和监督权。人大参与协商结果执行的监督和评估，可以将协商结果作为立法的依据，或行使决定权直接将协商结果交由行政机关执行。还可以对行政机关执行协商结果进行监督。有学者认为，这实际上是协商成果由“软”变“硬”的过程。邀请人大代表参与协商不仅有助于基层协商民主建设，还激活了处于休眠状态的人大制度，将使长期处于蛰伏状态的基层人大开始真正正视和履行宪法赋予的权力。

---

① 郎友兴.中国式的公民会议:浙江温岭民主恳谈会的过程和功能[J]. 公共行政评论,2009(4):48-70.

（四）完善和创新协商形式

清苑社区通过融合基层协商与社会组织协商，取得了积极成效。下一步需要完善以业主委员会为载体的小区协商的同时，积极探索和引进新的协商形式，避免协商形式的单一性。

1. 进一步完善小区、业主协商

如前所述，小区、业主协商是《意见》提出的城市社区协商民主的主要形式之一。《意见》这样提出不是没有根据的，随着城市化进程的加速和我国住房制度的改革，一个新的利益共同体商品房小区在城市中出现。据不完全统计，我国80%以上的新建楼盘都被封闭起来，时至今日，商品房小区已成为中国房地产开发商住宅项目的标准开发模式。由于居民委员会难以承载近年来城市面积扩大和人口的增加所带来的繁杂的公共事务。同时，囿于我国政府的“压力型”体制等，居民委员会具有“行政组织”与“自治组织”双重性，且行政化趋向日益加重，无法满足居民自治的要求。在这种形势下，迫切需要一个贴近基层群众的新的基层自治组织，业主委员会应运而生。

将业主委员会作为城市基层协商民主组织形式是一个理论与实践相结合的结果，但目前清苑社区这一实践还处于起步阶段，存在的不足之处需要进一步完善。第一，在当前的商品房小区内，物业公司大多是由开发商指定，通过市场竞争进驻的较少。说明小区的物业管理权及其他的公共事务决策权不在业主委员会，更不在居民手中。因此要开展《意见》规定的小区协商、业主协商活动，应发挥业主委员会的主导作用，对其充分授权。实际上《物业管理条例》早就已经充分对业主大会及由它产生的业主委员会进行授权，其中就包括解聘和选聘物业公司等权利。因此，要落实好相关法律法规，厘清业主委员会与开发商、物业公司三者的关系，让业主委员会真正拥有小区公共事务的决策权，使其在多方协商过程中享有平等的地位。第二，应提升业主委员会的协商能力，进一步创新和引进协商制度设计，体现更深程度的协商民主。如前文所述，业主委员会的成员由选举产生，具有合法性。但这一选举方法缺乏代表性，即业主委员会成员能否代表所有居民的意志。毕竟选举民主存在的缺陷难以避免，近年基层民主选举存在的问题屡见不鲜。抽选制度很好地解决了问题。王绍光认为，抽选制度具有四个优点：抽选难以被人控制；抽选对所有人都敞开大门；抽选的结果具有代表性；抽选根植于“人皆可以为尧舜”的信念，易得到普通民众的支持。①业主委员会成员在抽选产生的同时，可以适当增加成员的数量，扩大协商的主体，提升成员的代表性。这些都易于操作，成本较低。

2. 积极探索引进新的协商形式

根据协商参与者的人数不同，在遵循因地制宜原则的基础上，可以选取不同的协商形式。

如果协商参与人数较少（不超过25人），“专题小组”（又称“焦点组”）这一方法较为适用。专题小组由与该议题有关联的和知晓该议题的人员组成，这一群体里面可能包含利益集团，支持者的组织或者监督者。他们在这一议题上各有各的利益取向，各自坚持己方观点。这一方法的优点包括：由于代表各自利益群体的参与者在专题讨论前已充分掌握了议题的相关信息，这就使其能在短时间内进入协商的状态。另外，各利益群体所掌握的独特的知识或信息往往能够使他们创造出一些令人耳目一新的观点或解决方法。缺点在于利益群体内部会有一些积极参与的成员，但是他们并不能必然的代表整个利益群体。同时长时间的协商不利于参与人员的选择，也不利于参与者保持他们观点的一致性。由于该协商方法的参与人员带有既存的知识或观点，且不易退让或妥协，这就往往不能像其他协商方式那样展开充分的协商。具体来说，这一方法能够适用于局部的、专业的、带有强烈个体或小团体利益要求的议题。它可获得各种利益群体的态度或观点，当采用大规模的民意咨询方式不能得到其满意的答案时亦可采用该方法。

如果某项议题需要较多人的参与协商，“21世纪城镇会议”则是不错的协商形式。21世纪城镇会议是美国基层协商民主实践形式，在城镇会议中，所有的参与者将被分为10～12人的小组。每个参与者的意见都通过键盘即时被搜集。同时在小组讨论之后，大家可以把讨论后自己的看法以开放式或结

① 王绍光. 失而复得的民主利器：抽选[J]. 开放时代，2012(12)：5-12.

构式的方式用键盘输入电脑中，然后关于这些看法的数据被传输给数据中心。如果这些数据容易处理的话，相关结果可能很快就出现在每个小组成员都可以看到的大屏幕上，这些数据可以作为小组进一步讨论的依据。如果这些数据涉及大量开放性的问题和建议，那数据中心就需要较长时间的整理，结果会在几天后发给参与者，然后进一步的协商可能在几周之后再次进行。清苑社区人口稠密，21 世纪城镇会议的协商机制与清苑社区存在契合性，具有一定的借鉴价值。反之如果选定一小部分居民代表，恐怕其代表性会引起质疑。21 世纪城镇会议较好地解决了与会者代表性不足的难题。同时，21 世纪城镇会议运用高科技手段将各个分组讨论的与会者的意见或想法收集至数据中心进行快速处理，该方法提高了协商的效率。

3. 融合基层协商和社会组织协商

与其他协商类型相比，社会组织协商具有更多优点：协商范围的广泛性；协商内容的丰富性；协商议题的前瞻性；协商活动的自发性。但如前所述，清苑社区社会组织参与协商民主也存在社会组织无法组织协商民主活动、资金来源依靠社区、人才队伍建设落后等问题。因此必须要解决社会组织参与协商的这些困境。

解决社会组织参与社区协商遇到的问题，首先就是要去政治化思维。“在社会组织协商形式的探索过程中，需要注意的核心问题就是避免对社会组织的过度政治化解读，把社会组织视为影响执政安全、行政安全、社会安全、政策安全的不良因素或不稳定因素，甚至把社会组织视为敌对势力。……行政化也是政治化思维的一种方式。”[①]治理理论也要求，社会治理的主体不应只是政府，而是官民共治。因此，要对社区社会组织充分授权，允许其组织开展协商活动。其次，要解决资金来源问题。清苑社区社会组织活动的经费主要来源社区，如果由社会组织开展协商民主活动，则需要更多的资金支持。因此，上级政府要根据“事权下移、费随事转”的原则提供资金支持。此外，社会组织自身也要一方面学会广开财源，不断扩大信息来源，努力争取各种形式的资助，其中学会宣传自己和学会申请项目是最基本的手段；另一方面

① 张爱军.社会组织协商及其构建路径[J].社会科学研究，2015(3)：52-57.

要自力更生，在开展公益性活动的同时开展与自身业务相符并不以营利为目的的合法经营活动，努力做到自食其力。最后，还要加强人才队伍建设。清苑社区社会组织队伍的年龄偏大，多为退休的老干部、老教师组成，实际上不能称之为真正的社会组织。资金的缺乏和对社会工作的传统偏见导致很难有年轻人或者大学生加入进来。社会工作自身的问题没有解决，参与社区协商则更多的是被动的、消极的，使得社会组织协商的众多优势没有发挥出来。

三 结 语

本文以协商参与、协商内容、协商程序和协商形式四个方面构成分析框架展示了清苑社区协商民主建设的成果，也从这四个方面对提升清苑社区协商民主建设进行了进一步思考，初步得出了以下结论。

第一，我国城市社区协商民主建设具有较强的实践性和可操作性，已取得初步成效。协商民主虽然诞生于西方国家，但它在中国社会治理的实践中已经有十多年的历史，已经深深打上了具有中国基层社会特色的烙印。通过对个案清苑社区的展示，发现西方协商民主的一套理论和制度在中国城市社区具有较强的实践性和可操作性。这一是表现在地方政府对协商民主的不排斥，它们将协商民主视为社会治理创新的有效手段，这是协商民主得以发展的前提。二是表现在中国城市社区有协商民主生存的土壤。它有热衷于协商民主的居民和社区工作人员，也有业主委员会等社会组织参与协商，还有城市社区的异质性带来的多元性，这种多元性对不同意见持包容的态度，更加契合了协商民主的协商、合作的理念。这种实践性和可操作性已经带来了初步成效，社区建立了一套运行流畅的协商民主机制，社区两委和居民遇事都会想到协商民主，而不是过去的行政命令和上访等。

第二，我国城市社区协商民主建设需要进一步规范化、专业化。在取得积极成效的同时，我国城市社区协商民主建设也存在一些问题，表现在协商民主更多的是政府和社区两委主导，居民和社会组织参与的不对等状态。还有地方政府对协商民主的认知不够，领导干部的唯上等导致的社区协商民主建设有宣传的成分存在，进而导致有关协商民主的现代社会科学方法无法推广。因此，需要进一步建设规范化和专业化的协商民主。即要更加注重协商民主过程中的平等理念和广泛性特征。在体现平等和广泛性的前提下，切实加强协商制度设计、优化协商程序和创新协商形式。就像2014年习近平总书记在庆祝中国人民政治协商会议成立65周年大会上的讲话中指出的那样，“民主不是装饰品，不是用来做摆设的，而是要用来解决人民要解决的问题的。”①“保证和支持人民当家作主不是一句口号、不是一句空话，必须落实到国家政治生活和社会生活之中。”②

陈家刚运用比较视野论述当代中国协商民主时指出，相比于西方的协商民主，中国的协商民主具有实践性的特征，即中国特色社会主义协商民主始终是一个实践呼唤理论、实践丰富理论的过程，同时也将随着实践的发展而不断丰富和完善。③如果有人因为一个新事物的出现带有瑕疵就去否定它，那么新事物永远不会代替旧事物，社会便止步不前。而我们要做的就是让新事物在实践中不断锤炼，不断完善自己和发展自己。中国基层协商民主建设就是需要在这样的否定之否定的过程中不断取得成功。

参考文献

习近平.在庆祝中国人民政治协商会议成立65周年大会上的讲话[N].人民日报,2014-09-22(2).

中共中央印发《关于加强社会主义协商民主建设的意见》[N].人民日报,2015-02-10(1).

中办国办印发关于加强城乡社区协商的意见[N].人民日报,2015-07-23(1).

俞可平.治理和善治引论[J].马克思主义与现实,1999(5).

郎友兴.议事协商与乡镇治理机制的创新[N].学习时报,2009-08-10(5).

孙柏瑛,杜英歌.地方治理中的有序公民参与[M].北京:中国人民大学出版社,2013.

何包钢.协商民主:理论、方法和实践[M].北京:中国社会科学出版社,2008.

①习近平谈治国理政(第2卷)[M].北京:外交出版社,2017:296.

② 习近平谈治国理政(第2卷)[M].北京:外交出版社,2017:291.

③ 陈家刚.当代中国的协商民主:比较的视野[J].新疆师范大学学报(哲学社会科学版).2014(1):21-29.

枢纽型社会组织参与基层社会治理的实证分析

——以弋江区心暖花开社会组织联合会为例

夏尚玉[①]　徐步华

摘　要： 在国家治理体系和治理能力现代化的背景下，社会组织愈益成为基层社会治理体系或机制创新的重要立足点。枢纽型社会组织作为一种创新型社会组织模式，其服务和管理其他社会组织的功能以及在参与我国基层社会治理中的作用，在理论和实践层面还有待进一步深入探究。本文在探讨枢纽型社会组织的调适、达标、整合和维模等治理功能的基础上，以芜湖市弋江区心暖花开社会组织联合会为研究对象，试图为枢纽型社会组织参与基层社会治理提供新的个案分析。枢纽型社会组织尽管在基层发挥着积极的治理作用，但由于其发展起步较晚，在实践中还存在着一些制度性或功能性的障碍。鉴于此，本文提出在基层社会治理中进一步发挥枢纽型社会组织功能作用的优化路径，即明确枢纽型社会组织的角色功能、加强法律体系和制度规范的协同建设、完善核心主导与多元共治的治理机制、强化基层社会治理的价值引导。本文的研究一方面赋予枢纽型社会组织的研究分析工作以功能主义和制度主义的思考维度，另一方面丰富枢纽型社会组织参与社会治理的实证分析，以促进社会组织研究和社会治理理论的融合。

关键词： 枢纽型社会组织　基层社会治理　心暖花开社会组织联合会

---

① 夏尚玉，安徽师范大学政治学理论硕士毕业生，现为合肥颐和中学教师。

新时代我国社会的主要矛盾发生了变化，社会治理模式也应随着矛盾的变化而相应作出调整。由此，党的十九大报告提出“打造共建共治共享的社会治理格局”的战略部署，并强调实现社会治理现代化的关键在于加强社区治理体系建设，推动社会治理重心向基层下移，发挥社会组织作用，实现政府治理和社会调节、居民自治良性互动。这就意味着在基层社会治理中，要更加强调社会参与协同机制，要把社会组织作为重要的社会治理主体，增加社会力量参加治理的途径。与此同时，伴随市场经济建设的发展，社会的构成日趋多元，国内的社会组织领域随之获得迅猛发展。然而，大部分社会组织管理方式主要依旧为双重管理模式。作为创新型的社会组织模式，枢纽型社会组织提供了一种新的服务和管理其他社会组织的运作机制，并且已经在我国基层社会治理中发挥着积极的作用。

我国当前涉及社会治理的相关研究工作主要围绕政府职能转换展开，并将一般性的社会组织总体视作探究对象，相对而言枢纽型社会组织作为一种创新型的社会组织模式，尤其是其功能与作用，在理论和实践层面还有待进一步深入探究。2013年芜湖市弋江区成立的心暖花开社会组织联合会就是枢纽型社会组织的一个典型代表。本文以心暖花开社会组织联合会作为切入点，围绕其作为枢纽型社会组织的角色功能和治理作用展开调查以及分析，对有关经验以及方式进行概括，思考其存在的缺陷，旨在对优化枢纽型社会组织参与社会治理的相应路径展开积极探索，试图为充分激发社会组织活力、进一步发挥我国社会组织的社会治理功能提供若干启示。

一　枢纽型社会组织的基本涵义和治理功能

在国家治理体系和治理能力现代化的背景下，基层社会治理的探索和创新变得愈发重要，而社会组织愈益成为基层社会治理体系或机制创新的重要立足点。在我国社会组织管理体制变革的背景下，枢纽型社会组织的建立是理顺社会组织管理、促进社会组织发展和推动基层社会治理创新的一种选择。

（一）枢纽型社会组织的产生背景

一是社会管理体制变革的需要。“小政府、大社会”的行政改革目标需要政府职能的转变，也需要社会的成熟。政府部门从承担所有社会事务的全能者变为社会事务的整体监督者、调控者以及管理者；政府部门慢慢从众多社会事务中获得摆脱，部分以前由政府部门负责的服务逐步吸纳全新社会主体一起参加；同时，政府部门在实际践行期间对全新的社会主体发展环境予以持续优化。社会组织的培育与管理随之而成为体制变革的重要内容之一。2013年中共中央、国务院颁布的《国务院机构改革和职能转变方案》提出“迅速打造权责明确、政社分开以及依法自治的现代社会组织制度”的目标，并强调“推动行业协会商会和行政部门进行脱钩，建立科技类等各种社会组织，可以向民政机构直接进行依法申请登记，无需业务主管机构审查并同意”。这表明国内已不再推行社会组织双重管理制度。与此同时，民政部门责任加重，社会组织管理制度革新的相关问题日益显现，其中社会组织的枢纽型管理以及服务属于可供挑选的途径。党的十九大报告提出“打造共建共治共享的社会治理格局”，较之于十八届五中全会提出的“构建全民共建共享的社会治理格局”，内涵更加丰富，更加强调社会参与协同机制。这要求在社会治理中，把社会组织作为重要的社会主体，拓宽社会力量参与治理的渠道。枢纽型社会组织就是基层社会治理创新的一个新成果。

二是社会组织自身发展的需要。政府部门需要让社会组织获得充分发展，使社会组织能够对民生保障以及社会公益等诸多服务进行运作，但社会组织自身也存在诸多问题，而制度性环境具有众多限制社会组织进一步发展的要素，社会组织本身发展产生了诸多不足，如自身能力不足、公信力不足、独立性弱、人力和财力匮乏等。其中，公信力危机、行业乱象、自身能力不足等问题尤为凸显，急需专业的培育指导和引导。基于此，要在急切需要社会组织参加社会构建的状况下将社会组织的服务、培育以及管理工作做好，变成政府部门需要面对的巨大挑战，需要在对社会组织于实际践行期间具有的不足予以充分化解，政府部门努力借助于对社会组织管理模式予以创新来完成社会组织治理水平的提高。由此，枢纽型社会组织应运而生。

（二）枢纽型社会组织的涵义

从字面意义上来看，“枢纽”一词意指事物的关键部位和联系事物的中心环节。枢纽型社会组织是指能起到中枢作用的联合型组织。2008年，中共北京市委办公厅、北京市人民政府办公室颁布《关于加快推进社会组织改革与发展的意见》，首次提到了枢纽型社会组织，紧接着，北京市出台《关于构建市级“枢纽型”社会组织工作体系的暂行办法》指出：所谓枢纽型社会组织，即由社会组织和社会建设的相关领导机构所认可，在对相同种类、属性以及领域的社会组织所涉及的服务、发展以及管理工作中，在政治层面上发挥桥梁作用，在业务层面上处于首要位置，在管理层面上负责业务主管职能的联合性社会组织。该定义对枢纽型社会组织所需要的权威性与合法性，还有枢纽型社会组织所涉及的指导、管理以及服务功能予以强调。依据北京市的相应做法可以发现，枢纽型社会组织被政府部门所认定以及授权，具有排他性、垄断性和行业代表性。

在社会建设创新的环境中，广东、北京以及上海等地率先进行社会组织枢纽型的管理尝试，指定一批枢纽型社会组织，是一种尝试性的创新。然而，我们不能仅仅满足于官方对枢纽型社会组织的界定和探索，还应从国家与社会的互动关系、促进和规范我国社会组织发展和管理的视角进行界定。所谓枢纽型社会组织管理模式，即政府部门借助于认定并授权较为成熟的支持性社会组织围绕相同种类、性质以及领域的一般性社会组织展开积极培训，共同参加社会治理。政府能够借助枢纽型社会组织充分熟知个体社会组织的相应共性需要，对政策以及资源支持予以强化；同时能够借助枢纽型社会组织让社会组织所涉及的自我服务以及管理获得充分实现。这不仅让社会组织所涉及的社会服务水平获得显著提高，而且让政府部门成功离开社会领域，起到保障以及监督的作用，完成政府和社会组织之间的协作互补。

（三）枢纽型社会组织与基层社会治理的互动关系

对于枢纽型社会组织而言，其形成从本质层面属于社会进一步发展的必然结果，属于政府围绕社会组织管理展开创新与社会组织本身进行发展的不同需求彼此结合的相应产物。枢纽型社会组织能够对当前制度存在的不足予以打破，完成资源的充分结合，打造联系政府和社会组织的有效桥梁，推动社会组织成功负责政府移出的一些职能，促进政社分开的相应速度。

就政府层面而言，社会组织于社会服务层面具有更加重要的作用，已发展为社会公共服务的重要补充，有助于化解市场杠杆以及政府调控存在的问题。积极推动社会组织构建，属于政府职能转换和打造“小政府、大社会”的必然结果。就社会组织层面来说，单一部门旨在取得本身进一步发展所要的相应资源、掌握推动部门发展的相应信息、强化本身的作用、取得行业性扶持，都应当进入平台。社区通过构建“枢纽型”的社会组织，能够充分扭转现阶段存在的一些不足（如部门管理松散等），有效改善政府对社会管理以及公共服务方面的缺陷，这是在国内积极推动社会建设的状况下，针对社会组织管理制度以及工作制度展开创新的关键举措。

对于枢纽型社会组织而言，其属于基层社会治理以及当前社区治理的核心力量，属于社会组织生态构建的核心组成，还属于基层政府部门和社会组织展开积极互动的基本途径以及社会治理朝基层向下转移的核心枢纽平台。它积极推动社会组织生态系统以及现代社会组织制度的建设。同时，新时代治理多元化需要职能向其转移，基层治理格局有待完善。枢纽型社会组织借助于对社会组织展开培育参与政府购买服务等途径参与社会治理。枢纽型社会组织在形式方面的多元化以及公民权益观念的日益提升，为建立民主、合作的社会参与机制带来了新挑战，急切要求打造基层自治组织、政府、社会组织以及公众等诸多主体一起参加的社会治理全新局面。

总之，枢纽型社会组织与基层社会治理两者相互作用相互影响。枢纽型社会组织既是基层社会治理的创新成果，也是进一步推进基层社会治理创新的重要抓手。

（四）枢纽型社会组织的社会治理功能

基于帕森斯的AGIL四维功能分析框架，枢纽型社会组织参加基层社会治理的相应功能可分为：促进经济发展的调适功能、增强民众生活质量的达标功能、推动资源有效配置的整合功能以及助力文化保护与传承的维模功能。①

1. 促进经济发展的调适功能

枢纽型社会组织的调适功能主要体现在推动社会治理方面的经济发展。国内枢纽型社会组织参加基层社会治理能够充分发挥本身非营利性以及非政府性的相应优势，努力对社会治理系统予以改进。首先，能够将枢纽型社会组织看作一类特定的社会资本，社会组织属于多种主体的相应结合，社会组织发展是将集体利益的完成视作宗旨。众多区域都具有不同类别的社会组织，其拥有政府部门以及市场未了解的大量有价值的信息，其专业性对信息的有效性予以有效保证，增加了基层社会治理方面信息的交流途径。其次，因为不同企业以及政府机构对差异的利益予以代表，在治理期间极易产生不同矛盾，此时枢纽型社会组织借助于本身优势，积极打造平等对话的相应平台，推动经济平稳协调发展。

2. 增强民众生活质量的达标功能

在国内社会治理体系内对“达标”功能的优化进行探讨，着重借助于枢纽型社会组织极佳的工作制度与较好的弥补功能，对政府治理制度进行优化，推动政治文明构建。随着经济的高速发展，社会出现了许多难以调和的矛盾。如果希望让社会能够平稳健康发展，政府则应该转变服务观念，它要求政府、市场以及社会组织彼此进行极佳的互动。针对社会治理面临的挑战，只借助于二元主体（即政府与市场）不易有效化解。而专业性的枢纽型社会组织正好弥补这种缺陷，枢纽型社会组织它构建了一种“共商平台”，通过构建议事协调平台可以让民众把内心的实际想法和不满情绪充分恰当地表达出来，让更多的人为社区进一步发展提出自己的策略，让民众自身利益获得充分保障，迅速处理诸多矛盾以及隐患，进而推动不同服务工作的深化落实，并依据社会发展新需求而不断调整。所以，在社会发展进程中，枢纽型社会组织将弥补市场与政府的空缺领域，促进系统目标的达成。

① 冯聪.结构功能主义视角下社会组织参与新型城镇化建设研究[D].长沙：中南大学，2014.

3. 推动资源有效配置的整合功能

对于常规政府管理模式而言，其对权力集中予以过度强调，造成政府于治理期间产生问题，形成诸多不利现象，如错位、越位以及缺位，市场失调等状况，这不仅有碍于管理目标的实现，也易造成大量社会资源被浪费。因为枢纽型社会组织包含非营利性的相应特征，在对资源展开整合层面包含相应优势。基于非营利性视角，枢纽型社会组织能够更加高效地供给信息以及资源，成本更低，不仅能够对社会资源予以充分运用，而且推动了社会的高效运作。对枢纽型社会组织来说，其服务功能与社会成员的生活品质以及共同利益存在密切关联。因为受制于国内社会制度，所以国内社会组织几乎未牵涉社会发展的主要领域，大量的基金会以及慈善团体等就能够予以充分证明。因此枢纽型社会组织可以充分发挥服务社会功能，促进社会均衡发展。

4. 助力文化保护与传承的维模功能

对于潜在模式的维持而言，枢纽型社会组织的功能在于有助于社会文化的构建，对社会主流文化价值观予以大力弘扬。枢纽型社会组织应该在政府部门的协助下参加基层社会治理，推动社会文化价值健康且平稳发展，对主体行为予以规范，对和谐社会发展的环境进行塑造。社会组织的构成是立足一致利益的个体或集体组合，其自身是旨在完成组织的观念以及价值而存在。在有关法律条文规定以外，组织内部也具有不同规定，如组织条约等，从而对组织成员进行有效约束，让其不偏离组织目标的完成，指引不同领域平稳且健康发展。对于社会组织而言，其组织观念遵从社会利益的完成，基于公共服务视角，将推动社会进一步发展视作自身责任，满足社会主义核心价值观。因为社会组织中包含自律功能，所以能够充分推动经济平稳且协调地发展，规范市场竞争秩序，构建起有效且健康的市场环境。

二　心暖花开社会组织联合会参与基层社会治理的探索与成就

基于发达地区枢纽型社会组织的探索成果，以及当前本地基层社会治理的现状，芜湖市积极借鉴先进地区的实践经验，通过创建枢纽型社会组织来推动基层社会治理创新。心暖花开社会组织联合会就是芜湖市“社区社会组织摇篮”孵化项目的一个结晶。

（一）心暖花开社会组织联合会的性质和功能

芜湖市基层社会治理在一定程度上存在着资源匮乏、人才匮乏、场所匮乏的困境，导致社区社会组织发展乏力。即使已经注册成立的社区社会组织，也往往面临“四无”窘境——无运营资金、无专职人员、无可持续项目、无办公和活动场地。针对这一问题，芜湖市民政局开始启动“社区社会组织摇篮”孵化项目，旨在发展枢纽型、支持型的社区社会组织联合会，推动社区社会组织打造综合性服务平台，心暖花开社会组织联合会就是其中之一。

1. 心暖花开社会组织联合会的创建

2013年初，芜湖市弋江区民政局将本市一些分散的社会民间爱心协会和团体整合起来，进行统一协调、管理，成立一个广覆盖、多层次、同步调、高效能的非营利性公益联盟体系，即“心暖花开”公益联盟，并建立了专门的工作网站——“心暖花开”公益传播网。2015年春，“心暖花开”公益联盟正式更名为“心暖花开”社会组织联合会。目前，联合会下辖组织包括芜湖志华爱心团队、芜湖阳光爱心协会、芜湖心连心爱心协会、芜湖海星社会工作服务社、芜湖爱邻社会工作服务中心、弋江区创新社会工作服务社等十多个爱心团体。联合会致力于联合、整合社会已有公益组织，凝聚社会公益力量，构建系统的志愿服务体系，搭建了困难群体与爱心力量的桥梁与纽带，推动民间爱心组织规范有效运行，更好地服务困难群众。

2. 心暖花开社会组织联合会的性质

心暖花开社会组织联合会是芜湖市弋江区搭建的枢纽型综合服务平台，由多个社会公益组织和爱心团体组成的民间非营利性公益机构。心暖花开社会组织联合会坚持以培育弋江区经济发展急需的社会组织，特别是公益性社会组织为目标，给予入驻组织诸多支持，推动社会组织优化组织结构，完成规范化运行以及长久健康发展；促进社会组织按照社区相应需要对有关社区服务项目予以开发，将政府与社会资源进行链接，推动社会组织彼此间、社会组织与政府、社会各界的良好沟通和互动，分享信息和资源，推动多部门合作与共赢。立足党建视角，社会组织枢纽式管理即为“通过党与政府掌控的社会组织对相同类别的社会组织予以管理”，借助于政府委托或者授权，让其变成对相同行业、专业以及领域的相应社会组织进行集中管理与统一协调服务的枢纽。针对管理枢纽而言，其属于多方关联的交汇处，社会组织的诸多机构（涉及业务主管、综合管理以及登记管理）借助于此平台将党与政府的相应工作要求拓展至枢纽所属的社会组织。借助于管理枢纽将以往政府机构直接管理社会组织的工作予以剔除，慢慢对现阶段的业务主管单位予以替代，把业务主管单位变成业务指导单位。此外，借助于“枢纽型”社会组织，构建起管理枢纽党委，从而牢固掌控社会组织政治方向，推动社会组织独立运行以及规范发展。

3. 心暖花开社会组织联合会的功能

对于枢纽型社会组织而言，其形成是基于地方政府部门对社会组织管理予以创新，进而达到提高社会治理水平的目标。作为枢纽型社会组织，心暖花开社会组织联合会成立以来，广纳社会爱心人士，充分发挥其服务社会、服务群众的作用，积极开展各项公益活动，传递社会正能量，推动了民间爱心组织规范高效的运行。心暖花开社会组织联合会充当“孵化器”的角色，使社区社会组织成为增强社区自治和服务功能、吸纳社会工作等专业服务人才的重要载体，将不同层级培育发展中心视作基点，着重让大量拥有承受政府相关事务水平以及凸显自主性的社会组织进驻。通过与中心工作者展开访谈，充分掌握工作者们针对中心的一个角色定位状况，心暖花开社会组织联合会是连接社会、政府、社会组织的纽带，起着“牵线搭桥”的作用。

（二）心暖花开社会组织联合会的治理作用

心暖花开社会组织联合会自建立以来，持续增强自身参与社会治理的相应水平，借助云社会化运作对社会组织展开培育，项目化运行对政府购买服务予以承接，同时借助于创新方式指引社会组织以及民众参与社会治理，发挥着积极的治理作用。

1. 培育扶持社会组织,激发社会组织活力

就社会组织来说，特别是刚刚成立的“草根组织”，倘若不具备较强的社会资源汲取能力，且不具备自我造血功能，那么势必会制约其健康发展。而枢纽型社会组织具有多重优势，如较强的社会资源整合、配置能力等，能够帮扶并引导社会组织参与社会治理。心暖花开社会组织联合会，依托最新政策信息创建了交流与活动的空间，具体涉及两层面内容：社会组织发展和项目运营。该联合会首先搜集并整合社会组织发展迫切需要的相关资源，然后向它们披露相关优惠政策，进而为社会组织的查阅、使用提供便利。此类信息一方面能够用作社会组织相关会议的开展、成果的展示等，另一方面可以有效地引导其参与社会管理。心暖花开社会组织联合会还打造了社会组织交流学习平台，有助于社会组织间的共享互帮，具体体现在场地等层面，从而最大化地获取社会收益。基于科技井喷式发展背景下，服务中心依托现代化信息技术实现了社会组织的良性推进，如创建了微信等相关公众号，用于工作信息下达、政策咨询等，以方便组织间的交流。开通相关公众平台，一方面有助于工作动态等相关信息的下达，另一方面依托此平台，群众、社会组织间可以围绕相关事项进行交流等，构建囊括社会组织在内的综合性服务平台，让联合会在社会治理中发挥“枢纽”的关键作用，具体来说，在社会组织间、社会组织与居民或是政府间肩负着桥梁的重任，可以有效规避社会组织盲从。

2. 增进社会服务供给,满足居民多元化要求

在公民社会自我维系、发展期间，理应存在公民诉求与意愿的流露。心暖花开社会组织联合会能够充分利用网络资源，形成完善网络服务体系。心暖花开社会组织联合会成立以来，广纳社会爱心人士，充分发挥其服务社会、服务群众的作用，积极开展各项公益活动，传递社会正能量，推动民间爱心组织规范高效的运行。联合会的志愿者规模不断壮大，服务触角已延伸到看护老人、扶贫助困、照料残疾人、社区免费服务、探望老兵、爱心助学、义务支教等各项内容，并获得了很多荣誉（如表1所示）。公益联盟爱心传播并不仅限于芜湖市弋江区，现已涵盖到芜湖市各地乃至其他区域，包括偏远农

村等。在联合会成立以来，救助人数已达数千人。引导和帮助入驻社会组织处理发展期间面临的难题，必要时予以它们一定的督促与指导，从而推进组织机构治理能力以及社会服务水平的持续增进；结合社区需求，通过有效路径帮助社会组织参与社区服务项目的开发，链接政府和社会资源，促进社会组织之间、社会组织与政府、社会各界的良好沟通和互动，分享信息和资源，推动多部门合作与共赢。

表1　志华爱心团队所获荣誉一览

序号	授予单位	授予时间	荣誉名称
1	安徽省精神文明建设指导委员会办公室	2012年	精神文明十佳单位
2	弋江区残疾人联合会	2013年	先进助残单位
3	芜湖市精神文明建设指导委员办公室	2013年	五星志愿团队
4	民政部	2014年	全国五星志愿者（程志华，会长）
5	中共安徽省委	2016年	安徽省优秀党员（程志华，会长）

根据芜湖市心暖花开社会组织联合会官方网站资料整理。

3. 推动政府购买服务，实现政府与社会组织合作共治

政府向社会组织购买服务作为公共服务改革的一项重要制度创新，在我国发展迅速。政府购买的范围已经涵盖了基本公共服务、社会服务、公共事务管理、社会管理等广泛领域，成都、杭州、深圳等地还相继下发了政府购买指导意见、购买目录等，可见政府购买服务正有条不紊地向规范化迈进。伴随购买服务的深度推进，政府购买的作用也逐渐被认可，政府部分剥离自身的公共服务功能，既推进了政府职能转移、提高了公共服务的质量，也满足了公共服务的多元化需求、促进了社会组织发展。心暖花开社会组织联合会通过有效路径来强化与政府间的沟通，进而依托彼此间的合作来获得财政支持。弋江区政府每年都会提取部分资金用作枢纽型社会组织的平台建设，引导和鼓励公益创投项目，针对当地社会组织适时开展相关培训等。笔者以表格的形式将参与政府购买服务直观地呈现出来（见表2）。基于参与项目层

面来看，联合会所承担的项目并非被动，而是结合差异化的民众需求，契合于差异目标群体，将聚焦点放置在当前最迫切需要处理的社会问题上，在此基础上谋求参与社会治理的出发点，进而引导社会组织实施开展相应的项目策划。参与政府购买服务期间，心暖花开社会组织联合会依托服务项目化取得了较好的成效。一方面，把政府管理服务与群众实际需求通过工作项目的形式予以管理，有效推进政府购买服务与公益创投。另一方面，心暖花开社会组织联合会很好地发挥了枢纽作用，给其他的社会组织起了很好地带头示范作用。

表2　芜湖心连心爱心协会承担政府服务购买项目一览

序号	购买单位	时间	经费/万元	项目名称	受益人数/人
1	芜湖市民政局	2015年	5	心手相连	20
2	芜湖市民政局	2016年	4	芜湖爱老兵	60
3	芜湖市民政局	2017年	6	致敬老兵	100

根据芜湖市心暖花开社会组织联合会官方网站资料整理。

4. 实现社区、社会组织和专业社工“三社联动”

芜湖市民政局围绕“三点”，统筹推进“三社联动”（如图1所示），助力基层社会治理，包括以“摇篮”项目为起点，夯实三社联动平台建设。持续开展“社区社会组织摇篮”项目；探索建立三级社会组织服务平台，以“公益创投”为支点，撬动三社联动落地社区；创新开展社会组织公益创投活动，专项购买社会工作服务项目。按照“党委领导、政府负责、多元参与、项目运作、联动治理”的思路，芜湖市民政局加快推进社区、社会组织、社会工作“三社”有机整合、协同发展。心暖花开社会组织联合会根据上述要求，通过夯实“三社联动”平台基础，厘清社会工作职责任务，培养社区人才服务队伍，全面推进社区社会组织的能力建设，创建社会治理新格局。

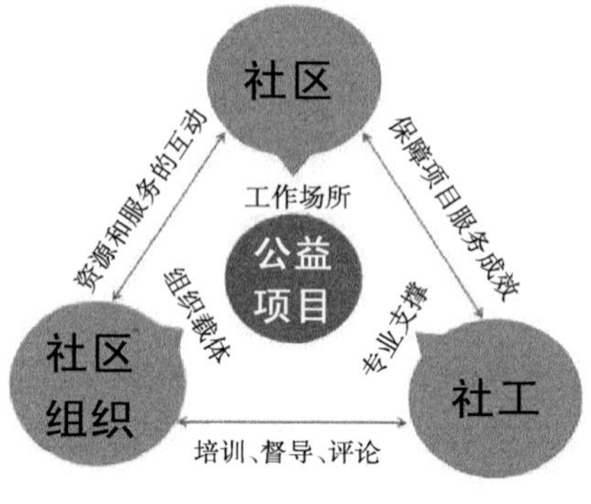

图1 “三社联动“关系图

三 心暖花开社会组织联合会参与基层社会治理的制约因素与原因分析

基于对芜湖市心暖花开社会组织联合会的调研，枢纽型社会组织借助于对社会组织展开培育、参与政府购买服务等途径参与社会治理，并发挥着积极的治理作用。但由于枢纽型社会组织发展起步较晚，在实践中仍存在一些制度性或功能性的问题。这些问题是由枢纽型社会组织外部环境与内部因素共同导致的。

（一）制度性或功能性的制约因素

枢纽型社会组织的早期发展主要集中在北京、上海、广州等一线发达地区。尽管枢纽型社会组织在基层社会治理实践中发挥了积极的作用，但仍存在一些制度或功能上的障碍或制约因素。

1. 角色定位模糊

随着时代的进步，以往的社会治理体制已不匹配于当前社会，革新才是可行路径，在此背景下，枢纽型社会组织应运而生，依托“以社管社、以民管民”来保障社会组织自治的达成，从而将社会治理作用发挥至最佳。但是通过调查获悉，受固有行政管理的思维制约，枢纽型社会组织能够体现出明显的“业务主管”特征。尽管社会组织已经脱离了行政部门的管理束缚，但枢纽型社会组织肩负的“业务指导”职能，在现实中能够产生形式化的角色变化，该组织仍旧在本领域社会组织中饰演“主管”的角色，并习惯性地向其他一般性社会组织直接传递指令。

出现这种局面的根本性原因在于该模式制度具有凸显的单向度特征，通俗地说，依据自上至下的规律开展的，尤其是此模式对组织结构的创建等，绝大多数是参照政府内部正常运作的相关标准，跟政府运作如出一辙。心暖花开社会组织联合会在这方面仍有不足，很多并不是由居民自发自愿组织起来的，这不同于一些国外的枢纽型社会组织，它们的组织形态基本上是呈现伞状的，组织内部、各组织之间互动频繁，相互学习与借鉴对方的经验与心得。事实上，这与心暖花开社会组织联合会目前的工作模式仍处于政府推动为主、自身组织为辅有关。芜湖市弋江区政府与民政局的内部推动力非常大，其依靠自身真正能发挥的力量还是有限的。

2. 支持力度不够

作为新兴事物的枢纽型社会组织，其良性发展与社会各界的协同支持密不可分。心暖花开社会组织联合会工作在推进期间面临诸多难题，其中还囊括只依靠自己实力无法处理的难题，涉及如下：其一，尚未确认相关政策规定，如联合会的权责等；其二，不存在政府转移职能范围等理论研究，未得到政府部门长期的资金、人员等支持；其三，民众对社会组织有所顾忌，信任度较低；其四，企事业单位、公众对社会组织的投入热情不够高涨，且人力、物力、财力的投入都相对较少。

社会组织的良性推进，与孵化器对其的支持息息相关。现实中，众多机构都处在快速发展阶段，而资源以及资金成为制约它们发展的关键，倘若资源不足，那么就会影响机构的良性运作，项目的对外承接便无从谈起。而一旦没有项目开展，那么将会出现人才流失的现状，从而让问题变得愈加复杂化。从资金筹集层面来看，仅有些许的社团可以收取一定比例的会费，而高比例的社团组织全部不能收取会费，致使财力支持出现匮乏局面。另外，极少数的社会组织因为尚未开设银行账户，导致没有有效的路径来筹措活动资金。

3. 法律地位不高

为了契合社会发展，政府部门力求通过创新来适应发展轨迹，枢纽型社会组织应运而生。但受制度、环境等多重因素的影响，涉及该领域的相关法规不健全，以北京为例，为强化社会建设，北京市专门制定并下发了全面助推社会组织改革发展的相关意见。2009年，北京市颁布《关于构建市级"枢纽型"社会组织工作体系的暂行办法》。虽然该文件中围绕其认定条件等基础内容作出了相关规定，但此文件仅可视作普通规范性文件，通过查阅当前涉及社会组织管理的三部行政法规得知，里面并未对枢纽型社会组织的定义作出相关阐述，此模式尚未纳入至法律层面。

2015年，芜湖市社区建设工作领导小组印发《全国社区治理和服务创新实验区工作实施方案》明确指出：实施"社区社会组织摇篮"项目，大力培育扶持社区枢纽型、公益性、服务类社会组织和专业社会工作机构。针对这一举措，芜湖市为24家枢纽型社会组织提供了资金，这其中也包括心暖花开社会组织联合会，成功孵化了300多个社区社会组织。但没有专门明确的针对枢纽型社会组织的法律法规出台。除此之外，通过何种有效路径来衡量管理和服务，如何对管理权限及其边界予以确认等都不具备相应的法律指导。鉴于此，完善调整现行相关法律法规已刻不容缓，唯有出台与之匹配的法规，才可以保障社会治理体系的健康运作。

4. 监督机制缺乏

枢纽型社会组织作为自主组织与其他普通社会组织比较来说，前者迫切需要外部监督以及彼此制约。从基于监督层面来看，监督缺位、困难是当前亟需处理的核心问题，而监督体系不健全是根本原因。通过查阅我国多地颁布的相关规定得知，但凡涉及枢纽型社会组织监督的规定都存在含糊其辞的现状，尚未作出明确的诠释，仅笼统地介绍"由相关部门依法监管"。肩负监督主体重任的政府部门，理应对责任部门予以确认，防止运作期间职责模糊等问题的出现。受理念模糊等诸多矛盾的影响，监督方式有待科学调整。此外，作为联合性组织，一方面要接受政府部门的监督，另一方面还要接受组织内部的彼此监督。践行监督工作理应遵循独立原则，既要保持通畅，又不可掺杂其他资源。但是受监督过程不充分等多方面的影响，使得组织公共性本质遭到破坏，不利于积极主动的健全的内部监督体系构建。

这首先表现在联合会的监督主体呈现多元化状态且监督职责不明确。联合会是近年来时代发展的产物，由于发展时间较短致使相关机制不健全。特别是监管正孵化的非营利机构上，仍有较多的不足之处，严重制约了社会组织的纵深推进。在监管非营利机构期间，监督主体对社会组织的监督存在各部门职责彼此扯皮的现状；过多的监督主体以及尚不明确的分工，不利于各部门间的彼此配合，严重影响效率。其次，内部监督与预期相差甚远。核心原因在于组织内部未规范相关制度。例如，心暖花开社会组织联合会一旦完成社会组织的孵化后，它们将拥有各自的服务对象与内容，且它们的业务覆盖领域也许会同时涉及不同行业的不同部门，如此一来，将对监管带来一定程度的不利影响，加重其负担。倘若存在与规章相背离的行为，理应通过理事会公投来对其采取相应的措施，但据了解所知，董事会公投过程过于麻烦，原因在于相关机构全部集结比较困难，且即便参与了公投，其结果也存在事与愿违的可能性，其关键在于各孵化机构间很少交流与联系，无法达成统一意见。

5. 自身能力不足

突出的服务与管理能力、较强的号召力有助于枢纽型社会组织的良性运作，其作用十分关键。它们理应不断强化组织能力、适应能力、逐步增进社会治理能力，并在上述基础上释放本领，但事实上，高比例的枢纽型社会组织内部成员存在能力较弱、发展体系有待健全等问题，对其良性成长有很大影响，同时导致服务与管理效度持续下滑。从服务能力层面来看，心暖花开社会组织联合会的业务范围正逐步扩张，之前的员工已经不能完成现有的工作量，而造就一批高效队伍至少也得两年时间。尽管枢纽型社会组织具备自我人才造就的能力，但是较长的时间往往会降低其工作效率。不仅在人员方面，在管理上联合会也存在问题。

心暖花开社会组织联合会当前人才发展的主要困境体现在两方面矛盾上，其一，人才与机构的增长速度未同步；其二，持证人员与专业服务人员的增长未同步。以服务青年为主体的社会组织相继出现，其日常运营必须依托足量的高素质专业社会工作人员，以及拥有专业教育背景的志愿者，既具备较高的专业素养又拥有专业教育背景的社会工作人才屈指可数。其中，持有社会工作资格证书社工、拥有社会工作教育背景的人很少，社会工作人员的专业化水平整体呈现出较低的现状，使得其不能向服务对象供给优质的服务项目。一方面抹黑社会工作人员的形象，另一方面则会降低机构的公信力，社会专业工作人员的流失局面愈发不可收拾。

（二）原因分析

心暖花开社会组织联合会参与基层社会治理过程中所存在的制度性或功能性障碍或制约因素，主要源自下述两方面的原因。

1. 政府层面的因素

枢纽型社会组织是政府机构为加快治理社会而产生的，它的存在方式是枢纽。它是经过相关的行政机构认可后成立发展的，是由政府授权的专门管理社会组织，用一句简单的话来概括，它与政府之间有着种种联系。但不能否认的是，它最终还是社会属性，主要还是为社会服务的，不是行政属性也不是行政附属。但是从相关的实践中来看的话，枢纽型社会组织，与它相关的认定方面的工作大部分都是行政指向，依据政府的意见发起，很少有普通的社会组织参与进来。因忽略了普通社会组织的想法，导致认同感不够，所以不肯接受，乃至排斥，以为它就是政府的一种工具，这就导致不能有效地发挥自身的价值。但是政府方面，对其或多或少还会有干涉，不管是在成立方面，还是在资金上，都会对枢纽型社会组织有所影响。这样在运行过程中必然会致使两者之间的界限太模糊，政府甚至会包办代办。这样会导致枢纽型社会组织失去自我，缺少独立性，会与起初的目标越来越远，更不能成为有价值的枢纽，也不能发挥其特有的作用，并妨碍了对社会组织的整合，不利于提高治理能力。

心暖花开社会组织联合会在运行过程中出现一个问题就是挂靠单位问题。双重管理体制对于枢纽型社会组织的发展有着制约与阻碍。心暖花开社会组织联合会相当于是一个社会组织的孵化中心，有几个社会组织团体挂靠在里面，但也有其他的社会组织不愿意挂靠。有一些社会组织选择挂靠在党委政府部门，这样削弱了枢纽型社会组织的独立自主性。枢纽型社会组织可能会获取很多政府的“委托服务”，但这使得整个枢纽型社会组织丧失了良好的市场竞争环境。

2. 自身层面的因素

枢纽型社会组织要想长远地发挥行业示范及培养教育功能，需将自己的团队打造成一支专业性的队伍。在进行社会治理时，想要提供更多更好的服务，带动更多的群众，所以打造一个具有专业知识、服务能力强大的团队是十分必要的，但现在的枢纽型社会组织的团队能力根本达不到要求，对它的可持续发展形成了障碍。第一，筹资能力弱化。枢纽型社会组织的运转资金是靠政府扶持，它是由政府主导产生的，政府了为支持它的发展必然会注入资金，但是这种模式，会让其产生依赖性，慢慢地独立筹资能力会逐渐缩小，不利于激发组织的活力。第二，专业人才短缺。专业化团队建设的关键是人才保障，而专业化的人才队伍作为整合资源、服务社会组织的基础，专业人才在组织成长及社会治理中具有决定性作用。但从现在的情况来看，枢纽型社会组织，缺少职业化人才，专职人员所占比例太少，整体的学历水平偏低，且年龄偏大。收入不高、没有最基本的保障，这样就很不容易引起人才的注意，更没有办法留人，离职率偏高。第三，心暖花开社会组织联合会自身存在内部的管理规范化欠缺的问题。挂靠在其中的社会组织要想进行社会活动正常运行，必然需要来自孵化中心的财政资金的支持。但目前联合会明显存在的问题就是资金与资源的短缺。在资金来源上，有部分社会团体是收取会员的会费，但是并不是所有的社会团体会费都能如期上交，内部对于财务的管理也比较混乱，有的机构是一人身兼两职，既需要对平时的组织活动事务进行管理，也要管理相应的财务。尽管政府会提供一些项目，但是很多时候无法获得资源加持，这样机构就会处于停歇状态，无法正常的运转。资金与资源的不足使得人才不断的流失，这对于本来就渴求专业人才的枢纽型社会组织来说无疑是雪上加霜。这种不断恶性循环的链条亟待被打破。

四　枢纽型社会组织参与基层社会治理的路径优化

目前，我国对于社会组织的发展需求有增多之趋势，需要较多的社会组织来对政府要移交的职能进行承接。但是它们在基层的发展，特别是那些在社区内成立起来的“草根组织”，也遇到了一些困难，这就凸显了枢纽型社会组织存在的必要性。然而，由于政府层面和自身层面的制约因素，枢纽型社会组织的社会治理作用的发挥还存在障碍或困境，故提出以下建议：

（一）明确枢纽型社会组织的角色功能

居民能不能更好地适应社区的生活，主要在于社区能否给居民提供优良的资源，直到将生活品质慢慢提高。枢纽型社会组织对资源传导起着重要的联系作用，扮演着将外部系统资源引入社区内部进行资源再分配的角色。枢纽型社会组织能够给外部系统发出信号希望得到帮助，从而引进社区内部然后再进行资源的分配。这种连接和传导正好能突出显示社会的保障功能、福利功能。因此，为了帮居民更好地适应社区内的生活，枢纽型社会组织要明确自身的“孵化器”的角色。

在如今日益复杂的基层治理局势下，凸显社会组织的作用，在某种意义上能加快居民的适应社会，治理方面的难题也得到了进一步的缓解。枢纽型在社区社会组织充当“孵化器”的角色，使社区社会组织成为增强社区自治和服务功能、吸纳社会工作等专业服务人才的重要载体。

1. 保证“孵化器”的独立性

通过行业协会商会脱钩、严控党政干部在社会组织兼职等举措，芜湖市社会组织的独立性大大提升。心暖花开社会组织联合会作为社会组织的“孵化器”也保持了一定的独立性，但政社不分、企社不分、社社不分现象仍然存在。要想提高社会组织的独立性，必须要为该类社会组织的发展创设出良好的环境条件，赋予其相应的自主权，并适当针对其活动开展需求提供场地或物质保障。对枢纽型社会组织社会治理主体地位的确定，必须保证枢纽型社会组织的独立性。这种独立性强调政府在职能转变的同时要尽快厘清政府与枢纽型社会组织之间的职能边界，并对职能的行使方式进行明确，实现真正意义上的“政社分开”，保证枢纽型社会组织能够进行独立的运作，而不会变相地受政府直接管理。枢纽型社会组织社会治理主体地位的合法性与明晰性通常会因为法律制度以及相关政策制度的缺失，而缺少充分的保障，这将导致在实践活动中，社会组织与政府之间的职能会出现交叉情况，换而言之，即为职能定位不明确。若想掌握二者之间的职能关系，明确职能定位，政府机关应加大改革力度，对社会组织适当授权，并为之提供更多的立法保障，从而确保各项工作的有序开展。

2. 建立规范化竞争机制

心暖花开社会组织联合会在实际的运行过程中，由于大多是从事公益性质的活动，其本身缺乏一定的竞争激励机制，机构与成员之间缺少积极能动性。枢纽型社会组织可以采取一些年终考核措施，对于优秀的员工加以褒奖并以相应的物质精神奖励，对于一些消极怠工的成员进行批评或者劝退机制，从而建立规范化的竞争机制。由于政府职能发生了变化，政府的身份不再是公共服务的直接提供者，而是转变成了服务购买者以及政策拟定者等多种身份。为了保障各项工作的有序开展，明确该类社会组织的管理职能以及服务事项，则必须要构建出规范合理的指标体系，展开一系列的绩效评定，促进各项工作可以朝着健康的方向发展。与此相呼应，应建立枢纽型社会组织退出机制，引入必要的竞争和替代机制，以保障枢纽型社会组织的服务效果及质量。

3. 健全人才培养体系

人才是枢纽型社会组织的一个关键因素。将平台服务做好的关键就是枢纽型社会组织应建立属于自己的专业人才队伍，只有将自身的团队建设成一支专业性较强的队伍，才能更好地服务于社会组织，展现其职能作用，能够更快地加入社会的管理之中。目前，我国的枢纽型社会组织内还是缺乏高素质、高学历、专业性强及具有创新能力的人才。这必然会导致组织无法有效地发挥其作用，也不利于组织的长期发展。心暖花开社会组织联合会积极利用区境内高校资源培养专业化社会组织人才队伍，与安徽师范大学全国社会组织教育培训基地合作，成立“弋江区社区治理学院”，邀请省内外知名专家和教授讲解社会工作原理、方法和技能，对社会组织骨干进行系统化专业培训。

对于枢纽型社会组织来说，首先，应加大对组织内部员工的培养力度，让他们可以在短时间内迅速成长，充分掌握各项工作流程，独立处理相关的工作事项。其次，需要拟定相应的人才优惠政策，吸引更多的优质人才参与其中，逐渐扩大社会组织的人才规模。在此过程中，不但要注重人才的引进与培养，也应从政策方面为其提供更多的支持，使相关从业人员的基本需求得到充分保障，让大家可以积极投入社会组织中，构建出科学合理的薪酬体系，具有一定的竞争力，制定健全的社会保障机制以及激励机制解决他们的后顾之忧，留住人才。

（二）加强法律体系和制度规范的协同建设

按照罗夫曼分类法，社区工作的目标可分为事工目标和过程目标两种类型。目标引导着组织和成员的行为，在实现目标的过程中，需要构建出总的目标，确定其优先次序，并且加以展开和具体化，从而激发出成员的力量，为了实现共同的目标而努力。所以，对社区发展来说，基于枢纽型社会组织考虑，必须要确定总的目标以及具体目标，对总目标进行细化分解后，产生多个小的过程目标，循序渐进，逐渐积累，最后完成总的目标。在实现基层社区治理目标方面，对于枢纽型社会组织规范化制度法律的引导是最佳的实现工具。

1. 建立健全相关法律体系

心暖花开社会组织联合会与其他枢纽型社会组织一样存在没有专门的法律法规支持的问题。在一些法律的纠纷问题上无法可依，给其在参与社会治理过程带来了很多麻烦。因而需要破解现行政策法规瓶颈，提供政策和法律支持，着力推动建立健全法律体系，构建法律框架下的枢纽型社会组织规范运作体系，同时强化民政部门的指导和监管。依法治理在社会治理中处于重中之重的一个环节，依法治理的理念与思维必须贯穿于整个社会治理现代化的过程中。学会用法治理念与思维去化解社会矛盾与调解利益关系冲突。当前我国在社会组织方面的法律法规还非常有限，相关的立法制度也并不完善，如目前还没对社会组织建立专门的税收机制。此外，社会组织的类型相对比较多，在面对不同的社会组织时，也需要制定不同的法规和相应的制度框架。这样在以后的社会组织活动中，一旦出现法律纠纷，社会组织也能够有法可依，从而更好地参与社会治理。

2. 规范政府购买公共服务

心暖花开社会组织联合会曾举办了关于“弋江区民政局购买社会组织能力建设服务项目”的开标会，弋江区社区治理学院长远目标旨在希望通过购买机构服务项目针对弋江区的社会组织负责人及骨干的一系列专业培训，从而提升他们在社会组织机构和项目管理等方面的专业理念和能力，推动弋江区社会组织的专业化发展，进而推动弋江区社会组织的整体发展。尽管目前枢纽型社会组织早已构建出了合作关系多元化的发展平台，但毋庸置疑，不管怎样对其合作主体进行拓展，与政府的合作关系始终存在，这也是其维持发展的重要保障。现阶段，此种类型的项目化运作方式即为二者之间的平衡点，共同实现互利互助，从而达到共赢的合作机制。

3. 探索政府对其税收优惠制度的创新

心暖花开社会组织联合会在探索现有民生保障工作过程中，立足社区，以需求为导向，通过项目化管理，社会组织承接，项目购买与志愿服务相结合，提升救助、养老、儿童、助残等服务工作质量和水平，并逐渐嵌入到更多更广泛的社会服务领域。目前，枢纽型社会组织也建立了更为科学的功能，社会组织可以服务于社会的功能越来越多，覆盖范围也随之宽泛，所面向的群体更加趋向于多元化。然而，若是它们的服务无人购买，或者没有得到政府的授权，那么它们的职能也将毫无用武之地。所以，政府机关可以适当提高政策扶持效力，例如健全税收优惠机制，减少成本的支出等。只有在良好的公益环境下，方可促进社会组织的有序发展，从而使它们的最大职能得以充分发挥。

（三）完善核心主导与多元共治的治理机制

基于社区治理体系其组成要素具有多元化的特点，导致社会治理主体也呈现为多样性，事实上，若是仅依赖政府机关或社区组织某单一治理主体是根本不能使全部社区问题得到解决的。若想合理优化社区结构，各治理主体之间须加强交流，形成良好的互助关系，相互配合，共同促进各项工作的开展。社区治理的主要目的是为了促使社区实现整合，不仅要重点维护全局性以及系统性的主体功能，也应充分体现出多元化以及特殊化的优势，否则将会导致社区功能不协调，面临结构失衡的局面。在进行社区整合的过程中，社区系统调动各要素的积极性，共同参与到社区系统功能的恢复和调整。事实上，政府在系统整合的过程中作用非常关键，是不可缺少的核心力量。枢纽型社会组织与政府紧密结合，充分体现出彼此的优势，朝着共同的方向前进，方可促进社区整合的持续发展。

1. 构建良性的政府与枢纽型社会组织关系

现阶段，由于市场经济不断发展，人们的生活模式发生了翻天覆地的变化，受到诸多因素的影响，人们对于社会管理主体的认知也呈现了一定的改变。在社会管理工作中，政府既是核心力量，也是非常重要的主体，但却并非是唯一的。随着社会的深入发展，传统的“一元化”政府管理方式发生了变化，开始转变为“多元化”的管理模式，治理主体也趋向于多元化。在社会管理工作中，社会组织的主体地位也逐渐凸显出来。政府的思想观念也发生了变化，没有将社会组织视为被管理的组织，而是视为治理工作的合作伙伴。通过建立枢纽型社会组织之后，承担了社会组织的一些职能，包括管理以及服务等，从职能转变层面考虑，政府机关曾作出了很多的实践与尝试，具有重要的现实意义。从我国未来的发展趋势来看，该类社会组织仍旧处于发展的初始时期，很多模式与机制仍需更加深入的探索，应促进政府职能的迅速转变，赋予枢纽型社会组织更多的职能与权限，政府机关的身份地位也发生转变，从而对公共资源进行监管与协调，促进各项工作的有序开展，为构建良好的和谐社会贡献一份力量。

2. 整合有效资源，形成有序的政府与枢纽型社会组织合作机制

资源整合是充分发挥心暖花开社会组织联合会枢纽型社会组织作用的重要方法和手段，其具体的做法：一是完善联席会议制度，可以探索建立政府与联合会之间有效的联席会议制度，畅通与相关政府部门的信息沟通和交流渠道，实行半年汇报制；二是搭建多方联动机制，仅仅依靠联合会的资源和力量，难以真正满足居民多元化的服务需求，这就需要联合会进一步加大资源整合力度，建立多方面的工作联动机制，尽最大可能为群体提供服务。一方面可以推进劳动争议调解多方联动机制建设；另一方面是加强与市民政局的联动协调，努力构建针对居民服务类社会组织的多方联动合作机制，并与之协商制定在完善困难弱势居民社会救助、创新社会组织发展和管理等方面的合作体系，共同促进服务类社会组织的可持续发展，为枢纽型社会组织未来的发展打下坚实的基础，从而营造出良好的社会环境。

（四）强化基层社会治理的价值引导

为了增强基层社会治理模式的相对稳定性，激发基层治理体系内部的内生动力，进而维系现有的治理结构，枢纽型社会组织应在基层社会领域起到价值引导作用，提倡主流文化和公益正能量的发展。

1. 发挥社会组织党建政治核心作用

枢纽型社会组织在发展过程中，应结合自身领域的实际情况考虑，展开一系列的党建工作以及团建工作，充分体现出政治核心价值。赋予党、团组织更多的生机活力，促进各项工作的深入开展，在社会组织的各项工作中，应充分体现出党员以及团员的带头标杆作用，并发挥出自身的作用及价值。

参与基层社会治理的过程中，必须注重社会共同价值观的建设，只有这样才能够更好地推进基层社会的良好有序发展。枢纽型社会组织参与维模功能的调适，主要是参与社会文化建设，弘扬社会主流文化价值观。心暖花开社会组织联合会应该运用“党建+公益”的模式，以党建激发组织活力，引领社会组织不断壮大；以党建为引领，建构多项防范风险、保障大局的规范制度，牢牢把握社会组织正确的发展方向；创新制定“党员参与公益积分制”，

激发党员志愿者参与公益的热情，营造党员争做公益先锋的氛围，塑造弋江区团队化公益品牌与个体化公益品牌；提出在公益创投的“社会治理”类别中增设“党建引领型公益”项目，探索社会组织和党组织“双孵化”、社会组织业务骨干和党员骨干“双培育”等工作机制。

2. 彰显公益正能量的价值引领作用

为培育弋江区社会组织并推动其成长，促进社会公益事业发展，并为特定群体提供公益服务，心暖花开社会组织联合会积极参与弋江区内的公益创投项目，这也是对社会组织孵化培育的探索。枢纽型社会组织积极开展公益正能量活动，在其中扩大自己的影响力，无形中也是给自己一次宣传机会。一是积极开展社区文化类服务。利用社区文化资源，积极吸纳整合各级各类文艺队伍，实现社区文化工作的条块化管理。指导社区文化活动，用丰富多彩的文艺活动引领健康向上的生活方式，满足群众精神需求，促进社区稳定和谐；二是积极开展社区福利类服务。切实做好社区老年配送餐和居家养老入户服务以及助残服务，并在政府已有的服务项目上不断拓展和延伸；三是积极开展社区志愿服务活动。联合会携手街域内“两代表一委员”、驻区企事业单位、社会爱心人士成立多个志愿服务团队，通过志愿服务活动招募，向辖区老幼病残等困难群众提供志愿服务。四是积极开展社区服务类服务。促进会与众多社会组织建立共建关系，引导他们的服务向百姓需求倾斜，为社区不同层面、不同需求的居民群众提供特色化、分众化、专业化服务。

五 结 语

枢纽型社会组织在参与社会治理的过程中，虽然还存在一些制约因素，但却已深入参与社会治理机制的创新进程，在社会实践中也得到了进一步发展，积累了丰富的经验。在社会治理领域的发展中，地方政府采取了“政社分开，以社管社”实践活动，枢纽型社会组织因而具有了更多的研究价值。它不仅具备普通社会组织的基本特征，同时也具有整合、联络以及培育等多种功能。就社会治理创新而言，其所构建的治理模式应具有多元化以及多主体的特点。在社会治理工作中，枢纽型社会组织对一般性社会组织采用联合以及培育等方式，充分体现出了自身的主体地位，从而产生了多元合作的社会管理模式。

本文运用实证研究的方式，将心暖花开社会组织联合会作为研究对象，对其当前的发展现状进行了深入探讨。现阶段，枢纽型社会组织在培育以及凝聚该领域社会组织等层面具有重要作用，但在机构设定以及身份定位等领域仍需深入完善。针对心暖花开社会组织联合会出现的法律地位不明确、监督机制不完善等问题，笔者尝试提出完善枢纽型社会组织参与基层社会治理的实现路径，这对构建政府与枢纽型社会组织合作共治的新型关系有一定的借鉴作用，对治理主体和治理模式的多元化也起到了引导作用。

枢纽型社会组织在社会组织中属于一个新的概念，对其研究与探索需要不断跟进。通过对心暖花开社会组织联合会的个案分析，可以进一步探究其在基层社会治理中的功能。本文借助功能主义的分析框架，提出枢纽型社会组织参与基层社会治理的优化路径，在实践上对于助推我国基层社会治理和社会组织活动的发展提供些许参考，同时在理论上或许对于拓展治理理论和社会组织理论有所裨益。

参考文献

何增科.公民社会与第三部门[M].北京:社会科学文献出版社，2000.

陈华.吸纳与合作 非政府组织与中国社会管理[M].北京:社会科学文献出版社，2011.

康晓光.非营利组织管理[M].北京:中国人民大学出版社，2011.

王名.中国民间组织30年——走向公民社会[M].北京:社会科学文献出版社，2008.

王名.中国NGO研究——以个案为中心[M].北京:清华大学出版社，2000.

俞可平.治理与善治[M].北京:社会科学文献出版社，2000.

俞可平.中国公民社会的兴起与治理的变迁[M].北京:社会科学文献出版社，2002.

刘培峰，谢海定.民间组织发展与管理制度创新[M].北京:社会科学文献出版社，2012.

乔东平，高克祥，等.政府与社会组织的合作:模式、机制和策略[M].北京:华夏出版社，2015.

城乡社区公共服务供给与路径优化

——以凤台县人民社区为研究对象

张妍妍[①]　周仁标

摘　要： 随着我国社会主义市场经济的发展和城镇化进程的加快，城乡社区在经济社会发展中的地位越来越重要，社区居民对社区服务的需求越来越多，要求越来越高，提高社区公共服务供给能力是基层社会治理的重要任务。淮南市凤台县人民社区从人民的根本需求出发，不断改进社区公共服务供给，在重视公共服务设施建设的同时，努力构建公共服务组织与运行机制，拓展公共服务对象与服务内容，社区公共服务取得了积极成效。为适应新阶段社区居民对美好生活的需要，优化城乡社区公共服务供给路径，解决好社区公共服务中存在的问题，需要不断完善主体供给责任，培育多方服务模式；拓展资金来源渠道，增强经费保障力度；加强社区工作者队伍建设，提高社区服务水平；构建沟通联动机制，增强协同配合能力；畅通居民利益表达渠道，调动居民参与积极性。

关键词： 城乡社区　公共服务　供给路径　凤台县人民社区

党的十八大以来，习近平总书记高度重视城乡社区治理工作，每到一地视察，都会深入街道乡镇、城乡社区，以深邃的战略眼光、卓越的政治智慧、科学的辩证思维，提出了一系列关于城乡社区治理工作的新观点新论断。

---

① 张妍妍，安徽师范大学政治学理论专业2020届硕士毕业生。

2018年在武汉考察时他指出："社区是基层基础，只有基础坚固，国家大厦才能稳固"，2016年考察河北唐山市时强调："社区是党和政府联系、服务居民群众的'最后一公里'"，"社会治理的重心必须落到城乡社区，社区服务和管理能力强了，社会治理的基础就实了"，要推动社会治理重心向基层下移，把更多资源、服务、管理放到社区。习近平总书记的这些重要论述，突出强调了城乡社区治理在党和国家战略全局中的重要地位，要求我们以高度的政治责任感和强烈的政治担当，大力推进城乡社区治理工作，为切实巩固基层基础、夯实党的执政根基提供强有力支撑。

本文以淮南市凤台县人民社区为个案，在分析社区公共服务供给模式以及目标要求基础上，剖析凤台县人民社区公共服务供给探索中产生的积极成效、存在的问题及原因，进而提出优化城乡社区公共服务供给的路径建议，为我国城乡社区公共服务供给以及社会治理提供有益的参考。

一　社区公共服务供给是基层社会治理的重要任务

所谓社区公共服务，从一般意义上说，一是指政府作为公共服务提供的主体满足社区居民在卫生、生产、文化、体育、社保、维稳等多方面的需求；二是以社区及其各类组织为主体，开展各类活动与志愿服务，为民解忧，增进居民之间的交流与感情，提升居民的主人翁意识和参与意识，增强社区凝聚力，让社区和谐发展的能力。社区公共服务供给，主要是指公共服务主体以社区为依托，坚持以人为本的原则，按照一定的目标、组织、形式、制度，投入、整合公共资源并将其转化为具体服务绩效的过程。我国社区公共服务供给模式由计划经济体制下政府单一供给，到改革开放后市场经济体制下市场参与供给，再到现代化战略下多元主体供给模式，随着社会政治经济的发展不断进步完善。

（一）社区公共服务供给是促进社会和谐发展的需要

社区是中国社会发展中的基础单元，实现和谐社会的核心要素是建设和完善和谐社区，因此国家对城乡社区发展的日益重视。社区治理关系到国家治理能力与治理体系现代化能否顺利推进以及进展的好坏。早在2006年,《国务院关于加强和改进社区服务工作的意见》明确指出,随着社会主义市场经济的发展和城镇化进程的加快,城乡社区在经济社会发展中的地位越来越重要,社区居民对社区服务的需求越来越多,要求越来越高。做好社区服务工作对于提高居民生活质量、扩大就业、化解社会矛盾、促进和谐社会建设都具有重要意义。2017年,《中共中央 国务院关于加强和完善城乡社区治理的意见》强调,社区公共服务供给是社会民生建设的风向标,关系到社区居民对社区公共服务是否满意,是否认同,也就是说,事关居民群众切身利益,事关城乡基层和谐稳定。因此,我们要不断改进政府公共服务方式,不断提升社区公共服务供给的水平和能力,推动和谐社会的构建与发展。

(二)提升社区公共服务供给能力是社区治理的目标要求

随着经济发展与城镇化进程不断加快,社会结构发生了巨大改变,城市建设跟不上经济发展的脚步,公共服务供需矛盾突出,政府的压力与日俱增。城乡社区对促进社会发展的贡献日益增长,社区公共服务的开展关系到居民生活水平、解决社会矛盾、促进就业、构建和谐社会等重要问题。中国的城乡社区已经成为国家与社会的重要临界区域,城乡社区公共服务成为政府公共服务的延伸。当前,在人口老龄化、人口流动较大且分布较广、居民日常需求不断提升的复杂背景下,城乡社区公共服务面临着巨大挑战。同时,居民收入不断增多,对公共服务的质与量都有了新的要求。然而,我国城乡社区公共服务短缺、供给主体单一、政府投资不足,社会筹资渠道不畅等问题突出,我国城乡社区公共服务在模式和结构方面需要进一步改革。随着社区服务工作的进一步拓展,如何有效整合各方资源,加快社区公共服务模式推陈出新,提高城乡基层政府公共服务能力,改善社区公共服务供给已经成为现代社区治理的目标要求。因此,通过努力,逐步建立与社会主义市场经济体制相适应,覆盖社区全体成员、服务主体多元、服务功能完善、服务质量和管理水平较高的社区服务体系,努力实现社区居民困有所助、难有所帮、需有所应。

二　凤台县人民社区公共服务供给实践探索

凤台县位于淮河中游，淮北平原南缘，以煤电为支柱产业，是全国深井采煤第一大县。全县辖16个乡镇1个经济开发区，213个行政村，38个社区，登记常住人口约60万人。2019年城乡居民人均可支配收入分别达到35939元、15839元，增长8.2%、9%，[①]人民群众安全感、获得感、幸福感不断提升。

人民社区建立于2003年3月，地处淮河之滨，淝水三湾之畔，东至人民路中心，南至淮河大坝，西至中山南路中心，北至淮河东路中心，辖区面积约1万平方米。现有工作人员21人，其中两委班子成员9人，分别负责社区内安全生产、计生卫生、信访工作、维稳综治、退役军人服务管理、社保、医保、低保、拥军优属、文明创建、妇女委会、共青团、关心下一代、拆迁控违、党建等工作。党总支现有正式党员77名，其中退休党员37名。截至目前，因旧城改造，人民社区现有城南小区、人民家园和凤凰湾三个小区。社区总户数772户，人口总数2207人，其中男性1126人，女性1081人；年龄分布：18岁以下为388人，18—40岁为748人，41—59岁为699人，60岁以上为362人。驻社区单位1家，个体商业网点181个。人民社区自成立以来，在多方面工作取得优异成绩，近年来相继荣获“安徽省文明社区”“安徽省民主法治示范社区”“全国妇联基层组织建设示范社区”“淮南市卫生社区”“全市社区党建工作示范点”“平安家庭示范社区”等多项荣誉。

（一）社区公共服务供给的基本模式

人民社区是典型的混合型社区，社区内包括政府机关、企业商户、住宅小区等，人员结构复杂。社区结合实际情况探索出多元供给模式，由政府、市场、社会组织、志愿者队伍多个供给主体满足居民日常公共服务需求。政府依托为民服务中心，主要负责医疗卫生、社会救济、维稳安全、道路交通等综合性基本生活服务；市场与社会组织主要以购买方式，为居民提供有偿

① 数据来源于：凤台县人民政府工作报告（2019年12月26日）。

公共服务；志愿者队伍主要由志愿者协会成员和社区党员构成，为居民提供公益性服务。多元主体供给模式既符合社区发展的实际需求，也是顺应新时代背景下社区治理的合理选择。人民社区不断创新公共服务的内容与形式，稳步推进社区公共服务建设，主要采取的举措：重视设施建设，发挥社会组织积极作用，规范运行机制，服务内容更全面，坚持发挥党的引领作用等。

1. 重视社区公共服务设施建设

人民社区位于老城区，在单位型社区时代，公共服务设施多包含在机关、企业单位内部。旧城改造之后，这些设施或被拆除，或跟随单位搬移别地，设施数量减少。改造之后的社区居民由计划经济时代的单位、企业职工及家属这一单一群体，扩展为人数庞大且构成复杂的群体，因此社区居民对基础设施的需求较为紧迫。在结合居民意见与建议的基础上，新建、改建社区服务中心，增设户外建设场地及器材。

2. 注重公共服务组织建设和作用的发挥

人民社区成立社区社会组织联合会，培育孵化社会组织，涵盖社区管理、义务帮助、文体医疗、社区教育、养老助残、帮助困难群众等诸多领域，逐渐形成自主开展、层次多、门类广、覆盖全、效果显著的社会组织体系。社区志愿者协会、妇女儿童协会、残疾人协会、体育健身协会、棋牌协会、书法绘画协会、豫剧京剧票友协会、中老年艺术团等民间群众组织蓬勃发展。

3. 改善公共服务运行机制

人民社区坚持贯彻“民主、公开、公正”的要求，认真落实民生工程。不断创新为民服务理念，高标准严要求，实现信息化平台服务管理建设。全力构建以数字技术为支撑的社区网格化服务管理新模式，对社区进行全面无死角的管理。通过对社区网格力量进行有效整合，将社区分为21个大网格，并配备21个网格管理人员，每位网格管理人员配备社管通讯设备，明确网格负责人，做到一网格一管理。

4. 拓展服务对象、拓宽服务内容

人民社区将社区公共服务对象由过去的老弱病残及贫困群众等传统的民政对象逐渐延伸至整个社区的居民；公共服务的内容也由过去的狭隘救助福

利拓宽至医疗卫生、就业指导、体育健身、文化娱乐、环保监管、养老爱老、儿童教育培养等满足居民日常需求的便民服务，进一步密切了社区与居民的关系。在抗击新冠肺炎疫情中，社区工作者舍小家为大家，冒着生命危险对居民摸排检查，为居家隔离群众提供生活物资，日夜坚守在防疫站点，在艰难的情况下尽可能地为居民提供安心舒适的环境。

5. 重视社区党建，发挥党的引领作用

人民社区现有“两委”班子成员9名，交叉任职3名。总支委成员5名：书记1名，副书记1名，委员3名；居委会成员7名：主任1名，副主任1名，居委委员5名；大专学历6名，本科学历3名；70后5名，80后4名，“两委”成员分工明确，工作能力强，紧密团结一致，积极完成社区总支和居委会的工作部署，在工作和生活中起到先锋模范作用。人民社区工作人员在工作中认真宣传、贯彻党的各项方针政策，重视党员的思想建设、组织建设、作风建设，健全党组织网格，开展党员责任区制度，做好社区困难居民帮困、助困工作，使党员走在社区公共服务供给的前沿，把党的温暖送到千家万户。

（二）人民社区公共服务成效凸显

人民社区本着服务人民的工作原则，致力于提升居民的生活感与满意度，对社区公共服务不断改进。在社区公共服务供给模式、基础设施、组织结构、运行机制、人员待遇、服务对象、服务内容以及基层党建等方面，取得了明显成效。

1. 公共服务设施明显改善

人民社区打造1000平方米的综合服务楼，按照美丽社区建设要求内设一站式服务大厅、E智空间、读书室、棋牌室、生活指导室、文体活动室、健康小屋、综合排练大厅、电教室、妈咪宝贝乐园、小蜗牛爱心屋、未成年人活动中心、儿童手工坊、居民户外活动场所等，被上级验收达标，成为首家省级城市生活e站，服务设施改善程度位于全市前列，更好地满足了居民需求。

2. 公共服务组织日臻完备

巩固基层党组织的领导核心作用，明确社会组织的主体地位，以企业、志愿服务及其他组织作为补充，形成科学的公共服务组织结构，提高了社区管理与公共服务的效率。日益完备的一站式数字服务平台，方便居民随时查询信息，居民信息进网格的管理方式也让工作人员对信息有着更精确的掌握，让社区工作便捷化。

3. 公共服务运行机制逐步理顺

利用网格平台及时对每个管理人员所负责的人、房、楼、事等信息进行变更，对网格内的事件、居民的需求实时更新，第一时间上报给社区，提高为民办事的效率与精准率，使网格内的民情、社情等更加清楚、细化，形成了信息化手段解决网格内事件的便捷、高效模式，变被动服务为主动服务。网格化建设采取“下去一把抓，上来再分家”的工作方针。每位网格管理人员在负责各自的网格时，统一收集网格中出现的问题，汇总后根据不同工作人员的职能划分，进行分工和进一步问题处理，而不是按工作职能分工来进行问题收集。这种做法既有利于工作人员明确责任，提高工作效率，又可以避免平均主义的出现。

4. 社区公共服务不断优化

作为面向广大居民的社区公共服务，如何不断提升其服务能力，提高服务效率与质量，不仅涉及居民生活的方方面面，也是对社区工作的检验。所以，社区公共服务建设的重心在于为民服务，要真正做到提升居民的幸福度与满意度。

其一，在医疗卫生方面。社区积极联合辖区医院及卫生中心，为每位居民建立健康档案，定期为社区内60岁以上的老人进行免费体检，并开展养老保健知识宣传活动。社区还联合计生部门与妇联，举办妇女健康及妇女维权系列知识讲座，普及相关知识和法律。其二，在文化体育方面。社区整合各类资源，为社会组织创建专用活动室，搭建活动平台。在日常生活中，社区积极组织一系列丰富多彩的社区文化活动，增加居民之间的沟通交流，增强社区的凝聚力，推进社区的和谐建设。同时充分利用社区内的宣传栏，打造各类特色文化展板，为居民营造出良好的社区文化环境。其三，在安全维稳方面。首先是做好社区安全生产，建立24小时社区值班制度，做到信息畅通，发现隐患及时上报；其次是做好综治维稳，在重大节日、敏感日期间，合理安排党员、社区工作人员掌握社区内有关重点人员的动态；再次是落实信访工作，把握影响稳定的各种因素，拓宽矛盾排查渠道；最后是做好安置帮教，及时掌握安置帮教人员的思想及生活情况，帮助他们解决相关困难，维护其合法权益。其四，在社会保障方面。认真做好居民医保、社保工作，对所有困难家庭“阳光”施保，把党和政府的温暖及时送到他们身边；对社区失业人员和就业困难人员情况随时更新，同时积极努力地广泛搜集各类空岗信息，为失业人员牵线搭桥；打造“儿童友好家园”，配备专兼职儿童工作人员，向儿童提供多样化服务。针对留守儿童，社区计生协会、关工委联合建立儿童健康教育发展示范基地——雨后彩虹留守儿童之家，助力推进留守儿童身心健康发展。

5. 党建引领作用增强

在上级党委的指导下，社区党总支认真落实全面从严治党的要求。用习近平新时代中国特色社会主义思想指导行动，不断完善社区党建工作，充分发挥党员宣传、凝聚、引导的作用，以丰富多彩的工作形式推动社区党建工作不断创新。其一，发挥党建带头作用，建设“服务型”社区。社区党总支在贯彻落实全面从严治党要求的基础上，以廉洁自律、务实去华、服务人民为目标，为社区居民踏踏实实办事，形成和谐发展的社区氛围。其二，深化落实志愿服务。推动在职党员进社区，积极探索支部监督党员，党员服务社区的志愿服务模式，发挥党员的先进性与先锋模范带头作用。制定严格标准规范党员言行，大力推行党员承诺制，通过“在职党员社区服务月”服务活动，调动党员的积极性与主动性，吸引更多居民参与志愿服务活动。其三，大力开展非公党建，对社区内非公有制企业的党建工作进行监督、指导。结合企业发展状况，推动企业文化的形成，使企业党建与企业文化相应增辉。

三 城乡社区公共服务供给中存在的问题及原因分析

近年来，凤台县人民社区在公共服务供给方面结合社区实际情况，总结自身特色，采取积极措施取得了一定成效，提高了社区公共服务的质量和水平。但仍存在一些问题与不足，发现问题、分析问题有利于辨证施治，优化社区公共服务供给。

(一) 社区公共服务供给中存在的主要问题

人民社区在公共服务供给中取得的成效赢得了居民的支持，但与社区居民对美好生活的向往仍有一定差距，如供需矛盾突出、服务人才匮乏、联动机制不健全、居民参与度较低等，这些因素影响了社区公共服务供给的优化与提升。

1. 公共服务供需矛盾突出

党的十九大报告指出，我国的社会主要矛盾已经转变为人民日益增长的美好生活需要和不平衡不充分的发展之间的矛盾。城乡社区公共服务较以前有了长足进步，但是供需矛盾问题仍然存在。人民社区公共服务供需矛盾体现在两个方面。其一，医疗卫生服务方面。社区卫生中心的医疗条件、设备、水平以及服务时间不能充分满足居民的看病需要，导致居民舍近求远直接去综合性医院就医。给居民就诊造成极大不便，又浪费社区内的医疗资源。其二，在公共基础设施方面。运动场所及设施相对欠缺，社区内活动场地不足，加之场馆开放时间的限制，很多活动场馆未能充分利用。公共停车设施也十分短缺，社区内机动车的大幅增加，公共停车位严重不足，“一位难求”的状况经常出现。

公共服务供给矛盾呈现资源短缺与资源浪费并存的特征。除了供不应求的矛盾，也出现了许多供过于求的现象。社区城市生活 e 站中的多个活动室常年大门紧闭，没有起到服务于民的作用，造成社区公共服务设施的极大浪费。

2. 公共服务专业人才匮乏

受社区行政级别的限制，相当一部分的社区工作人员属于政府招募的公益性岗位，他们承担了社区的大部分工作，待遇却与工作强度不成正比，加之上升空间不大，非干部类的工作人员流动性大是社区面临的普遍问题。

当前，人民社区共有工作人员 21 人，其中两委班子成员 9 人，90 后仅有 2 人，年龄分布不均匀，以中年人为主，且女性明显多于男性，不利于社区工作的均衡开展。与社区公共服务专业相关的人员为零，工作人员总体学历水平较低，专科及本科学历较少。大多数年轻人进入社区工作只是一个暂时性过渡，积累基层工作年限，存在得过且过的工作态度，之后相继考去公务员和事业单位，社区工作队伍缺乏认真负责的年轻血液，发展创新面临困境。

3. 多部门联动合作力不强

由于行政部门与社区的沟通协调不够密切，常出现边缘地带问题推诿现象，导致办事效率不高。此外，部分驻区单位缺乏共建共创意识，缺少沟通协调机制。由于缺乏有效沟通及联系合作，踢皮球的边缘问题较多，政府部门大多是将之推给社区来解决，既增加了社区的工作负担，也给居民造成了困扰。

社区与民政、公安、医疗等系统并没有实现网络互通，社区只能单方面地接收信息，没有查询的权限，缺乏主动性，很多信息难以快速及时地获取，不利于工作的顺利进行。同时，社区之间的联系合作也有待进一步加强，对不同社区出现的问题及时商讨，提出对策，分享经验。

4. 社区居民参与意识不强

人民社区在改建之前，居民由政府、企业职工及其家属构成，居民的凝聚力和参与度较强。旧城改造后，原有居民部分搬移，社区汇入更多商户与外来人员，冲散了居民的归属感。社区工作充分利用现代科技发展成果，将各项党政决策、社区活动、工作成果等信息及时公布在媒体平台上。然而居民对社区平台发布的信息并不关注，只有在自己遇到问题的时候才会查找相关信息；居民对于社区工作的开展也不甚关心，唯有涉及自己利益的情况下才会参与其中，尤其对社区内收费事务较为敏感；居民也极少通过网络平台来表达自己对于社区公共服务的需求与不满，更不用说提出自己的建议。

5. 社区内各类主体关系不顺

社区内有居民、物业、居委会以及业主委员会等多个主体，这些主体间也存在着或深或浅的矛盾冲突。混合型社区中人员构成的复杂性使各主体之间的矛盾更加多样化，对社区公共服务提出严峻挑战。

居民与物业矛盾激化是一个普遍现象，人民社区的居民与物业之间也是纷争不断，主要体现在物业服务水平与居民物业费缴纳两个方面。业主委员会与物业的冲突多数体现在居民与物业的矛盾。作为业主利益的代表，业主委员会要求物业公司改善其管理服务，提高其服务质量或者是降低物业费。尤其是在业主委员会觉得现有物业公司已经不被小区业主所接受，想要招标其他物业公司时，更会加剧两者之间的矛盾。业主委员会与居委会的矛盾体现在实践过程中，居委会常常作为一个半行政化的组织来指导和监督业主委员会的工作。由于居委会的行政化，在指导业主委员会的过程中不可避免的对其产生行政制约，两者之间便会出现矛盾分歧。

（二）社区公共服务供给中存在问题的原因分析

从人民社区公共服务供给面临的问题看，既有社区内部的原因，如管理机制不健全、居民参与度不高，也有如经费不足、政府部门协作不够等外部诸多因素。

1. 社区公共服务供给主体失衡

目前，社区公共服务仍以政府为供给主体，社会组织与市场企业的供给程度较低，志愿服务的占比更低，没有形成协调发展的多元主体供给模式。政府单一供给具有较高的垄断性，由于竞争性较低而忽视供给效率，缺少市场的反馈机制，政府无法准确把握居民在公共服务方面的真正需求及偏好，影响公共服务供给的水平，易造成一需难求和资源浪费；部分驻区单位对社区的认同感较低，不愿加入社区共建的行动中，对所拥有的活动场所和服务资源宁愿闲置，也不愿与社区居民共享，缺乏共创共享精神。

2. 社区公共服务资金短缺、来源单一

我国城乡社区公共服务的资金来源较为单一，主要来自政府财政支持的社区办公经费。而社区的办公经费也十分紧张，除了网格工作与党建工作每年有固定的经费拨款，其他的事务都是遇事申请，受财政不足和社区管理体制滞后的影响，社区经费在维持正常工作运转及承担人员开支之后，很难再全力支持社区公共服务的发展。随着居民对于社区公共服务需求的不断增加，资金缺口日益扩大，严重影响社区的全面发展。社区依然对政府依赖性过大，思想上没有树立开拓多元资金渠道的意识，更无法在工作中采取实际措施。

3. 人才培养和激励机制不健全

社区工作人员的能力对社区公共服务的质量、水平和效率有着较大的影响。社区工作人员的学历普遍偏低，无社会工作职业资格和专业技能的人才，对这些非专业工作人员，社区缺少针对他们的岗位培训。在激励机制方面，人民社区在正向激励方面力度大，但效果并不显著，在待遇不高、上升空间不大的情况下，社区内非干部性工作岗位很难将人才留住，因此社区面临人才紧缺的状况。流失与招聘人才的不断往复造成恶性循环，对社区公共服务的持续发展十分不利。

4. 社区管理体制不完善,“被行政化”严重

社区本应服务居民，协助政府工作。当政府不断挤压社区工作时间，将本属于政府的行政管理事务下放至社区处理时，这就造成事实上的社区行政化，社区自治事务被严重挤压。社区行政化导致工作人员群众观念淡薄、官僚主义作风严重，在处理居民问题纠纷时喜好打官腔，不干实事。工作人员在开展社区公共服务工作的同时还要处理其他事务，导致其负担重、压力大，不利于发挥其应有的职能和作用。社区还承担着许多政府部门职能，政府部门为图省事将很多行政工作直接“派”给社区，没有提供必要的经费和人力保障，或者购买社区服务，社区“被行政化”现象突出。社区工作人员整日处理政府指定的事务，难以抽出时间来开展便民公共服务。

5. 社区居民利益表达的局限性

首先是利益表达主体的局限性。1986年社区进入我国城市的实际生活，虽经历了三十多年的发展，居民仍普遍缺乏社区意识。受单位制的影响，许多居民仍把自己当作“单位人”，社区概念较为模糊，对社区事务较为淡漠。薄弱的法治观念与政治意识也影响了居民利益表达方式的选择，部分居民企图通过社会舆论施压来解决自己的问题，不仅不利于矛盾的解决，反而制约利益表达的有效性，给社会造成不良风气。其次是利益表达机制的局限性。作为居民表达诉求的重要渠道，信访工作在实际操作中的表现却不甚理想。导致这种现象的原因在于：一是法治较弱，人治浓厚；二是体制不科学，机

构冗杂，导致民众信访不顺；三是信访程序不规范，不能有效传达民众问题，易导致群体性事件；四是信访率与政绩考核挂钩，各级部门为保政绩将信访问题截压以此降低信访率。制度化的表达渠道受阻会降低居民共建社区的热情和对政府的信任，更易滋生群体性事件，危害公共安全。

四　创新与完善城乡社区公共服务供给路径探讨

社区是建设和谐文明城市和乡镇的基本单元，社区公共服务质量关系着居民的生活质量，也关系着城乡治理现代化的实现。完善社区公共服务提供路径不是一蹴而就的事情，需要结合居民需求的提升和社区实际存在的问题作出相应对策。当前城乡社区公共服务供给要从完善供给结构、经费保障、专业队伍建设、部门协作、居民参与等方面进行探讨。

（一）完善主体供给责任，培育多方服务新模式

1. 基层政府明确自身定位,发挥主导作用

政府供给是一种较为传统的公共服务供给机制，一般具有法律保障，这一机制增强了政府在公共服务供给方面的权威性和强制性。政府每年都制定公共服务供给计划，自上而下对公共服务发展进行指导、控制，具有较强的计划性，尤其是医疗卫生、福利救济、基础教育等方面若缺少政府的支持将难以保障广大居民的受益机会。因此，政府的供给是必不可缺的，政府要找准自己的优势，不断改进供给机制，提供更优质的公共服务。

党的十九大报告提出要提高保障和改善民生水平，国家公共服务的重要落脚点在社区，需要政府给予更多的关注与支持。首先，社区公共服务的运转资金要增加供给，社区公共服务的重要资金来源是政府拨款，尤其是教育、医疗、养老这类需求大，外界筹资难的公益性、福利性公共服务，缺少资金支持将难以维系，政府更应加大资金投入力度。其次，要科学规划公共服务供给，政府应结合实际，因地制宜，统筹规划，以居民需求为导向，有的放矢地制定供给计划，使公共服务提供的质与量有效提高。同时，要合理购买公共服务。政府购买公共服务已经成为中国公共服务供给模式改革的重要内

容，有利于完善多元化主体为公共服务提供资源的模式，发挥公共服务供给主体多元性的优势，提高公共服务的水平。最后，要规范公共服务供给的绩效评估。绩效评估是降低成本、提高质量的重要保证，要从政府、市场、社区居民多方面、全方位进行评估，确保评估的准确性与真实性，有利于为政府提供准确的反馈，不断优化供给。

2. 培育社会组织，强化市场合作

党的十九届三中全会把“推进社会组织改革”作为单独部分进行详细论述，提出要增强社会组织的主体地位，激发社会组织活力，提升社会组织的作用与地位，体现了党中央对社会组织的重视。社会组织已成为现代社会治理体系中的重要组成部分，并在经济、公共服务和管理中不断发展。作为政府职能转移承接者的社会组织，在推动社区公共服务发展方面发挥着重要作用。截至2020年3月，中国社会组织公共服务平台上共有社会组织868002个，其中民政部登记的共2295个，较1988年的4446个有较大增长，发展迈入制度化，实力也在稳步提高。我国相继颁布了《社会团体登记管理条例》《民办非企业单位登记管理暂行条例》《基金会管理条例》等法规为社会组织的发展提供法律保障。

对于社会组织的培育，不能止步于政策法规方面，更要付出行动。通过完善社区组织孵化中心，设立专项资金，政府购买服务等途径，培育发展专业服务公司、爱心组织、慈善组织等社会力量。建立健全社会组织承接服务，专业团队执行，志愿队伍进行辅助的机制，以更全面更专业的方式为社区居民服务。提供经费与政策优惠扶持、激励社会组织，着力打造“以购买为途径社会组织承接、政府部门协助、专业化运行、全方位服务”的社区公共服务新模式。

3. 充分发挥基层党组织领导核心和保障作用

社区工作重在基层，难在基层，习近平总书记一直强调，要把加强党的基层建设、巩固党的执政基础作为贯穿社会治理和基层建设的一条红线。坚持党的领导，加强党对城乡社区治理工作的领导，推进城乡社区基层党组织建设，切实发挥基层党组织领导核心作用，带领群众坚定不移贯彻党的理论和路线方针政策，确保城乡社区治理始终保持正确政治方向。基层党组织建设要适应新时代发展，提升资源整合能力、统筹协调能力以及在基层治理中的服务功能。积极推进党员队伍作风建设，夯实组织基础，在践行宗旨和为民服务中展现党的先进性，赢得满意度。增强党员干部带动力，要增进与流动党员的交流，准确把握其相关信息。吸收社区党员、流动党员积极参与社区的党员志愿队伍，规范志愿队伍，提升志愿服务能力，优化志愿者结构，壮大志愿者力量，推广志愿服务的影响力。通过党建引领社区公共服务新发展，将网格化服务管理模式与基层党建结合，发挥党员作用助力社区公共服务，切实增强党员投身社区管理和社区服务的责任心与主动性。建立健全社区党组织与驻区单位共建共管共享机制，强化驻区单位的社区责任意识，让驻区单位将其相关公共资源与社区居民和谐共享。

（二）拓展多元资金渠道，增强经费保障力度

1. 完善公共财政体制，加大经费投入

政府是社区经费的重要来源，因此建立一套稳定有效的社区公共服务财政体制是提升社区公共服务质量和水平的基础，用制度规范社区公共服务的经费保障。首先，应通过法律法规明文规定，在财政预算中确定社区公共服务经费，对社区公共服务进行专项拨款，并且要明确公共服务专项经费的使用权限。其次，要加大对社区公共服务专项经费的监管力度，明确资金具体流向。要选择适当的公开方式，立足实际、注重实用、追求实效，遵循因地制宜、灵活多样、利于监督的要求，坚持线上与线下公开，发挥群众的力量，让群众与政府共同监督。经费的使用事关社区居民的切身利益，让居民参与监督不仅是对居民负责，而且是保障居民知情权、监督权、参与权的重要体现，增强居民对社区及政府的信任。最后，政府可以通过税收优惠或减免税收等政策来加强对社区公共服务的扶持，推动其发展。

2. 鼓励各类企业、组织支持社区公共服务

完全依赖政府资金支持会限制社区的灵活发展，不利于社区公共服务的自主开展。要拓宽融资渠道，社区应主动与辖区内企业交流合作，加强企业的

社区公共服务概念，让企业意识到社区公共服务进步对企业发展的益处，提高共建共享意识。发动企业为社区活动赞助资金，以企业冠名开展社区的各类活动，在合作过程中既提高了企业在居民中的知名度，推动企业进一步发展，同时也为社区公共服务发展赢得了更多的资金支持，实现社区与企业的共赢。社区可将合作企业范围扩大到当地各类企业，而不局限于社区管辖范围内的企业。还可以用社会捐赠的方式来补充资金来源，促进社区更好的发展。各类组织也应加强对社区公共服务的支持力度，在能力有余的情况下积极投身于社区公共服务的各项活动。

3. 增进社区自主性,开展资金自筹

社区进行资金自筹，首先要有良好的筹资环境，完善社区资金自筹的相关法律制度，为自筹资金提供法律保障。同时要建立健全资金监管机制，加大监管力度，防止资金滥用，保障居民权益。根据《城市居民委员会组织法》规定，社区有自主的财产管理权，居委会可以发展有关便民利民的服务事业，将所获经济利益用于社区公共服务发展。对社区资源进行有效整合，因地制宜发展集体经济，自主筹集社区公共服务发展资金，减少对外部资金的依赖性，增强社区的自主性。对于养老服务及儿童看护等较为紧缺的服务项目，许多居民是可以接受有偿服务的，但是一定要保证服务质量。社区可以增设有偿服务，既能为民解忧，又能获得一定的公共服务发展资金。在培育有偿公共服务项目时，社区要充分结合社区内失业和就业困难人员的优势与特长，为其提供再就业岗位，减轻社区的就业压力。社区资金自筹还要充分发挥群众的力量，作为社区这个大家庭的一分子，每位居民都可以贡献自己的力量。社区可以成立一支旧物爱心回收队，将居民不用的各种旧物进行统一回收、变卖，建立社区公共服务爱心基金，将旧物变卖所得款项用于社区公共服务的发展建设，实现取之于民用之于民。

（三）加强社区工作者队伍建设，提升社区服务水平

1. 加强对社区工作者队伍建设的投入

将社区工作者队伍建设纳入国家和地方人才发展规划，地方要结合实际

制定社区工作者队伍发展专项规划和社区工作者管理办法，把城乡社区党组织、基层群众性自治组织成员以及其他社区专职工作人员纳入社区工作者队伍统筹管理，建设一支素质优良的专业化社区工作者队伍。这就要求政府应在思想上提高对人才的重视，将高校社会工作专业体系建设放在人才培养的首位，鼓励重点学科的发展，提高教学质量，建设专业化培养基地，提高在校生社会实践的次数，实现理论与实践相结合。加强校地合作，构建稳定的实习模式，社区为学校提供实践场所，学校为社区提供专业人才指导和理论培训，形成优势互补、理论与实践合作互助的机制。在经费方面，我国在人文社科类的培养经费普遍低于理工科类，缺乏资金的支持不利于学科发展，要提升资金投入力度。同时要强化政策扶持，社区作为社会工作专业人才施展才华的重要平台，应积极设置专业化工作岗位，扩大就业范围，让专业人才有发挥才能的平台。对于在岗的社区公共服务工作人员定期开展规模化、系统化的专业知识培训，激励其参加社会工作执业资格考试，增强专业知识，与时俱进不断提升服务能力。

2. 加强党对社区工作专业人才队伍建设的指导

基层党组织要注重人才队伍的思想政治工作，提高政治素质，增强人才队伍的社会责任感和职业道德，积极推进作风建设，弘扬社会主义核心价值观，培养他们扎根基层、为民服务、廉洁奉公的优良作风。坚持弘扬高尚工作风气，以榜样的精神感染人、鼓舞人、引导人，加强典型宣传引领，引导专业人才以德立身。在奖惩评定活动中，充分发挥奖励的激励引导作用和处罚的规范告诫作用。结合重大节假日和纪念日开展教育活动，培养团结协作精神，坚定政治方向，拥护党的领导，贯彻落实党的方针政策。引导专业人才坚守廉洁自律，严于律己、作风正派、坚持原则、自重自爱，成为合格的社区公共服务建设者。

3. 完善社区专业人才队伍保障和激励机制

切实加强与社区工作人员收入密切相关事项的落实，如人事管理、资格评定、绩效考核等。根据政策法规提高基本工资，建立健全薪酬保障机制，确保专业人才的福利、保险不受侵犯。社区在招聘专业人才时要坚持公平公正原则，根据社区需求，实事求是地选择对口人员。采取面向社会公开招聘、聘用高等院校毕业生和竞争上岗等选拔办法、配备社区服务专业人才。同时，应注意满足社区服务人员的成就感，给予应有的荣誉感，做好激励工作，不断调动他们的积极性和主动性。通过对工作能力、工作态度、工作业绩等多方面、科学化的考评，对优秀专业人才进行物质奖励与精神表彰。对于在社区工作中取得优异成绩的工作者，给予公务员、事业单位招考政策优待，以能力和工作成绩为标准提供相关政策扶持，让非干部类社区工作人员更有积极性，用制度待遇吸引人、激励人、留住人。

（四）构建沟通联动机制，增强协同配合能力

1. 建立沟通渠道，加强各部门沟通交流

推动社区公共服务的进步与政府、社会、公众都密不可分，为了获得更多的政府支持，加强社会合作，提升民众的参与度，社区要建立多元化的高效沟通渠道。通过沟通渠道与政府协调配合，高效推动公共服务工作的开展。建立有效的沟通联系渠道，社区既可以向政府部门传递居民的公共服务需求，又可以向居民反馈政府对其反映问题的处理意见及相关政策。在不断交流中，让居民更加理解政府的有关政策，支持政府和社区工作的开展。同时建立各个社区间的交流渠道，加强不同社区间的沟通交流，取长补短，在沟通与学习中创新社区的工作，顺应时代的发展。

2. 构建联动机制，统筹各部门协调配合

社区要找准定位，端正态度，在与政府合作开展工作的同时，也要确保社区的自主发展，不能顾此失彼。各相关部门和单位既要履行好自身职能，又须加强工作中的协调配合，优势互补，形成合力。社区要建立健全与民政、公安、医疗、文化、计生等部门的信息共享机制，当前人民社区与这些系统之间仅是单向的信息接收，对信息变更的掌握缺乏时效性与主动性，阻碍工作效率的提升。健全多部门与社区间的信息共享机制，让社区由被动接收信息变为主动掌握，增强了工作的自主性，也使工作效率得以提高。要进一步完善社区党组织、社区居委会、政府部门、社会组织间职责明确、有效沟通、

互帮互助、协调合作的协作体系。将社区与政府部门的职责关系梳理清晰，明确职责范围与角色定位，政府部门工作想要向社区延伸，应按照转入制度的规定，按照“权随责走，费随事转”的原则，明确责任与资金划分，减少社区工作压力，使社区有更多的精力和资金开展公共服务。

（五）畅通利益表达渠道，调动居民参与积极性

1. 提高居民的表达意识和能力

首先，要培养居民的利益表达意识。社区居民受教育程度有一定差距，大多数缺乏利益表达意识的居民是由于相关知识匮乏。要通过学校教育、社会教育等方式，提升居民的文化水平，提高居民的权利意识，使其认识到合法的利益表达是自己的权利，出现服务需求与困难时，应通过合法方式与社区服务人员沟通。其次，要提高居民合法利益表达的能力，加强对居民的法治道德教育。通过法制讲座、道德宣传栏等多种方式，加大法治宣传力度，坚持正面教育与反面教育相结合的原则，向居民普及正确合法的利益表达途径，提升居民利益表达的能力，告诫居民非法闹事的严重性与后果，让居民引以为戒，杜绝非法行为方式。鼓励居民通过合理的方式、合法的渠道表达自己的利益诉求。向广大居民开展普法活动，提高居民的法律意识，引导居民自觉恪守宪法原则、遵守法律法规。

2. 健全利益表达机制,提供制度保障

信访工作处于社区的前沿阵地，健全的信访机制对社区公共服务资源优化配置，提升社区公共服务水平有着重要推动作用。负责信访的工作人员应主动走出去，深入群众，了解居民的需要与困难。推进社区信访工作网格建设，科学规划管理服务网格，开展信访信息采集。加强社区信访工作组织建设，以精简、高效为原则，建立由调解员、信访代理员、律师等组成的信访信息员服务队伍，着力提升服务能力，通过日常性走访，及时掌握社情民意。通过有效整合各方资源，建立高效运行、资源共享、程序规范的数字媒体平台，有效发挥平台信息公开、在线服务、答疑解惑、交流互助等作用，促进信息管理平台与电子政务对接，有效解决群众反映的问题。定期召开信访工

作例会，对热点难点现象有效梳理归纳，研究探讨解决方案。对于社区无法解决的问题，要及时上报相关部门，通过共同分析研判、上下联动、左右互动予以解决。建立监督和反馈制度，对信访工作全程跟踪，并对上访群众进行回访，总结有益经验，确保件件有落实、事事有反馈。

3. 运用新技术，加强社区基础信息建设

信息技术、大数据正在深刻地影响着基层社会治理，要继续强化网络技术在社区公共服务中的支撑应用。利益表达已经不仅限于与工作人员面对面交流的线下方式，网络时代新媒体在传递信息时表现出速度更快、效果更好、边界更少的优势，这种网络表达方式逐渐占据重要地位。越来越多的公众通过各种各样的社交新媒体，对舆论事件发表个人的见解，表达自己的诉求，寻求社会各界的帮助，数字新媒体作为利益表达的方式受到更多年轻人的青睐。对此，社区应高度重视，优先培训“两委”班子成员，帮助他们掌握信息技术应用技能。招聘相关技术人才并成立专项资金建设并维护社区门户网站，根据社区公共服务发展变化，增设修改相应版块，定期发布社区公共服务工作相关信息尤其是资金使用方面的情况。将宣传教育融入网络媒体，引导居民通过高效的方式参与社区建设，维护自身权益。通过大量开展日常细致工作，将公共服务问题化解在细微之处。加强社区基础信息建设不仅利于社区信息公开化，也能提高居民对社区的信任度，同时为居民利益表达增添了新的渠道。

社区公共服务的发展需要社区与政府、社会组织的共同推动，而作为社区公共服务接受主体的居民，在这个过程中也起到了重要作用。社区不能只注重信息建设，更要将其推广给社区居民，让居民知晓、了解并积极参与社区共建，认可社区工作，促进公共服务更好发展。对于部分文化水平较低的居民以及留守老人，信息技术推广难度较大，可以采取语音播报的方式进行信息公开，确保每位居民都能了解与自身相关的公共服务信息。

总之，优化城乡社区公共服务供给路径是全面建成小康社会，奋力开创新时代城乡社区治理新局面的内在趋势与要求。凤台县人民社区在探索优化公共服务的过程中取得的成效，进一步说明要继续坚持党建引领作用，以习近平新时代中国特色社会主义思想武装头脑，依照国务院《关于加强和完善城乡社区治理的意见》《关于加强和改进社区服务工作的意见》，不断提高对优化社区公共服务路径重要性的认识，以人民利益为出发点，加快转变政府职能，开拓多元融资渠道，完善多元供给模式，加强社区工作者队伍建设，强化部门间协同配合，畅通居民利益表达路径，推动社区公共服务全面升级，创造新时代社区工作新局面。

参考文献

黄树贤.奋力开创新时代城乡社区治理新局面[J].求是，2018(15)：25-27.

杨雅厦.智慧社区建设对公共服务供给模式的变革及其优化研究[J].中国行政管理，2018(11)：151-153.

姜郸，薛永光.供给者与购买者：我国社区公共服务中的政府转型[J].中国行政管理，2019(6)：26-29.